Михаил Афанасьевич Булгаков

불가코프 문학 연구

두 가지의 모티프

불가코프와 웰스

불가코프와 체홉

'꿈'의 테마

정연호 지음

신아사

책을 펴내며…

불가코프(1891-1940)는 1980년대 '페레스트로이카'와 더불어 '혜성'과 같이 나타난 작가이다. 물론 그 이전의 1960년대 '해빙기'에 그의 대표작 『거장과 마르가리타』가 출판되면서 잠시 알려지기는 하였지만, '불가코프'라는 이름의 작가가 널리 알려지고 그의 문학이 본격적으로 연구되기 시작한 것은 1980년대 이후이다. 그 동안의 많은 문학연구들에서 불가코프는 푸쉬킨, 고골, 도스또옙스키, 톨스토이, 체홉 등으로 이어지는 19세기 러시아 리얼리즘의 전통을 계승한 20세기 몇 안 되는 러시아 대작가의 반열에 올라 있다.

한편, 불가코프는 '러시아 리얼리즘 문학의 아버지'라 불리우는 고골과 같은 동향의 우크라이나 태생으로서, 그의 문학 속에는 자신이 '문학적 스승'이라 부른 고골의 문학적 전통이 서려 있다. 또한 불가코프는 자신과 같이 '의사-작가'였던 체홉을 어린 시절부터 아주 좋아하고 동경하였으며, 따라서 그의 작품들에는 '체홉적 영향'도 자주 눈에 띄인다. 이처럼 불가코프 문학 속에는 20세기 소비에트 리얼리즘 문학에서 찾아볼 수 없는 19세기 찬란한 러시아 리얼리즘 문학의 전통이 계승되고 있을 뿐만 아니라, 혁명과 내란에 휩싸인 1920년대, 30년대의 러시아적 상황이 불가코프 특유의 리얼리즘으로 재현되고 있다.

그러므로 그동안 많은 문학연구가들은 불가코프 문학에 나타난 **푸쉬킨, 고골, 도스또옙스키, 톨스토이, 체홉** 등의 대문호들의 영향에 대하여 연구하였을 뿐만 아니라, **웰스**를 비롯한 외국 문학작가의 영향 및 차이점에 대하여도 연구하였다.

하지만, 국내에서의 불가코프 문학 연구 상황은 주로 대작 『거장과 마르가리타』에 대한 연구에만 집중되어 올 정도로 그 폭이 넓지 않음을 부인하기 어렵다. 이에, 본 저자는 국내 러시아 문학연구 학회의 '양대 산맥'이라 할 수 있는 한국노어노문학회와 한국슬라브학회의 정기 간행물인 〈노어노문학〉과 〈슬라브학보〉에, 그동안 '불가코프 문학' 관련 논문들을 꾸준히 발표하여 왔으며, 이를 하나로 묶어 **〈불가코프 문학의 이해〉**(신아사: **2013**)를 펴낸 바 있다. 이러한 작업의 일환으로서 〈불가코프 문학의 이해〉에서 다루지 못했던 주제들을 보다 더 심도있게 고찰해 보는 〈불가코프 문학 연구〉를 기획하였다.

우선, **"Part I: 두 가지의 모티프"**에서는 불가코프 문학에 나타난 '흰색'과 '붉은색', '서쪽'과 '동쪽', '진리'와 언어'의 모티프에 대하여 심도있게 분석할 것이다. 불가코프를 가리켜 '흰색'의 백군 쪽인지, 아니면 '붉은색'의 적군 쪽인지를 물었을 때, 과연 그는 작품에서 어떻게 답을 하고 있으며, 또한 그를 가리켜 '서쪽' 지향의 개혁주의자인지, 아니면 '서쪽'에 대항하자는 '볼셰비키'인지, 혹은 '서쪽'과 '동쪽'을 모두 아우르는 '유라시아주의자'인지를 물었을 때, 과연 그는 또 작품에서 어떻게 답을 하고 있는지에 대하여 심도있게 분석할 것이다. 두 번째 **"Part**

II: 불가코프와 웰스"에서는 불가코프 작품에 나타난 영국 공상과학 작가 웰스의 영향과 유사성 및 차이점에 대하여 살펴볼 것이며, 세 번째 "**Part III: 불가코프와 체홉**"에서는 불가코프 작품에 나타난 안톤 체홉의 영향 및 유사성, 차이점 등에 대하여 고찰해 나아갈 것이다. 마지막으로 "**Part IV: 꿈의 테마**"에서는 불가코프 작품에 나타난 '꿈'이 갖는 3가지 종류의 형상에 대하여 분석할 것이며, 아울러 불가코프가 살아 생전에 이루지 못하였던 '꿈'이, 그의 특유한 '꿈'의 서술기법을 통하여 어떻게 실현되고 있는지에 대하여 자세히 살펴볼 것이다.

지난 번의 〈**불가코프 문학의 이해**〉와 이번의 〈**불가코프 문학 연구**〉에 실린 논문들이 비록 불가코프 문학 연구의 폭을 확연히 넓히는 깊이있는 연구가 못 될지라도, 불가코프 문학 연구에 참고할 만한 도서나 자료가 매우 빈약한 국내 연구 환경에서, 불가코프 문학에 흥미를 느끼는 학부생들 그리고 불가코프 문학을 연구하고자 하는 대학원생들에게 이 책이 하나의 좋은 안내서가 될 수 있기를 간절히 바라마지 않는다. 끝으로 이 책이 나오기까지 편집과 교정에 남다른 수고와 배려를 늘 아끼지 않는 신아사 편집부에게도 깊은 감사를 드린다.

2014. 삼월.

우크라이나 키예프의
"불가코프 생가" 근처에서…

목차

PART 01

두 가지의 모티프 /11

PART 02

불가코프와 웰스 /103

PART 03

불가코프와 체홉 /161

PART 04

'꿈'의 테마 /215

불가코프
문학 연구

PART **01**

두 가지의 모티프

불가코프의 문학 속에는 두 가지의 상반된 모티프들이 존재한다. 이는 불가코프의 전기적 사실과 관련이 있다. 잘 알려져 있듯이, 불가코프는 '작가' 이전에 '의사'였다. 혁명은 그를 의사에서 작가로 변신하게 만들었다. 그런데 그는 의사 시절에 본의 아니게 '백군'의 종군의(從軍醫)로 복무했었다. 즉, 자신에게 계속 따라 붙는 '흰색'의 딱지가 결국 불가코프로 하여금 '의사'를 그만두고 전업 '작가'의 길을 걷게 만든 것이다. 하지만 작가가 된 후에도 '흰색'의 꼬리표는 쉽게 지워지지 않았다. 첫 장편소설 『백위군』의 성공도 잠시, 그에게는 연이어 상연금지 처분이 내려지며 나중에는 가택수색까지 당하게 된다. 이에 불가코프는 스탈린에게 "자신은 흰색이든 붉은색이든 가리지 않으려고 무던히 노력하였음"을 밝힌다. 실제로 그의 작품 『백위군』에서 그려지는 '천국'에는 흰색의 '백군'이건 붉은색의 '적군'이건 상관없이 모두 함께 있다. 이처럼 불가코프 작품에는 '흰색'과 '붉은색'의 두 가지 모티프가 존재한다.

(논문I) 불가코프 작품에 나타난 '흰색'과 '붉은색'의 모티프

------ * * * ------

불가코프는 혁명 후 1920년대 작품 활동을 시작하면서 혁명에 대하여 드러내놓고 반대하지도 찬성하지도 않았다. 그러므로 1920년대 혁명적 상황에서 어떠한 정치이념적인 색깔 논쟁에도 철저히 무관심하였다. 그는 러시아가 '동쪽'의 힘을 규합하여 '서쪽'에 대항하여야 한다는 볼셰비키의 선전에도, 또한 러시아가 '동쪽'도 '서쪽'도 아닌 유라시아 대륙의 중심에 서야 한다는 유라시아주의자들의 주장에도 귀 기울이지 않았다. 하지만 1840년대 러시아의 운명을 놓고 뜨겁게 달구었던 서구주의와 슬라브주의 사이의 논쟁 못지않게, 1920년대에 있어 '서쪽'과 '동쪽'의 문제 또한 '개혁'이라는 시대적 상황과 맞물리며 첨예화되었으며, 불가코프 역시 본의 아니게 이러한 이념 논쟁의 소용돌이 속에서 그와 친분 관계에 있던 유라시아주의자들로 인하여 전혀 예기치 않게 반혁명적 '표지전환파'로 몰리게 된다. 그러므로 당국의 '가택수색'을 받는 어려운 시기에 씌여진 불가코프의 첫 희곡 작품『조이카의 아파트』에는 '서쪽'과 '동쪽'에 대한 작가의 시각이 서려있다. '서쪽'이냐 '동쪽'이냐 하는 무거운 물음에 대하여 불가코프는 "조이카의 아파트"라는 '희극'을 통하여 가벼운 웃음의 풍자로 답한다.

(논문II) 불가코프 희극『조이카의 아파트』에 나타난 '서쪽'과 '동쪽'

------ * * * ------

불가코프의 대작 『거장과 마르가리타』에는 **'사탄'**이 출현한다. 불가코프에 앞서 안드레예프 또한 『사탄의 일기』를 남겼다. 『사탄의 일기』에도 『거장과 마르가리타』에도 '사탄'이 출현한다는 공통점 말고도, 이들 두 작품은 두 작가들이 생애의 마지막에 죽기 바로 전까지 온 힘을 기울여 집필한 최후의 대작으로서 '미완성' 소설이라는 공통점도 함께 지니고 있다. 안드레예프도 또한 불가코프도 세기말 대혼란의 시대와 혁명적 소용돌이 속에서 살아야 했다. 하루하루 급변하는 정세 속에서 과연 무엇이 **'진리'**이고 무엇이 변하지 않는 것인지에 대한 물음을 스스로에게 던져야 했다. 그러므로 두 작품에 나타난 **'사탄'**은 여러 가지 관점에서 유사성을 지닌다. 그 중에서도 사탄이 말하는 **'진리'**와 **'언어'**의 관계에 있어서 많은 유사점을 찾아볼 수 있다. 『거장과 마르가리타』에서 사탄은 **"진리는 무엇인가?"**라고 묻지 않고, **"진리는 어떠한 것인가?"**라고 묻는다.

(논문III) 『사탄의 일기』와 『거장과 마르가리타』에 나타난 '진리'와 '언어'

------ * * * ------

Ⅰ. 불가코프 작품에 나타난 '흰색'과 '붉은색'의 모티프

불가코프는 러시아가 '흰색'과 '붉은색'으로 갈라졌을 때 자신의 의도와 상관없이 '흰색' 쪽에 가담해 있었다. 그러므로 그는 나중에 자신에게 찍힌 '흰색'의 낙인을 지우려고 무던히도 애쓴다. 하지만 그가 처음 집필한 첫 장편소설 『백위군』은 제목부터 '흰색'으로서 의심 받기에 충분하였으나 예상과 달리 '흰색'과 '붉은색'의 대결을 피해 나아간다. 이처럼 불가코프에게는 작가의 성장배경, 전기적 사실 등을 반영하며 제목에서부터 '색'이 들어가거나 '색'의 모티프들이 발견되는 작품들이 무수히 많다. 본 논문에서는 '흰색'과 '붉은색'을 중심으로 불가코프 작품 전반에 나타나는 '색'과 '빛'의 모티프들을 추적하였다. 그 결과 '흰색'은 전통적 인텔리겐챠의 보존적이며 그리스도적인 가치를 나타내면서 착하고 선량한 등장인물을 묘사하고 있음을 발견할 수 있으며, '흰색'과 '붉은색'은 여러 작품들에서 서로 대조되면서 아울러 대등한 위치에서 서로 균형적으로 묘사되고 있음을 발견할 수 있다. 이는 불가코프가 자신의 작품에 대하여 해명하면서 자신은 '흰색'과 '붉은색'을 가리지 않으려고 무던히 노력하였음을 밝힌 편지 내용과 무관하지 않으며, 실제로 『백위군』 작품 속에서 '흰색' 진영과 '붉은색' 진영이 동일하게 취급받는 그리스도의 천국이 그려짐으로써 다시 확인할 수 있다.

한편 '붉은색'은 혁명적-정치적 의미를 지니면서 '검은색'과 치환되기도 하고, 『비운의 달걀』에서는 '흰색'에 패배하는 것으로 그려지기도 하며, 다른 여러 작품들에서는 '머리'와 연관된 묘사에 사용되기도 한다. 또한, '적황색'은 '붉은색'과 '노란색'의 중간색으로서 긍정적인 등장인물의 경우에는 노란색 쪽을 더 강조하여 표현하고, 부정적인 등장인물의 경우에는 붉은색 쪽을 더 강조하여 표현하는데, 여러 작품들에서 '불'로써 도시를 파괴시키는 부정적이며 악마적인 등장인물들을 묘사하는데도 사용되고 있음을 발견할 수 있다.

I-1. 들어가는 글

문학작품이란 본래 현실을 사실에 입각하여 기록하는 **역사기술**이 아니라 **가상의 현실**을 그리는 예술세계의 창조이다. 따라서 작가는 작품을 기록하는 것이 아니라 그리면서 현실에 있을 법하며 현실과 유사한 존재들을 묘사하고 자신이 그리는 대상에 일정한 색채와 음영을 입힘으로써 창조한 예술 세계에 가시적 형상을 부여한다. 즉 작가에 의해 선택된 색채와 음영들은 작가가 그리는 현실의 객체에 색과 빛이 가져오는 고유한 이미지를 더해줌으로써, 현실의 기록이 아닌 **현실에 바탕한 예술적 형상을 창조**하는 것이다. 그러므로 이러한 '색'과 '빛'은 예술적 공간을 이루는 중요한 조형적 성분일 뿐만 아니라, 작가의 철학적 개념과 세계관적 구상을 통찰하는데 있어 매우 중요한 요소 가운데 하나가 된다.

그런데 이러한 예술작품 속에서의 색채와 음영들은 한 가지의 기능만을 수행하는 것이 아니라 기본적으로 두 가지의 기능을 수행한다. 즉 본래의 '색'이 갖고 있는 '색'으로서의 조형적 의미를 나타낼 뿐만 아니라, 전통이나 민속신앙 또는 민족적인 관념, 혹은 작가 개인의 연상이나 역사-문화적 경험 등과 연루된 개념들을 나타낸다. 그러므로 문학작품 속에서의 '색'은 단순한 '색'의 의미를 넘어 비유적이고 상징적인 의미를 나타낸다고 볼 수 있다. 불가코프 작품에서도 이처럼 '색'이 갖는 두 가지의 전통적인 기능이 있어 **조형적 의미와 상징적 의미**에서의 '색'의 의미를 해석할 수 있다.

그런데 문학작품에서의 '색'이란 작품 속에서 사용된 빈도수에 의하여 그 작품을 상징하는 지배적인 '색'이 되거나 또는 상징에 있어서 중요한 기능을 수행하는 것은 아니다. 즉 예를 들어『거장과 마르가리타』에서 '노란색'은 다른 색에 비해 숫적으로 그리 많이 사용된 '색'이 아니지만, 거장과의 만남에서 마르가리타의 온몸이 노란 미모사 꽃으로 치장되거나, 예루살렘과 모스크바 상공에 뜨는 달과 하늘을 뒤덮는 소나기 구름이 노란빛과 노란색으로 묘사되면서, 감정을 드러내는 주요한 색 가운데 하나로 쓰인다. 한편 불가코프 작품에는 소리, 분위기, 감정, 시간 등의 비물질적 대상이나 형이상학적인 현상에도 색채적 성격이 부여됨으로써 '색' 안에는 복잡한 연상적 관념들이 포함되어 있다. 또한 불가코프 작품에는 한 가지의 색으로 해석하기 어려운 태양, 불, 눈, 황혼 등과 같은 자연의 대상들도 존재한다.

이와 같이 작품 속에서의 색채는 개인적인 연상들과 연루되면서 복잡한 개념들을 포함하고 있거나, 여러 가지의 색이 사용됨으로써 한 가지로 해석되기 어려운 문제들을 내포하고 있어서, 작품 속에 나타난 '색'의 성격을 어느 한 가지로 규정짓는 일은 용이한 문제가 아니다. 작품에 나타난 '색'의 두 가지 기능, 즉 조형적 의미와 상징적 의미에서의 기능에 대하여도 문학연구가들 사이에 의견이 일치하지 않는다. 스미르노프(Смирнов)는 불가코프 작품에 나타난 '색'의 기능을 조형적 의미에서보다 **상징적 의미**에서 더 초점을 맞추어 나아갔다.

не пейзажен, 〈…〉 это цвет-символ. Уже одно беглое перечисление названий и вариантов названий булгаковских задуманных и написанных произведений подтверждает такое ощущение: "Зеленый змий", "Красная корона", "Черный богослов", "Багровый остров" и. т. п. Цветовые эпитеты явно придают названиям дополнительный смысл.[1]

풍경화로 그려진 것이 아니다. 〈…〉 그것은 상징의 색이다. 이미 수없이 열거되는 작품 제목들과 불가코프가 구상했었던 여러 가지 다른 이름의 작품 제목들이 그런 느낌을 확신시켜 준다: "푸른색 겨울", "붉은 관", "검은 신학자", "적자색 섬" 등등.[2] 이와 같이 색깔을 나타내는 형용어들은 분명히 작품제목에 추가적인 의미를 더해 준다.

물론 이와 같이 작품제목에 나오는 '색'들은 작품에 색채적 의미를 부여함에 있어서 당연히 중요한 역할을 할 것이다. 불가코프에게는 이러한 작품들 이외도 〈금빛의 도시〉, 〈붉은색 깃발〉, 〈붉은 벽돌의 모스크바〉 등등의 '색'을 나타낸 수필 또는 칼럼 제목들이 무수히 많다. 특히 『백위군』이라는 작품제목이 나오기 전까지의 변화 과정을 살펴보면 매우 흥미롭다. 처음에 이 작품은 『선홍색 일격(Алый мах)』(1: 511)[3]이라는 제목이었다가 후에 『흰색의 십자가(Белый крест)』로 바뀌며[4] 나중에는 『노란색 소위보(Жёлтый прапор)』(5: 416)로 바뀐다. 그리고

1) Смирнов Ю. М. "О некоторых цветовых лейтмотивах в творчестве М. Булгакова", *Цвет и свет в художественном произведении*, Сыктывкар: Сыктывкарский университет, 1990, сс.77-81.

2) 『푸른색 겨울』은 불가코프의 누이 젬스카야(Земская)의 회상에 따르면 불가코프가 1912년 또는 1913년에 쓴 단편소설의 제목이다. 『검은 신학자』는 『거장과 마르가리타』의 초기 원고들 가운데 하나에 나오는 제목이다.

3) М. А. Булгаков, *Собрание сочинений в 5 томах, том* 1, Москва: Художественная литература, 1989-1990, с.511. 이하, 이 선집으로부터의 인용은 본문에(권 수: 페이지 수)로 약칭함.

4) *Воспоминания о Михаиле Булгакове*, Москва: Советский писатель, 1988, с.

『죽은 자(者)의 수기(Записки покойника)』에서 주인공 막수도프(Максудов)에 의해 집필된 것으로 나오는 이 소설의 제목은『검은색 눈(Чёрный снег)』(4: 451)이었다. 이처럼 불가코프 작품에는 흰색, 붉은색, 검은색, 회색, 노란색 등의 '색'을 나타내는 형용어들이 제목에서부터 무수히 많이 등장하고 있음을 알 수 있다. 그리고 그동안 많은 문학연구가들이 불가코프 작품에 나오는 이러한 '색' 또는 '빛'에 대하여 연구하였으며, 이에 여러 가지 관점에서의 연구들이 이루어져 왔다.

쿠즈녜쪼바(Кузнецова)는『거장과 마르가리타』에 나타난 색채적 형용어들의 특성에 대한 연구에서 비록 불가코프가 회화에 대하여 무관심하였지만, 그가 색채에 아주 민감하고 감수성이 풍부하였음을 밝히고 있다.『거장과 마르가리타』를 포함하여 불가코프의 작품들에 사용된 '팔레트'에는 다양한 색들로 가득차 있으며, 이러한 색들이 사용되는 경우 대부분은 상징적인 문제들이 암시되고 있다는 것이다. 몇 가지 색들의 상징적 의미를 분석하면서 그녀는 특히 '검은색'에 대하여 상세히 기술하고 있는데, 그녀의 분석에 의하면『거장과 마르가리타』에는 총 105번에 걸쳐 '검은색'이 출현하는데 이것은 색채를 나타낸 전체 형용어의 약 36%에 달한다.[5] 또한 녹색은 교활, 간교, 마법, 위험, 두려움 등의 상징을 나타낸다.[6] 결국 쿠즈녜쪼바의 견해에 따르면『거장과 마르가리타』소설은 전체적으로 어둡고 음울한 색의 상징들로 가득차 있는 가운데 몇가지 다른 색채들이 음흉한 색조들을 관통하여

130.

5) Кузнецова О. Г., "Особенности цветового письма в романе 〈Мастер и Маргарита〉", *Возвращенные имена русской литературы*, Самара: СамГПИ, 1994, с. 95. 참조.

6) Там же.

투사되는 모양새를 갖추고 있다.[7]

한편 마트베예프(Матвеев)는 『거장과 마르가리타』의 색채에 대하여 작가가 작품을 쓰는 것이 아니라 그리고 있음을 강조한다. 즉 풍경, 등장인물의 초상, 세세한 생활 모습들이 현실의 생생한 색조에 의하여 살아 숨쉬듯 그려지고 있다는 것이다. 이와 더불어 마트베예프는 채색된 색조의 형상들이 나타내는 가치론적 기능에 대하여 다음과 같이 강조한다.

> Цвет у Булгакова не только средство колоритного изображения мира. С его помощью акцентируются определенные черты характеров персонажей, выражается отношение автора к изображаемому.[8]
>
> 불가코프에게 있어 색은 단지 세상의 색채적 묘사를 위한 수단이 아니다. 색의 도움으로 등장인물들의 성격상의 특징들이 강조되고 작가와 묘사대상 사이의 관계가 표현된다.

또한 마트베예프는 작품에 등장하는 '색'에는 각각 그 색을 지배하는 고유한 의미가 있어 『거장과 마르가리타』에서 '붉은색'은 특히 '피'의 색을 나타내며 '붉은색'과 유사한 '적자색'이나 또는 '적황색'은 인간의 삶에 대한 위협을 상징한다고 말한다. 또한 그에 의하면 '흰색'은 민속적 전통에 따라 청결, 자비를 뜻하고 푸른색은 천상의 색을 나타낸다. 반면 '검은색'은 한 가지 의미로 해석되지 않고 가난과 불행을 뜻할 뿐만 아니라 정의를 나타내기도 한다. 그 이외에도 마트베예프

7) Там же, сс.96-97.

8) Матвеев Б. И., "Цветопись в романе Михаила Булгакова 〈Мастер и Маргарита〉" (URL) http://www.library.ru/help/docs/n23234/color1.rtf

는 소설에 등장하는 '빛'의 의미에 대해 강조하면서 불가코프 시학에 있어 '색'과 '빛'은 서로 떼어놓을래야 떼어놓을 수 없는 관계임을 밝히고 있다.

한편, 코코리나(Кокорина)는 불가코프의 몇몇 작품들에 나타난 '색'에 대하여 각각 개별적인 논문을 집필하였는데,[9] 그 중에 단편소설 『중국의 역사(Китайская история)』에 대한 논문에서 불가코프 예술세계에 있어서의 '색'은 의미를 구성하는 기본요소 가운데 하나임을 강조한다.

> М. А. Булгаков использует, как правило, базовые, наиболее общие и нейтральные с точки зрения языка цветообозначения, выраженные прилагательными, что позволяет автору мак симально насыщать значениями абстрактные цветообозначения.[10]
>
> 불가코프는 통상 기초적이고 가장 일반적이며 색상표시 언어의 관점에서 중립적인 표현의 형용사들을 사용함으로써, 저자로 하여금 추상적인 색상표시의 의미들을 최대한도로 풍부하게 공급하도록 허용한다.

그런데 코코리나의 이러한 연구 가운데는 사실과 부합되지 않는 측면도 발견할 수 있다. 즉 그녀는 『중국의 역사』에 나타난 '노란색'의 역할에 대해 분석하면서 중국인 주인공 쎈진뽀(Сен-Зин-По)에게 있어 **노란-황금색**은 오로지 긍정적 의미만을 가져온다는 결론을 내리고 있

9) Кокорина Н. В., "Цвет в художественном мире М. А. Булгаков. Повесть 〈Собачье сердце〉", "Цветообозначения в 〈Китайской истории〉 М. Булгакова", "Цвет в 〈Днях Турбиных〉".

10) Кокорина Н. В., "Цветообозначения в 〈Китайской истории〉 М. Булгакова", *Литературный текст: проблемы и методы исследования*, Тверь: ТГУ, 1998, No.4, с.85. 이하, 이 논문으로부터의 인용은 본문에(Кокорина: p.페이지 수)로 약칭한다.

다: “это создает дополнительный оттенок теплоты и приятие желто -золотого мира, столь органичного для героя, который пытается обрести его вновь”(Кокорина: p.87). 그러나 그녀의 이러한 주장에 반하여 작품의 피날레에서는 주인공이 황금빛 추격 속에서 사람들에 의해 살해당하는 장면이 나온다.

> Сдавайся!! -- выло и справа, и слева, и золотые пятна и острые жала запрыгали под самым скатом. А-р-ра-па-ха! -- в последный раз проиграл пулемет и разом стих. (1: 458)
>
> “항복하라!!” 오른쪽에서도 그리고 왼쪽에서도 고함소리가 찢어졌으며 바로 경사면 아래에서 황금빛 얼룩들과 날카로운 총검들이 뛰어올라왔다. “아-르-라-빠-하!” 마지막으로 기관총이 작열하였으며 그리고 일거에 잠잠해졌다.

이와 같은 예(例)는 불가코프 작품에 있어서의 ‘색’이 어느 한 가지의 의미만을 지니는 것이 아님을 보여주는 예증이라고 할 수 있다. 한편 이와 같이 특정한 색, 즉 ‘노란색’에 대한 세심한 고찰은 빅쿠로바(И. Биккулова)의 논문(Символика желтого цвета в романе М. А. Булгакова 〈Белая гвардия〉)에서 다시 찾아볼 수 있다. 빅쿠로바 또한 이전의 연구자들과 같이 『백위군』에서의 ‘색’이 회화적이라기 보다는 **상징적**이라는 데에 의견을 같이 한다. 그녀의 견해에 따르면 작품에 기술된 모든 색들이 각각 상징화되어 있어 어느 한 가지 색이 긍정적인 의미를 지니면 다른 색은 부정적 의미를 지니면서 각각의 색들이 철학적 혹은 내용적 의미를 내포하고 있다는 것이다.[11] 이처럼 ‘색’의 상징체계 속에서

11) Биккулова И. А., *Символика желтого цвета в романе М. А. Булгакова 〈Белая гвардия〉*, Белгород: Издательство Белгородского университета, 2000, с. 7. 참조.

'노란색'의 의미를 세심하게 분석한 연구자는 결론적으로 『백위군』에서 'желтый'라는 형용어는 부정적 속성을 지니고 있음을 나타낸다.[12]

이상에서 살펴본 바와 같이 불가코프 작품에 나타난 '색'에 관한 연구들은 『거장과 마르가리타』 또는 『백위군』 등의 개별적 작품을 중심으로 하여 한정적으로 이루어져 왔으며, '색'에 있어서도 '노란색' 또는 '검정색' 등의 특정한 '색'을 위주로 하여 제한적으로 이루어져 왔음을 알 수 있다. 또한 불가코프 작품에 나타난 '색'이 어느 한 가지 의미만을 띠지 않고 단순한 '색'의 의미를 넘어 여러 가지 상징적 의미를 나타내고 있음도 그동안의 연구들에 의해 상당부분 밝혀졌다. 하지만 불가코프 작품에 나타난 주요한 '색', 즉 **흰색, 붉은색, 검정색, 회색, 노란색** 등을 중심으로 하여 불가코프의 거의 모든 작품을 섭렵함으로써 불가코프 작품에 나타난 '색' 또는 '빛'에 대하여 종합적으로 분석하고 고찰하는 시도는 아직 이루어지지 않고 있다. 흔히 이러한 연구는 방대한 불가코프 작품의 양을 비교해 볼 때 자칫 분석이 아닌 나열로 흐를 가능성도 있다고 본다. 이에 본 논문에서는 우선 **'흰색'**과 **'붉은색'**을 중심으로 불가코프 작품에 나타난 '색'과 '빛'의 모티프를 추적해 나아가며, 나머지 '색'에 대해서는 본 논문의 제언으로 남김으로써 차기 연구에서 보다 더 종합적인 분석이 가능하도록 하고자 한다.

I-2. '흰색'의 모티프

불가코프 작품에 있어서 '흰색'의 주요한 의미는 특히 작가 개인의 전기적인 요소와 관련있다. 즉 의사였던 불가코프에게 있어 '흰색'은

12) Там же.

매우 직업적인 '색'이었다. 또한 그는 신학자의 아들이었으며 집안의 선조들 가운데는 성직자들이 많이 있을 정도로 전통적인 그리스도교 집안 분위기 속에서 자라났으므로, 그에게 있어 '흰색'은 그리스도교적 상징의 '색'이었다. '흰색'은 그리스도교에서 성례적, 천상적 주제들과 연상되면서 매우 중요한 색 가운데 하나이다. 그러므로 『백위군』에서 도시 위의 높다란 언덕 위에 서서 도시를 굽어보며 도시의 수호자로 등장하는 성 블라지미르(Владимир) 동상이 손에 들고 있는 십자가도 다른 색이 아닌 '흰색'이다: "электрический белый крест в руках" (1: 219). 또한 나이 투르스(Най-Турс) 대령의 장례식에서 울음을 참지 못하고 밖으로 뛰쳐 나온 니콜카(Николка)가 바라본 밤 하늘에도 십자가 모양의 별들과 하얀색 은하수가 펼쳐져 있다: "звезды крестами и белый Млечный Путь"(1: 407).

한편 불가코프에게 있어 '흰색'은 역사적인 전기적 사실과도 연관된다. 즉 불가코프가 작가로서 작품 활동을 막 시작하던 때의 '흰색'은 공산주의-적군의 '붉은색'에 대항하는 왕정복고주의-백군의 '색'으로서 당시에 가장 지배적인 2가지의 색 가운데 하나였다. 그러므로 불가코프가 1920년대 당시 자신의 첫 장편소설의 제목을 '흰색'과 부합된 『백위군』으로 명명하였을 때, 작품은 당연히 정치적으로 받아들여지지 않을 수 없었으며, 불가코프 자신도 이 사실을 충분히 인식하고 있었다. 그러나 작가는 비록 제목을 『백위군』이라 칭하였지만 독자들의 기대와 달리 '흰색'과 '붉은색'의 대립을 묘사하지 않고 오히려 '흰색'의 성례적이며 도덕-철학적인 의미에 강조점을 두었다. 이처럼 『백위군』에서 '흰색'이 강조된 것은 작품의 에피그라프가 푸쉬킨의 『대위의 딸』에서 차용된 것과 무관하지 않다. 즉, 작품에 등장하는 '도시(Город)'가 산 언덕 위에 높이 위치해 있으면서 눈 덮인 아름다운 도시로 묘사되고 있는 점에서: "снежный, прекрасный Город"(1: 186), 불가코프는 『백위군』의 '도시'를 『대위의 딸』에 나오는 눈 덮인 '벨로고르스카야 요새(Белогорская крепость)'에 비교하며 연상시키고 있음을 알 수 있다. 그리고 이러한 연상은 『백위군』에 등장하는 등장인물 가운데 밝고 선량한 인물 군(群)에 속하는 나이-투르스 대령이 '베오그라드 경기병' 출신이라는 사실에서 다시 확인할 수 있다: "Погоди-ка, он не белградский гусар?"(1: 192). 즉 나이-투르스가 복무한 것으로 나오는 '베오그라드 연대(белградский полк)' 같은 부대 명칭은 사실상 러시아 군에 존재하지도 않는 부대 명칭인 것이다. 그런데 또한 이 부대에 투르빈의 지기(知己)이며 1916년 빌렌스크 지방 전투에서 베오그라드 기병 중대와 함께 전사한 특무상사 쥘린(Жилин)도 복무한 것으로 묘사된다: "вместе с эскадроном белградских гусар в 1916-м году"(1: 233). 그러므로 같은 '흰색'의 베오그라드 경기병 출신인 쥘린은 전사한 후, 알렉세이 꿈 속에 나타나 '하얀색' 천국에 대하여 말하며: "Там, сами изволите знать, чистота, полы церковные"(1: 234), 천국에는 그를 비롯하여 나이-투르스 대령이 있고 니콜카(Николка) 또한 죽은 후에 이곳으로 오는 것으로 묘사된다.

한편 이와 같이 『백위군』의 '도시'가 '흰색'의 눈 덮인 '벨로고르스카야 요새'를 연상시키고, 등장인물 또한 '흰색'이 포함된 '베오그라드 경기병' 출신으로서 후에 '하얀색' 천국에서 다시 만나는 등으로 묘사되면서 '흰색'이 강조될 뿐만 아니라, 『백위군』에서 발생하는 사건 장면들은 거의 모두 겨울에 발생함으로써 작품의 전체적인 풍경 또한 겨울에 상응하는 '흰색'으로 채색된다. 따라서 『백위군』의 도시는 '하얀색의 도시(белый Город)'이며 이는 '눈 덮인 도시(снежный Город)'를 가리킨다. 그러므로 불가코프가 푸쉬킨의 『대위의 딸』에서 농민전쟁을 상징하는 '눈보라'와 '눈폭풍'에 대한 대화 내용을 작품의 에피그라프로 미리 내세운 것은 우연이 아니다. 실제로 작품 속에는 두 개의 커다란 '눈으로 된(снежный)' 세력이 묘사된다. 즉 눈 덮인 요새의 하얀색 '도시(Город)'와 이 도시를 향해 달려드는 눈폭풍, 즉 페트류라(Петлюра) 일당이 존재한다.

이와 같이 '흰색'과 관련된 풍경화적 스케치나 세세한 묘사들은 작품『백위군』속에서 무수히 찾아볼 수 있다. 우선 투르빈의 집(дом)부터 '흰색'으로 묘사되어, 집은 눈사람이 모자를 뒤집어 쓴 형상으로 묘사된다: "Дом накрыло шапкой белого генерала"(1: 182). 또한 화자는 도시를 강탈하려 준비하는 강도 무리들을 밤에 숲속을 헤매는 늑대떼에 비유하면서 이들이 산 위 정상에서 내려다 본 도시 풍경을 다음과 같이 세세하게 묘사한다.

> Глубокою ночью угольная тьма залегла на террасах лучшего места в мире -- Владимирской горки. Кирпичные дорожки и аллеи были скрыты под нескончаемым пухлым пластом нетронутого снега. (1: 266)
>
> 깊은 밤의 칠흑 같은 어둠이 이 세상에서 가장 훌륭한 장소인 블라지미르 산비탈의 단층들 위에 깔려 있었다. 보도 블록이 깔린 골목길과 오솔길들은 한번도 밟히지 않은 눈이 수북수북히 쌓이며 끝없이 펼쳐진 눈더미 속에서 자취를 감추었다.

그런데 이러한 '흰색'의 세세한 풍경 묘사 가운데 상징적 의미를 내포하고 있는 경우를 발견할 수 있다. 특히 이런 상징은 풍경 묘사에서 서로 대립되는 색들이 대조적으로 그려질 때, 그 상징의 의미가 선명히 나타난다. 즉 예를 들면『백위군』에서 투르빈은 추격당하다가 가까스로 율리야 레이스(Юлия Рейсс)의 집으로 피신을 하게 되는데, 그 곳은 파멸의 프로발나야(Провальная) 거리로부터 상당히 멀리 떨어지고 높은

데 위치한 곳으로서 집 안에는 '하얀색'의 정원이 있다: "Турбин и оказался в белом саду, но уже где-то высоко и далеко от роковой Провальной"(1: 348). 그런데 이처럼 하얀색 정원에 살며 투르빈을 사지(死地)에서 구해줄 정도로 한없이 자비롭고 경이로운 모습의 '햐얀색' 이미지와 달리, 율리야는 한편으로 '검은색' 이미지의 쉬폴랸스키(Шполянский)와 관련을 맺고 있다. 즉 그녀는 쉬폴랸스키의 정부(情婦)이며 공범자로서 투르빈과 반대되는 힘의 세력을 지지하고 있는 것이다. 그러므로 율리야의 모습에는 밝은 빛과 어두운 빛이 대조적으로 합성되어 나타난다.

> совершенно неопределенные волосы, не то пепельные, пронизанные огнем, не то золотистые, а брови угольные и черные глаза. (1: 353)
>
> 그녀의 풍성한 머리칼은 한순간 불에 비쳐 잿빛으로 보이다가 또 한순간 금발로 보이기도 했으며, 눈썹은 석탄처럼 까맣고 눈동자도 마찬가지로 까만색이었다.

한편 『젊은 의사의 수기(Записки юного врача)』에 실린 일련의 단편들에서 '흰색'은 의학적인 테마와 연관되면서 대조적인 색으로 출현한다. 특히 단편 『수탉을 수놓은 수건(Полотенце с петухом)』에서 '흰색'은 '붉은색'과 대조되며 나타난다. 즉 산간벽지 외딴 시골마을에 의사로 처음 부임해 오면서 몸이 지칠 때로 지쳐 얼굴에 핏기하나 없이 새하얗게 변한 젊은 의사와 피가 다 빠지고 털이 다 뽑혀 살갖만 하얗게 드러난 수탉이 동일시되면서 '하얀색'이 강조된다.

> ободранный голокожий петух с окровавленной шеей, рядом с петухом его разноцветные перья грудой. 〈…〉 Его я должен был съесть. (1: 74)

피투성이의 목을 매단 채 털이 다 뽑혀져 맨 살갗을 드러낸 수탉 한 마리가 놓여 있었고 그 옆에는 여러 가지 색깔의 깃털들이 한 무더기 쌓여 있었다. 〈…〉 그 수탉은 내가 먹을 식사였다.[13]

그런데 이와 같이 젊은 의사와 수탉에서 묘사된 '흰색'은 과다출혈로 인해 핏기 하나없이 거의 다 죽어가는 처녀에게도 유사하게 나타난다.

Свет "молнии" показался мне желтым и живым, а ее лицо бумажным, белым, 〈…〉 Ведь у нее же нет крови!. (1: 78-79)

〈번개표〉 전등불이 누렇고 선명한 빛을 비췄다. 그녀의 종잇장 같이 하얀 얼굴이… 정말 그녀에게는 피 한방울 없다.[14]

즉, 얼굴에 핏빛 하나 없는 창백한 의사, 피가 다 빠진 수탉, 핏기 하나 없는 처녀 모두 '붉은색' 하나 없이 '흰색'만 남아 있는 모양이다. 하지만 이와 같이 하나도 없을 것 같던 '붉은색'은 아직 남아 있었으며 후에 부활하듯이 다시 나타난다. 야블로코프(Яблоков)는 소설 속에서 '붉은색'이 나타내는 '불멸'의 관념은 매우 중요하다고 이야기한다. 즉, 『수탉을 수놓은 수건』에는 처음에 붉은색의 '피'를 상실한 2명의 등장인물로서 수탉과 처녀가 등장하는데, 후에 처녀는 수술의 과정을 통하여 '피'가 있음이 선명히 드러나면서 결국 살아남게 되고, 수탉 또한 처녀가 뜨개질한 수건 속에서 빨간색으로 수놓아지며 살아남으로써, '붉은색'은 결코 파멸시킬 수 없는 '생명'의 색을 나타낸다는 것이다.[15]

---

13) 불가코프, 『비운의 달걀, 수탉을 수놓은 수건』, 정연호 옮김, (대구효성가톨릭대학교 출판부, 1999), p.184.

14) 같은 책, pp.193-196.

15) Яблоков Е. А., *Текст и подтекст в рассказах М. Булгакова*("*Записки*

이처럼 『수탉을 수놓은 수건』에서 '흰색'과 '붉은색'은 서로 대조를 이루며, 특히 소설 초반부에서 '죽음'을 나타내는 '흰색'의 닭과 피날레에서 '삶'을 나타내는 '붉은색'의 닭이 서로 대조를 이루도록 구성되어져 있다.[16]

이처럼 의학적인 테마와 연관되면서 '흰색'이 '붉은색'과 대조를 이루는 경우는 중편 『개의 심장』에서도 찾아볼 수 있다. 『개의 심장』에서 수술하기 전의 프레오브라젠스키(Преображенский) 교수의 모습은 새하얀 옷을 청결하게 갈아입고 성스러운 제(祭)를 올릴 준비를 하는 신관(信管)의 모습에 비유되며 묘사된다: "Жрец был весь в белом, а поверх белого, как епитрахиль, был надет узкий резиновый фартук."(2: 153) 하지만 수술이 시작되면 성스러운 신관의 하얀색 이미지는 온데간데 없이 사라지고, 신관은 탐욕스런 푸주한으로 변하며, 여기저기에 붉은 피가 얼룩지는 피투성이의 붉은색이 대조되며 나타난다: "жрец снял меловыми руками окровавленный клобук."(2: 158)

이와 같이 불가코프 작품에서 '흰색'이 '붉은색'과 대조를 이루면서 함께 나타나는 경우는 그의 대작 『거장과 마르가리타』에서도 많이 찾아볼 수 있다. 예를 들면 빌라도는 핏빛의 안감을 댄 하얀 망토를 걸

юного врача"), Тверь, 2002. с.12. 참조.

16) 젊은 의사와 처녀는 서로 상대에게 '부활'의 역할을 해 준다. 즉 의사는 중상을 입은 처녀의 다리를 수술해 줌으로써 새로운 삶을 찾아주었으며, 처녀는 자신이 살아남으로써 풋내기 의사를 진짜 경험있는 의사로 만들어 주었다. 즉 처음에 껍질이 하얗게 벗겨진 흰색의 수탉이 등장하여 풋내기 젊은 의사를 위한 번제물로 쓰이고, 이러한 수탉의 희생과 죽음이 바탕이 되어 젊은 의사와 처녀의 '부활'이 이루어지며, 이는 다시 살아있는 인간의 생생한 '삶'을 상징하는 '붉은색' 수탉의 등장으로 이어진다. // 정연호, "불가코프 작품에 나타난 '동물'의 형상", 노어노문학 제23권 제3호(2011), pp.247-248. 참조.

치고 나타나며: "В белом плаще с кровавым подбоем,"(5: 19), 그가 예수아를 심문할 때는 하얀 바탕에 붉은 실핏줄이 솟아나 붉게 충혈된 눈을 하고 있다: "он обратил к Иешуа воспаленные, в красных жилках белки глаз"(5: 33). 또한 예수아의 머리는 앞이마를 동여맨 하얀색 붕대로 덮여 있으며: "Голова его была прикрыта белой повязкой с ремешком вокруг лба"(5: 20), 그의 입술 한쪽에는 피가 말라붙은 붉은색 딱지가 있다: "в углу рта -- ссадина с запекшейся кровью"(5: 20). 또한 베를리오즈가 사고를 당하기 전, 전찻길을 가로지르려 할 때도 흰색과 붉은색의 불빛이 그의 얼굴을 비추며: "как в лицо ему брызнул красный и белый свет"(5: 47), 그가 해바라기 기름에 미끄러져 레일 위에 떨어진 후, 생애 마지막으로 보게 되는 것 또한 여자 전차 운전사의 공포에 질린 새하얀 얼굴과 그녀의 빨간색 넥타이였다: "белое от ужаса лицо женщины-вагоновожатой и ее алую повязку"(5: 47). 그리고 스트라빈스키 정신병동에 갇히게 된 이반(Иван) 또한 사방의 벽이 온통 하얀색인 가운데 다름아닌 새빨간색의 프란넬 파자마 한 벌을 고른다: "и молча ткнул пальцем в пижаму из пунцовой байки"(5: 86). 또한 "악마들의 대무도회"에서 마이겔리(Майгель) 남작의 가슴에서 시뻘건 피가 솟구쳐 나와 풀먹인 하얀 와이셔츠를 붉게 물들이는 장면 역시 '흰색'과 '붉은색'의 대조로 볼 수 있다: "алая кровь брызнула у него из груди и залила крахмальную манишку и жилет"(5: 266). 이처럼 불가코프 작품에서 '흰색'과 '붉은색'은 서로 대조를 이루면서도 항상 서로 짝을 이루며 출현함으로써 마치 떼어놓을래야 떼어놓을 수 없는 하나의 동일체(同一體)처럼 여겨진다.

이와 같이 불가코프 작품에서 '흰색'과 '붉은색'이 하나로 동일하게 합성되며 나타나는 경향은 그의 전기적 사실과 무관하지 않다. 즉 불가코프는 소비에트 정부에 보낸 편지(1930년 3월 28일자)에서 자신의 작품에 묘사된 인텔리겐챠 가정의 역사적 운명에 대하여 언급하면서, 자신은 '흰색'이든 '붉은색'이든 아무 상관없이 태연하게 대하려고 아주 많이 노력하였음을 밝힌다: "несмотря на свои великие усилия стать бесстрастно над красными и белыми"(5: 447).

그러므로 작가의 이러한 노력은 작품에서 '흰색'과 '붉은색'이 서로 반대의 개념 없이 동일한 것으로 묘사된다. 즉 『백위군』에서 투르빈의 꿈에 나타난 쥘린이 천국에는 볼셰비키들을 위한 '붉은색'의 대저택도 준비되어 있다고 이야기하자, 투르빈은 흥분하며 그런 악한자들이 어떻게 '하얀색'의 천국에 들어갈 수 있느냐고 강하게 항의하는데, 이에 하느님은 '색'이란 속세의 시각에서만 의미가 있는 것이며 천국에서는 '흰색'이든 '붉은색'이든 다 똑같다고 이야기한다.

> Один верит, другой не верит, а поступки у вас у всех одинаковые: сейчас друг друга за глотку, а что касается казарм, Жилин, то тут так надо понимать, все вы у меня, Жилин, одинаковые -- в поле брани убиенные. (1: 236)
>
> 어떤 사람은 믿고 어떤 사람은 믿지 않으나, 그대들의 행동은 모두가 똑같다. 지금 서로의 목을 조르고 있지 않은가? 병영에 관한 것도 마찬가지다. 쥘린, 그대는 그대들이 전쟁터에서 목숨을 잃었다는 면에서 나에게는 모두가 똑같다는 사실을 이해해야 한다.[17]

이상에서 살펴본 바와 같이, 불가코프 작품에 나타난 '흰색'은 작가가 자라온 그리스도적인 집안 분위기와 작가가 한때 가졌던 의사 직업의 전기적 사실과 연관을 맺으면서, 천상적이며 성례적인 주제를 나

17) 불가코프, 『백위군』, 유승만 옮김, (서울: 열린책들, 1996), p.99.

타내거나 또는 선량하고 착한 등장인물의 그리스도적 천국을 상징하기도 하는데, 특히 『백위군』에서의 '흰색'은 겨울철의 눈덮인 도시 모습을 나타내며, 푸쉬킨의 눈덮인 벨로고르스카야 요새를 연상시키면서 에피그라프에서의 거센 눈보라, 눈폭풍과 같이 거대한 내란에 휩싸인 도시 키예프의 모습을 나타낸다. 한편, 의사-직업과 관련된 『수탉을 수놓은 수건』과 『개의 심장』 등의 작품들에서는 깃털이 다 뽑힌 '흰색'의 수탉과 수건 위에 수놓은 '붉은색'의 수탉, 그리고 수술 시작 전의 '흰색' 가운을 입은 신관의 '하얀' 모습과 수술 시작 후 탐욕스런 푸주한으로 돌변한 프레오브라젠스키의 '붉은' 모습 등이 대립되면서 '흰색'과 '붉은색'이 서로 대조되고 있는 것을 발견할 수 있다. 이와 유사하게 '흰색'과 '붉은색'이 서로 대조되면서 한쌍을 이루고 있는 예들을 『거장과 마르가리타』에서 무수히 찾아볼 수 있는데, 이는 불가코프가 자신의 작품에 대하여 해명하면서 자신은 '흰색'과 '붉은색'을 가리지 않으려고 무던히 노력하였음을 밝힌 편지 내용과 무관하지 않으며, 또한 실제 작품 속에서 베오그라드 경기병 출신의 '흰색' 진영이나 볼셰비키들의 '붉은색' 진영이 모두 동일하게 취급받는 천국이 그려지고 있는데서 다시 확인할 수 있다.

I-3. '붉은색'의 모티프

불가코프 작품에서 '붉은색'은 특히 정치적인 의미와 관련이 깊다. 정치적 의미를 가장 선명하게 나타낸 작품 가운데 하나는 중편 『비운의 달걀(Роковые яйца)』이다. 『비운의 달걀』에는 '색' 뿐만 아니라 '빛'에 의한 상징도 두드러지게 나타나면서 정치적인 알레고리로 발전해 나아간다. 예를 들면 『비운의 달걀』의 제6장 초반부에는 모스크바 시내와 거리 모습이 소개되고 있는데, 마치 여러 가지 불빛으로 가득차 술렁이는 모습이 '빛'의 황국처럼 묘사되고 있다.

> Она светилась, огни танцевали, гасли и вспыхивали. На Театральной площади вертелись белые фонари автобусов, зеленые огни трамваев, над бывшим Мюр и Мерилизом, над десятым надстроенным на него этажом, прыгала электрическая разноцветная женщина 〈…〉 Театральный проезд, Неглинный и Лубянка пылали белыми и фиолетовыми полосами 〈…〉 Толпы народа теснились у стен у больших листов объявлений, освещенных резкими красными рефлекторами. (2: 74-75)
>
> 모스크바는 빛나고 있었다. 불빛이 춤을 추고 꺼졌다가는 갑자기 타올랐다. 버스들과 전차들이 극장 광장 로타리 주위를 줄지어 빙빙 돌며 하얀 분수대 모양의 헤트라이트 불빛과 녹색 불빛을 비추고 있었으며, 예전에 〈뮤르와 메릴리즈〉 상점이 있던 자리에 세워진 10층 건물 꼭대기에는 여러 가지 빛으로 바뀌는 전광판 여인이 뛰어 오르고 있었다. 〈…〉 극장길 통로와 네글린 통로 그리고 루반카는 하얀빛과 보랏빛의 줄무늬들로 활활 타고 있었으며, 〈…〉 사람들은 무리지어 벽 주위에 빽빽이 모여 있었는데, 벽에는 커다란 공고문이 나붙어 있었고 그것을 빨간색의 반사경 불빛이 강렬히 비추고 있었다.[18]

이처럼 요란한 불빛과 더불어 소설의 핵심 줄거리 또한 활동력을 촉진시키는 신비스런 '붉은 빛'과 연관되어 있다. 즉 붉은 빛 아래 공산주의 체제의 모스크바는 온통 선명한 전기 불빛으로 요란하며, 소설 전반에 걸쳐 '새로운 삶'을 뜻하는 '붉은 빛'이 널리 퍼져 있다. 이에 대해 파르쉰(Паршин)은 '붉은 광선'에 의해 만들어진 검붉은 얼룩 빛이 온 세상을 붉게 물들이고 있으며, 그 빛은 거리의 프랑카드를 강렬히 비추는 붉은 반사경 불빛에도, 쩨쿠브(Цекуб) 건물 안의 거대한 홀에

18) 불가코프, 『비운의 달걀』, 정연호 번역, (대구효성가톨릭대학교 출판부, 1999), pp.77-78.

깔린 검붉은 카펫에도, 서커스단 여자 곡마사가 입은 몸에 착달라 붙는 검붉은 색 메리야스 옷에도 있다고 이야기한다.[19]

그런데 이와 같이 불가코프 작품에서 '붉은색'의 모티프가 유난히 강조되기 시작한 것은 펠리에톤 『적자색 섬(Багровый остров)』에서 였다. 후에 희곡으로까지 발전한 이 작품에는 서로 정치적으로 대립하는 두 진영, 즉 적색의 이디오피아인들의 진영과 백색의 아랍인들의 진영에 대한 정치적 풍자가 줄거리를 이루어 나아간다(2: 411). 야블로코프(Яблоков)에 의하면 이 작품의 원형(原型)이 된 것은 1924년 모스크바 오페라 극장에서 공연된 레코크(Ш. Лекок)의 오페라 『푸른색 섬(Зеленый остров)』이었다고 말한다.[20] 그런데 이처럼 불가코프에게서 '푸른색'이 '적자색'으로 바뀌는 것은 『백위군』에서도 찾아볼 수 있다. 즉 『백위군』의 초고(礎稿) 가운데 하나에는 피날레에서 엘레나의 꿈이 묘사되고 있는데, 꿈 속에 나타난 쉐르빈스키의 모습이 풍자적으로 양분화 되면서, 왼쪽은 '푸른색'이며 절반이 '붉은색'의 별 모양인 모자를 쓰고 나타난다: "Левая его половина, защитно зеленая, с половиной красной звезды"[21] 이처럼 우리의 연상 속에서 쉽게 배합될 것 같지 않는 두 가지 색, 즉 '푸른색'과 '붉은색'이 풍자적으로 합성되며 하나의 조합을 이루는 경우는 희곡 『아담과 이브(Адам и Ева)』에서도 발견할 수 있다. 즉 『아담과 이브』에서 서투른 삼류 문학가 폰칙(Пончик)이

19) Паршин Л. К., *Чертовщина в американском посольстве в Москве или 13 загадок Михаила Булгакова*, Москва, 1991. с.151. 참조.

20) Яблоков Е. А., "Тернисты пути театра истории нонче(Михаил Булгаков -- продолжатель дела Василия Каменского)", *Филологические записки*, Воронеж, 2010-2011, Вып.30, сс.259-260.

21) Булгаков М. А., 『Белая гвардия』, Москва: Наш дом -- L 'Aged' Homme, 1998. с. 260.

쓴 소설의 제목은 다름 아닌 〈붉은색의 새싹들(Красные зеленя)〉이다(3: 337).

한편 『비운의 달걀』에서 '붉은색'이 정치색을 띠며 '붉은빛'이 소설 전반에 걸쳐 영향을 미치기 시작하는 것은 작품 초반부에서 페르시코프(Персиков) 교수가 우연히 건네받는 명함에서부터 감지되기 시작한다. 즉 신문기자 알프레드 브론스키(Альфред Бронский)가 페르시코프 교수에게 건네준 명함에는 온통 '붉은색' 이름의 각종 신문-저널들로 가득차 있다.

> "Красный огонек", "Красный перец", "Красный журнал", "Красный прожектор" и газеты "Красная вечерная газета." (2: 57)
>
> 〈붉은 등불〉, 〈붉은 고추〉, 〈붉은 잡지〉, 〈붉은 탐조등〉 그리고 신문 〈붉은 저녁 신문〉

이와 같이 온통 '붉은색'으로 나열되는 세세한 묘사에 대하여, 많은 문학연구가들은 단순히 당시의 잡지 이름들을 자세히 소개하는 것이 아니라, 당시 모든 것에 마술이 걸린 것처럼 한 가지로 동일하게 움직이는 **사회적 최면상태**를 암시한다고 이야기한다. 즉 브론스키는 '붉은색'의 최면술적인 영향을 분명히 의식하고 있으며, 그의 명함은 당시에 날아가는 새도 떨어뜨릴 수 있는 무시무시한 권력기관(ОГПУ)을 가리키는 **'붉은 갈가마귀(Красный ворон)'**와 유사하게 같은 **'붉은색'의 각종 저널들** 이름으로 가득참으로써 특별한 위력을 지니고 있다. 이에 대해 스미르노프(Смирнов)는 '새'보다는 오히려 당시에 죄수 운반용 차량으로 쓰이던 지붕 덮인 화물 '자동차'를 가리키는 은어적 합성어 **'검은 갈가마귀(чёрный ворон)'**를 풍자한 것이라고 말한다.[22] 이처럼

22) Смирнов Ю. М., "О некоторых цветовых лейтмотивах в творчестве М. Булгакова",

'붉은색'은 '검은색'과 서로 치환되며 해석될 수도 있음을 발견한다.

한편『비운의 달걀』에는 '붉은 빛' 외에도 **'붉은 달걀'의 형상**이 중요한 의미를 지닌다. 원래, 록(Рокк)에게 양계업 부흥에 대한 생각이 순간적으로 들게 된 것도, 그가 다름아닌 '붉은 파리(Красный Париж)'라는 호텔에 투숙하고 있을 때였다(2: 92). 이처럼 '붉은 파리'에서 시작된 양계업 부흥에 대한 이야기는 '붉은 달걀'로 인하여 **'부활'에 대한 풍자**로 이어진다. 그리스도교 문화에서 빨간색으로 채색된 붉은 달걀은 그리스도의 피에 의한 인류의 부활을 나타내기 때문이다. 당시에 '새로운 세계'와 '새로운 인간'의 슬로건을 내세우던 볼셰비키의 관념과 유사하게, '붉은 빛'은 양계업의 부흥 뿐만 아니라 부활, 진리 등의 새로운 세상을 향한 돌파구를 약속한다. 그러나 근원적인 무식함, 즉 암탉의 달걀과 파충류의 알도 제대로 구분해 내지 못하는 무식함은 **'붉은 달걀'**과 **'붉은 수탉'**의 관념을 혼동하게 만들며 '붉은 달걀'에서 '붉은 수탉'이 연상되게 만든다. 러시아의 전통적인 어법에서 **수탉은 '화재'**의 형상과 연관되어 있다. 그러므로 작품 초반부에 여기저기 번쩍이던 전기 '불빛'은 진짜 활활타는 '불길'로 변하면서 사방으로 번져나아간다. 즉 공화국 안에 양계업을 부흥시키겠다는 유토피아적 계획은 결국 **'붉은 수탉'의 무분별한 방탕**과도 같이 요염한 '불길'로 번지면서 파국을 맞게 된다.

> Смоленск горит весь 〈…〉 город загорелся во всех местах, где бросили горящие печи и начали безнадежный повальный исход. (2: 111-112)

Цвет и свет в художественном произведении, Сыктывкар: Сыктывкарский университет, 1990, сс.77-81.

스몰렌스크 도시 전체가 불에 타고 있으며 〈…〉 도시는 타고 있던 스토브들을 집어 던진 곳곳에서 불타기 시작하였으며 절망적인 최후가 전반적으로 시작되었다.[23]

그런데 이와 같이 번지기 시작한 '불길'은 스몰렌스크를 거쳐 모스크바에까지 영향을 미치면서 결국 모스크바 도시 전체가 불타는 것으로 묘사됨으로써 **나폴레옹의 모스크바 침공과 '모스크바 대화재'**를 연상시킨다.[24] 이러한 '모스크바 대화재'에 대한 테마는 『비운의 달걀』이 집필되고 몇 년 후에 씌여진 『악마에 관한 소설(роман о дьяволе)』 초고(礎稿)에서도 다시 등장하는데, 후에 『거장과 마르가리타』에서는 모스크바 시내의 몇몇 건물만이 불에 타는 것으로 묘사되지만, 이 『악마에 관한 소설』에서는 모스크바 도시 전체가 불타는 것으로 묘사됨으로써 다시 한번 **'모스크바 대화재'**를 연상시킨다.

하지만 결국 '붉은 달걀'에서 나온 괴물들도 갑자기 불어닥친 영하의 추위와 하얀 눈보라에 의해 살상됨으로써 『비운의 달걀』의 피날레는 '붉은색'에 대한 '흰색'의 승리로서 해석될 수 있다. 앞서 살펴본 『백위군』에서 '흰색'과 '붉은색'이 대등하게 취급받던 것과 비교하자면, 비슷한 시기에 집필된 두 소설이지만 '색'의 관점에서 보면 서로 다르게 결말이 나고 있음을 발견할 수 있다.

한편, '붉은색'이 '흰색'과 대등한 위치에서 균형적으로 묘사되고 있

23) 불가코프, 『불가코프 중편선』, 정연호 번역, (서울: 신아사, 2010), pp.186-187.

24) 외국산 달걀에서 부화된 뱀 등의 거대한 무리들이 스몰렌스크에서 모자이스크 거리를 따라 모스크바로 진격하는 루트는 조국전쟁 때 나폴레옹 군대의 모스크바 진입 경로와 똑같이 묘사된다. Edythe C. Haber, "The Social and Political Context of Bulgakov's 『The Fatal Eggs』", Slavic Review 51 No.3(Fall, 1992), p.508. // 정연호, "불가코프적 그로테스크의 특성", 『슬라브학보』 제16권 1호, (2001), pp.248-249. 참조.

는 예(例)는 『백위군』 작품 곳곳에서 발견할 수 있다. 소설의 첫 문장은 눈 덮인 하얀 도시 위에 '붉은색'의 화성이 반짝이는 것으로 시작되며: "звезда пастушеская -- вечерняя Венера и красный, дрожащий Марс"(1: 179), 이런 모습은 소설의 종장에서도 반복되어 주위가 온통 **눈으로 덮인 추운 겨울밤**에 장갑차 주위에서 경계근무 중인 적위군 보초병의 가슴에 달린 **오각형의 별**이 상공 위에 떠있는 **붉은 금성의 불빛**에 반사되며 반짝이는 것으로 묘사된다(1: 426). 또한 보초병이 꾸벅꾸벅 졸며 잠결에 꿈 속에서 바라본 밤하늘에는 수많은 **'붉은색'** 별들로 장식됨으로써, 온통 눈으로 덮인 지상의 **'흰색'** 바탕과 대비된다: "Вырастал во сне небосвод невиданный. Весь красный, сверкающий и весь одетый Марсами в их живом сверкании"(1: 425). 그런데 이러한 '붉은색'은 소설의 종말에 가서 구체적인 '색'으로서의 특징을 상실하는 것으로 묘사된다. 즉, 페치카(Петька) 소년이 꿈 속에서 붙잡은 다이아몬드 공에서 작은 물방울들이 물보라처럼 반짝이며 내뿜어짐으로써, **'붉은색'**의 별은 이제 더 이상 '색'이 아니라 '빛'의 미세한 입자들을 뿌려대는 것으로 묘사된다(1: 427).

이와 같이 지상의 '흰색' 대지 위에서 천상의 '붉은색' 별이 빛나는 모습과 유사하게 '흰색' 바탕에 세세한 '붉은색'의 형상이 선명히 묘사되는 경우는 『백위군』의 또 다른 예(例)에서도 찾아볼 수 있다. 예를 들면 니콜카는 시체 안치실에서 알몸뚱이 시체들 가운데 **하얗고 미끈미끈한 피부색**의 대단한 미인을 보게 되는데, 그녀의 허리에는 마치 붉은 리본을 두른 것 같은 **'붉은색'의 상처**가 나 있다: "Николка с трудом отвел глаза от шрама, опоясывающего ее, как красной лентой, и глядел в сторону"(1: 406). 또한 이러한 '붉은색'의 세세한 묘사는 의사 투르빈이 성병 환자 루사코프(Русаков)의 가슴에 물음표를 그리자 '흰색'의 물음표가 '붉은색'으로 변하는 장면에서도 나타난다: "Белый знак превратился в красный"(1: 415).

한편 불가코프 작품에서 '붉은색'은 '머리'의 형상과 연관되며 묘사된다. 이러한 머리 형상의 묘사는 단편 『붉은 관(Красная корона)』에서 처음으로 나타난다. 즉 주인공-화자는 자신의 동생이 치명적인 중상을 입은 모습에 대하여 다음과 같이 전한다.

> Не было волос, и не было лба. Вместо него был красный венчик с желтыми зубьями-клочьями. (1: 446).
>
> 머리카락도, 이마도 보이지 않았다. 그 대신 노란색의 톱니 모양 타래가 곁들여진 붉은 화관(花冠)이 있었다.

여기서 등장인물의 머리 모양은 문자 그대로 머리의 절반을 상실한 '반쪽 머리' 상태이다. 이러한 '반쪽 머리'와 관련하여 『거장과 마르가리타』에서 빌라도가 항상 머리 반쪽이 아픈 편두통에 시달리며: "ужасная болезнь… гемикрания, при которой болит полголовы… от нее нет средств"(5: 20), 그의 머리 편두통은 항상 지옥의 고통으로 활활 불타오르는 모습으로 묘사되고 있는 것을 연상할 수 있다. 즉, 빌라도는 지옥의 고통으로 활활타는 머리를 움직이는 것이 두려워 돌처럼 꼼짝 않고 가만히 있다: "Прокуратор был как каменный, потому что боялся качнуть пылающей адской болью головой"(5: 21). 따라서 빌라도의 반쪽 머리 편두통은 지옥의 '불'을 연상시키면서 '붉은색'과 연관된다.

그런데 『붉은 관』에서 두개골에 관을 씌우는 것과 같은 치명적인 상처 모습은 『비운의 달걀』에서도 볼 수 있다. 즉, 파충류들과의 전투에 출동한 두 명의 비상요원들이 거대한 뱀에 물려 죽을 때의 모습은, 마치 거대한 반지들이 모여 이루어진 길다란 원통형 속으로 사람이 머리만 남겨진 채 빨려 들어간 모습이며, 남겨진 머리도 두개골의 원형 주위를 따라 머리 가죽이 벗겨지면서 거대한 반지 속으로 들어간 후 산산히 부숴지고 만다: "Кольцо прошло раз по голове, сдирая с нее скальп, и голова эта треснула"(2: 103). 그런데 이처럼 **두개골에 반지 모양으로 난 상처**는 『개의 심장』에서도 또한 발견할 수 있다. 즉 프레오브라젠스키 교수가 샤릭(Шарик)을 수술할 때 교수는 칼로 샤릭의 이마 언저리를 빙돌아가며 칼집을 내는데, 이때의 모습이 마치 샤릭의 이마 위에 '**붉은색' 화관**을 씌우는 것과 같이 묘사된다: "и одним приемом навел на лбу Шарика красный венец"(2: 156). 그러므로 샤릭은 수술 후 머리 두개골에 **반지 모양의 상처**가 남는다: "лицо Шарика с кольцевой раной на голове"(2: 158).

한편 '붉은색'이 '머리' **형상과 결합되며 묘사되는 경우**는 앞에서와 같이 등장인물이 직접 상처와 고통을 겪는 상황에 대한 묘사가 아니라, 단지 과거의 고통에 대하여 이야기를 들을 뿐인 상황에서도 나타난다. 예를 들면 단편 『급습(Налёт)』에서 아브람(Абрам)이 페치카 앞의 '불'을 쳐다 보면서 자신이 내란 기간 동안에 겪었던 숱한 고통들에 대하여 이야기할 때, 이를 듣고 있던 브로냐(Броня)의 머리는 단단한 매듭으로 꽉 묶여진 요지부동의 넥타이로 인해 양귀비 꽃처럼 새빨갛게 진다: "Голова Брони была маково-красной от неизменной повязки, стянутой в лихой узел"(1: 464). 그리고 이처럼 '**붉은색' 넥타이**와 그 위의 머리가 묘사되는 경우는 『거장과 마르가리타』에서도 다시 찾아볼 수 있다. 즉 앞서도 잠시 살펴보았듯이, 베를리오즈가 철로 위에 넘어졌을 때, 그가 마지막으로 보게 되는 것은 **빨간색 넥타이**와 그 위에 자신을 향하여 막 달려오는 여자 전차운전사의 공포에 질린 **창백한**

하얀색 얼굴이었다: “белое от ужаса лицо женщины-вагоновожатой и ее алую повязку”(5: 47).

한편 불가코프 작품에서 ‘붉은색’과 비슷한 색으로서 중요한 위치를 차지하는 ‘색’은 ‘적황색(рыжий цвет)’이다. ‘적황색’은 물리적인 면에서 ‘붉은색’과 ‘노란색’의 중간이듯이 상징적인 면에서도 그 중간적인 위치를 차지한다. 예를 들면 『백위군』과 『투르빈가의 하루』에서 옐레나(Елена)의 머리 색깔이 적황색이지만 ‘적황색’이라 부르지 않고 ‘ясной(빛나는)’ 또는 ‘золотой(황금색)’ 같은 ‘노란색’에 가까운 형용사를 사용함으로써 그녀와 관련하여 ‘긍정적’인 이미지가 더 부각되게 만든다. 반면에 밝은 햇살 속에서 환영처럼 나타나는 여인 야브도하(Явдоха)는 그녀의 눈부신 아름다움에도 불구하고 마치 뇌우성 폭우가 몰아닥치기 직전의 전조적 형상과 같이 ‘부정적’인 면이 더 강조되며 묘사된다(1: 226-227). 바실리사(Василиса)를 유혹하는 그녀의 여성적인 매력을 고려해 볼 때, 그녀는 분명 ‘마녀’를 연상시킨다. 그리고 이러한 ‘마녀’의 형상은 후에 『거장과 마르가리타』에서 마녀-흡혈귀 헬라(Гелла)로 나타나는데, 그녀의 머리색은 바로 ‘적황색’으로 표현된다: “девица щелкнула зубами, и рыжие ее волосы поднялись дыбом”(5: 154).

그런데 이러한 ‘적황색’은 문화적 전통에서 항상 ‘불’의 모티프와 연관된다. 그러므로 불가코프 작품에서 악마적이며 지옥을 연상시키는 등장인물들은 대부분 신체 부위가 ‘적황색’으로 묘사되면서 ‘불’로써 도시를 파괴시키는 일에 연루되는 것으로 나타난다. 예를 들면 『백위군』에서 묘사되는 ‘도시’는 키예프 뿐만 아니라 로마를 연상시키는데,[25] 전설

25) 『백위군』 속의 ‘도시’는 고대 로마와 예루살렘의 형상을 동시에 지니고 있는데, 고대에서 현대에 이르기까지의 유럽적인 전통 속에서 도시를 대문자(‘Город’)로 표기하는 경우는 오로지 ‘로마’ 하나 뿐이며, 따라서 『백위군』에서 대문자로 표기되고 있

에 로마를 불태우고 로마를 '적황색'으로 만들어 버린 네로(Нерон) 황제를 연상시키는 대목에서 **'적황색의 파괴자'** 형상을 볼 수 있다.[26] 즉 니콜카는 자신을 붙잡으려다가 자신에게 권총이 있음을 알고는 노랗게 질려 무릎을 꿇고 부들부들 떠는 **'적황색' 턱수염**('рыжебородный')의 문지기에게서 **네로 황제**를 떠올린다: "Желто-рыжий дворник, 〈…〉 и взвыл, чудесным образом превратившись из Нерона в змею"(1: 314-315).

또한, 중편 『비운의 달걀』에서 도시를 불바다로 만드는 록(Рокк)의 일을 돕는 조력자로서 **'적황색' 콧수염**의 농장 화물차 운전기사가 등장하며: "там же оказался, 〈…〉 рыжеусый шофер потрепанного совхозского полугрузовичка"(2: 91), 희극 『조이카의 아파트』에 등장하는 오볼리야니노프(Обольянинов)는 **'적황색' 구레나룻**을 기른 도시 파괴자들이 쳐들어와서 자신을 집 밖으로 내던져버렸다고 이야기한다: "Какие-то с рыжими бородами выкинули меня…"(3: 112).

또한 『거장과 마르가리타』에서 **아자젤로**(Азазелло)의 모습은 'огненно-рыжий'(5: 83), 또는 'пламенно-рыжий'(5: 217) 등과 같이 **'불'**에 비유되는 **'적황색'**으로 묘사되고 있는데, 그는 마지막에 파쉬코프(Пашков) 집 건물 옥상 위에서 불타고 있는 모스크바 화재를 바라보며 볼란드에게 자신은 로마가 더 마음에 든다고 이야기한다: "Мессир, мне больше нравится Рим"(5: 349). 즉 여기서 로마를 불태운 네로 황제를 유추해 볼 때, 아자젤로의 마음에 든 것은 로마의 도시 모습이 아니라 로

는 '도시'는 '로마'를 가리킨다. Петровский М., *Городу и миру*, Киев: Радянськый Пысьмэнньк, 1990, сс.228-229. // 정연호, "불가코프 초기 작품에 나타난 '도시'의 형상", 『노어노문학』 제13권 제1호(2001), p.189. 참조.

26) Гаспаров Б. М., *Литературные лейтмотивы*, Москва: Наука, 1994, с.51.

마의 화재 즉 영원한 도시의 파멸임을 알 수 있다.

이상에서 살펴본 바와 같이, 불가코프 작품에서의 '붉은색'은 『비운의 달걀』에서 거리가 온통 '붉은빛'으로 술렁이고, 명함이 온통 '붉은색' 저널 명칭으로 가득차 있는 것과 같이 정치적인 색깔로서의 의미를 지니며, 『아담과 이브』에서의 서투른 삼류 소설제목 〈붉은색의 새싹들〉과 같이 '푸른색'과 조합을 이루기도 하고, 『비운의 달걀』에서 '붉은 갈가마귀'에서 유추된 '검은 갈가마귀'를 풍자하는 것과 같이 '검은색'과 치환되기도 한다.

『비운의 달걀』에서 붉은 달걀이 '불'을 상징하는 붉은 수탉과 연상적으로 혼동되면서 결국 화재가 발생하지만 추위와 눈보라에 의해 제압됨으로써 '붉은색'이 '흰색'에 패배하는 것으로 그려지는 반면에, 『백위군』에서는 눈 덮인 하얀 도시와 그 위에 떠있는 붉은색의 화성, 보초병 가슴의 별 모양 계급장과 밤하늘 금성의 붉은 불빛, 보초병이 서 있는 하얀색 눈밭과 보초병이 꿈 속에서 본 밤하늘의 붉은 별들, 시체안치실 미녀의 하얀 살갗과 허리둘레에 난 붉은색 상처, 그리고 성병 환자 루사코프의 가슴에 그려진 흰색 물음표와 붉은색 물음표 등의 예(例)에서와 같이, '붉은색'은 '흰색'과 대등한 위치에서 균형적으로 묘사되거나, '흰색' 바탕에 '붉은색'의 세세한 형상으로 선명하게 묘사되고 있음을 알 수 있다.

한편 '붉은색'은 『붉은 관』에서 치명적인 중상을 입은 반쪽머리 위에 씌워진 붉은 화관, 『거장과 마르가리타』에서 지옥의 불처럼 고통스러운 빌라도의 반쪽머리 편두통, 『비운의 달걀』에서 뱀에 물려 죽은 요원의 머리 두개골, 그리고 『개의 심장』에서 샤릭의 두개골에 난 반지모양의 상처자국 등과 같이 '머리' 모양과 연관되며 묘사되는데, 『급습』에서 브로냐의 단단히 조여진 '빨간색' 넥타이와 그 위의 머리는 『거장과 마르가리타』에서 베를리오즈를 향해 달려오는 전차 운전사의 '빨간색' 넥타이와 그 위의 창백한 얼굴을 연상시킨다.

한편, '적황색'은 '붉은색'과 '노란색'의 중간색으로서 『백위군』에서 엘레나의 실제 머리 색깔은 '붉은색' 쪽에 가까운 '적황색'임에도 불구하고 '적황색'으로 표현하지 않고 '노란색' 쪽의 '황금색' 또는 '빛나는' 등의 형용사를 사용하여 등장인물의 긍정적 이미지를 부각시키는 반면에, 야브도하의 머리와 외모는 황금빛 태양에 빛나는 눈부신 아름다움에도 불구하고 이면에 그려지는 폭풍전야와 같은 불길한 전조적 형상으로 인하여 부정적 이미지가 부각되면서 마녀를 연상시키며, 실제로 이와 같은 마녀의 형상은 후에 『거장과 마르가리타』에서 달빛에 빛나는 아름다운 미모의 마녀 헬라로 나타나는데, 그녀의 머리 색깔은 바로 '적황색'으로 표현된다.

또한 '적황색'은 『백위군』에서 네로 황제를 떠올리는 적황색 턱수염의 문지기, 『비운의 달걀』에서 적황색 콧수염을 한 농장 화물차 운전기사, 『조이카의 아파트』에서 오볼리야니노프를 내쫓은 적황색 구레나룻의 파괴자들, 그리고 『거장과 마르가리타』에서의 붉은색 아자젤로와 같이 '불'의 이미지와 연관되면서 '불'로써 도시를 파괴시키는 부정적이거나 또는 악마적인 등장인물의 묘사와 관계 있다.

I-4. 맺는 글

불가코프는 전통적 기독교 집안에서 자라났으며 한동안 의사로서 봉직했었다. 또한 그는 러시아가 한동안 '적'과 '백'으로 나뉘었을 때 자신의 의도와 상관없이 '백' 쪽에 가 있었다. 그러므로 훗날 불가코프는 자신에게 찍힌 '흰색'의 낙인을 지우려고 무던히도 노력한다. 하지만 그에게 있어 '흰색'은 그리스도적이며 전통적인 인텔리겐챠의 '색' 이였고 또한 의사 직업의 '색'이었다. 그러므로 이러한 배경을 반영하면서 불가코프 작품에서 '흰색'은 '붉은색'과 대조를 이루기도 하고 균형적으로 묘사되기도 한다.

『백위군』에서의 '흰색'은 푸쉬킨의 눈덮인 요새를 연상시키며 '내란-눈보라'에 휩싸인 도시 키예프를 가리키면서, 전통적인 인텔리겐챠 집안의 그리스도적 분위기와 선량하고 착한 등장인물들을 나타낸다. 한편, 『수탉을 수놓은 수건』과 『개의 심장』 등의 작품들에서는 깃털이 다 뽑힌 '흰색'의 수탉과 수건 위에 수놓은 '붉은색'의 수탉, 그리고 수술 시작 전의 '흰색' 가운을 입은 신관의 '하얀' 모습과 수술 시작 후 탐욕스런 푸주한으로 돌변한 프레오브라젠스키의 '붉은' 모습 등이 대립되면서 '흰색'과 '붉은색'이 서로 대조되고 있으며, 이와 유사하게 '흰색'과 '붉은색'이 서로 균형적으로 묘사되고 있는 예들을 『거장과 마르가리타』에서도 무수히 찾아볼 수 있다. 또한 『백위군』에서도 눈 덮인 하얀 도시와 그 위에 떠있는 붉은색의 화성, 보초병 가슴의 별 모양 계급장과 밤하늘 금성의 붉은 불빛, 보초병이 서 있는 하얀색 눈밭과 보초병이 꿈 속에서 본 밤하늘의 붉은 별들, 시체 안치실 미녀의 하얀 살갗과 허리둘레에 난 붉은색 상처, 그리고 성병 환자 루사코프의 가슴에 그려진 흰색 물음표와 붉은색 물음표 등의 예(例)에서와 같이, '붉은색'은 '흰색'과 대등한 위치에서 균형적으로 묘사되거나, '흰색' 바탕에 '붉은색'의 세세한 형상으로 묘사되고 있음을 알 수 있는데, 이는 불가코프가 자신의 작품에 대하여 해명하면서 자신은 '흰색'과 '붉은색'을 가리지 않으려고 무던히 노력하였음을 밝힌 편지 내용과 무관하지 않으며, 실제로 작품 속에서 '흰색' 진영과 '붉은색' 진영이 동일하게 취급받는 그리스도의 천국이 그려짐으로써 다시 확인할 수 있다.

한편 '붉은색'은 『비운의 달걀』에서 정치적인 색깔로서의 의미를 지니며 '붉은 갈가마귀'에서 유추된 '검은 갈가마귀'를 풍자하면서 '검은색'과 치환되기도 하고, 붉은 달걀이 '불'을 상징하는 붉은 수탉과 연상적으로 혼동되면서 결국 화재가 발생하지만 추위와 눈보라에 의해 제압됨으로써 '흰색'에 패배하는 것으로 그려지기도 하며, 『붉은 관』에서 치명적인 중상을 입은 반쪽머리 위에 씌워진 붉은 화관, 『거장과 마르가리타』에서 지옥의 불처럼 고통스러운 빌라도의 반쪽머리 편두통, 『비운의 달걀』에서 뱀에 물려 죽은 요원의 머리 두개골, 『개의 심장』에서 샤릭의 두개골에 난 반지모양의 상처자국 등과 같이 '머리' 모양과 연관되며 묘사되기도 한다.

한편, '적황색'은 '붉은색'과 '노란색'의 중간색으로서 긍정적인 등장인물(엘레나)의 경우에는 노란색 쪽을 더 강조하여 황금빛에 빛나는 눈부신 머릿결 등으로 표현하고, 부정적인 등장인물(야브도하, 헬라)에게는 태양빛, 달빛에 빛나는 머릿결에도 불구하고 붉은색 쪽을 강조하여 '적황색'으로 묘사한다. 또한 '적황색'은 『백위군』에서 네로 황제를 떠올리는 적황색 턱수염의 문지기, 『비운의 달걀』에서 적황색 콧수염을 한 농장 화물차 운전기사, 『조이카의 아파트』에서 오볼리야니노프를 내쫓은 적황색 구레나룻의 파괴자들, 『거장과 마르가리타』에서의 붉은색 아자젤로와 같이 '불'의 이미지와 연관되면서 '불'로써 도시를 파괴시킨 부정적이며 악마적인 등장인물들을 묘사하는데 사용된다.

II. 불가코프의 희극 『조이카의 아파트』에 나타난 '서쪽'과 '동쪽'

러시아 문학에서 '서쪽'과 '동쪽'의 테마는 쉽게 '서구주의'와 '슬라브주의'를 연상시킨다. 1840년대 러시아 인텔리겐챠들을 뜨겁게 달구었던 **서구주의**와 **슬라브주의**의 논쟁 못지않게, 혁명 후 1920년대에도 뾰드르 대제의 '서쪽' 즉 '서구화'는 '개혁'이라는 시대적-혁명적 상황과 맞물리며 중요한 화두가 되었다. 이러한 개혁의 향방을 묻는 갑론을박의 와중에서 불가코프는 예기치 않게 **반혁명적 '표지전환파'**로 몰리며 여러 가지 고초를 겪게 된다. 그러므로 '가택수색'까지 당하는 어려운 시기에 불가코프가 작가로서 처음 집필하게 되는 희곡 『조이카의 아파트』에는 당시의 화두가 되었던 **'서쪽'**과 **'동쪽'**에 대한 불가코프 나름의 시각이 담겨져 있다.

불가코프는 혁명 후, 러시아가 '동쪽'의 힘을 모아 '서쪽'에 대항해야 한다는 소리에도 귀를 기울이지도 않았으며, 러시아가 '서쪽'에도 '동쪽'에도 속하지 않는 '유라시아'의 중심이 되어야 한다는 소리에도 귀를 기울이지 않았다. 또한 혁명에 반대하여 '서쪽'의 파리나 혹은 '동쪽'의 상하이로 **'탈주'**할 꿈을 꾸지도 않았다. 이런 그에게 억울하게도 **'반혁명적'**이라는 누명이 씌워진 것이다.

그러므로 불가코프는 극작가로서 자신의 첫 번째 희곡 『조이카의 아파트』를, 당시의 모든 인물상들이 총 출연하여 벌이는 일대의 **'탈주'**의 **코메디**로 꾸민다. 무대 위의 주인공들은 각기 저마다의 '천국'을 찾아 '서쪽'으로 또는 '동쪽'으로의 탈주를 계획하고 그 '꿈'을 향하여 분주히 움직여 나아간다. 이 때의 **'탈주'**는 '서쪽' 또는 '동쪽'으로의 수평적인 공간 이동을 꿈꾸는 **'수평적 탈주'**와 마음 속의 평온과 심리적 안정을 찾아 움직이는 **'수직적 탈주'**로 나누어 볼 수 있다. 하지만 탈주를 꿈꿨던 모든 이는 결국 '서쪽'으로도, '동쪽'으로도 가지 못하고 결국 "조이카의 아파트"는 파국을 맞이하게 된다.

Ⅱ-1. 들어가는 글

불가코프의 희극『조이카의 아파트』에 대한 적지 않은 연구들이 그동안 많은 문학 연구가들에 의해 직간접으로 이루어져 왔다. 이미 작품의 해석, 등장인물들의 체계, 작품에 나타난 문제의식 등이 어느 정도 규명되었다고 볼 수 있다. 하지만 코메디 뒤에 숨은 텍스트들에 대한 분석은 아직까지 충분치 않다고 본다. 불가코프의『조이카의 아파트』에는 1920년대 당시의 시대상이 신랄하게 풍자되고 있을 뿐만 아니라, 당시 러시아 역사와 문화의 정체성을 놓고 뜨겁게 달구어졌었던 사회사상에 대한 풍자가 짙게 깔리어져 있다. 러시아가 동쪽에 속하는지 아니면 서쪽에 속하는지에 대한 문제와 러시아가 나아갈 방향 등에 대한 문제는 오랫동안 러시아 지식인들을 뜨겁게 달구었던 '뜨거운 감자'였다. 1840년대 러시아 인텔리겐챠를 서구주의와 슬라브주의로 갈라 놓기까지 하였던 이 문제는, 혁명 후 1920년대의 급변하는 시대적 상황 속에서 다시 첨예한 문제로 대두된다. 당시 볼셰비키 지도자들은 세계혁명을 위하여 러시아는 동쪽의 민족들, 즉 인도, 중국, 페르시아 등의 민족들에게 혁명적 기운을 고양시켜, 그들과 함께 부르조아적인 서쪽에 대항해 나아가야 한다고 역설하였다.[27] 또한 러시

27) 스탈린은 1918년 12월 15일자 '프라우다'지에 기고한 글에서, 느리지만 멈춤 없이 동쪽에서 서쪽으로 해방운동의 파고가 불고 있으며, 어둠과 노예제도의 근원지로

아의 눈길을 처음으로 동쪽에서 서쪽으로 향하게끔 만든 뾰뜨르 1세에 대한 테마가 당시 20년대 러시아 문학의 주요한 화두(話頭) 가운데 하나가 되었으며, 많은 작가들이 러시아 역사에 있어서의 '급변'의 의미에 대하여 논하면서, 당시에 처한 정치적, 경제적 대변화(大變化)를 뾰뜨르 1세의 개혁에 견주어 비교하였다. 한편 이와 더불어 1920년대 러시아 망명자들 사이에서는 **'유라시아주의'**가 유행하였는데, 이러한 경향의 지도자들은 서쪽을 목표로 하고 서쪽을 향하여 집중하는 것은 러시아를 위하여 해(害)가 되므로, 러시아는 유럽과 아시아의 중간 위치에서 벗어나 독특한 제3의 길을 모색해 나아가야 한다고 주장하였다. 그런데 1920년대의 이러한 유라시아주의자들은 종종 당시의 **표지전환파들**[28]과 동일시(同一視) 되었다. 유라시아주의자들과 표지전환파들 사이의 명확한 차이에도 불구하고,[29] 당시의 혁명적인 분위기는 이들을 동일하게 '반혁명적'으로 몰고갔다.

불가코프는 당시 이러한 두 가지의 이념적 경향들에 대하여 충분히 연구하지도 않았으며 깊이 관여하지도 않았다. 불가코프에게 있어 그러한 문제들은 지극히 개인적인 의미로 해석될 뿐이었다. 하지만 1920년대 중엽 불가코프는 당시 잡지 〈전야(Накануне)〉지(紙)에 자신의 작품들을 발표하고 있었는데, 그 결과 그는 표지전환파의 주요인물로 주

변해버린 서쪽을 모든 나라 노동자들의 기쁨과 즐거움으로 발전시켜 나아가는 것이 당면과제라고 역설한다. Сталин И. В., *Сочинения: В 13 томах т.*4, (Москва, Государственное издательство политической литературы, 1947), сс.177-182. 참조.

28) 표지전환파: 소련의 자본주의 부활을 기대한 망명 러시아인 인텔리겐챠 단체.

29) 이러한 문제에 대하여는, 주요한 유라시아주의자 가운데 하나였던 Н. Трубецкий의 "Наш ответ: евразийство и белое движение"(http: //www. pereplet. ru/ history /Author/Russ/T/Trubezkoy/Articles/answer.html) 참조.

목받게 되고, 급기야는 1926년 5월 7일 가택수색을 당하게 된다.[30] 흥미로운 점은 바로 당시에 집필 중이었던 『조이카의 아파트』에도 비슷한 가택수색 장면이 나온다는 것이다. 사실상 불가코프는 망명에서 돌아온 몇몇 표지전환파들과 개인적인 친분관계를 유지하였으나,[31] 이념적으로는 그들과 동질 의식을 느끼지는 않았었다. 오히려 그들을 원칙 없는 사람들로서 부정적으로 평가하였으며, 가택수색을 당하기 2-3년 전에 씌여진 작가의 일기(1923년 10월 26일자)에 보면, 불가코프는 이미 이들 표지전환파들과의 접촉이 자신에게 불미스러운 일을 가져올 것을 어느 정도 예감하고 있었다.

> Компания исключительной сволочи группируется вокруг ‘Накануне’. Могу себя поздравить, что я в их среде. О, мне очень туго придется, когда нужно будет соскребать накопившуюся грязь со своего имени. (МБ-2: pp.426-427)[32]
>
> ‘전야(前夜)’ 주위에는 특별한 부랑배의 무리가 그룹지어져 있다. 내가 그들 가운데 있다는 것을 내 자신에게는 축하할 수 있겠다. 하지만, 오!, 그 동안 쌓인 오점을 내 이름으로부터 긁어 내어야만 할 때, 나는 아주 곤란한 입장에 처하게 될 것이다.

30) ‘불가코프’라는 작가의 이름이 표지전환파들의 주요활동 목록에 포함되고, 당시 게뻬우(ГПУ:국가보안부)의 부의장이었던 야그도다(Г. Ягдода)는 공산당 중앙위원회 위원 몰로토프(В. Молотов)에게 이 목록을 보내고 나서, 표지전환파들에 대한 즉각적인 진압을 제안하게 된다. Файман Г., “Коллективное жизнеописание Михаила Булгакова: промежуточное подведение итогов”, Независимая газета, (1994. 12. 28) 참조.

31) 실제로 이들 가운데 한 사람인 바실레프스키(И. Василевский) 의 전처(前妻)였던 벨로제르스카야(Л. Белозерская)가 1924년 불가코프의 두 번째 아내가 되었다.

32) Булгаков М. А., *Собрание сочинений*: *В* 8 *томах т.* 2. Москва, Астрель, 2007-2011, cc.426-427. 이하, 이 선집으로부터의 인용은 본문에(МБ-권 수: p.페이지 수)로 약칭한다.

이와 같이 1920년대 작가 불가코프가 '**표지전환파**'로 오인(誤認) 받으며 가택수색까지 당했던 사실 등에 대한 세세한 관찰이 희극『조이카의 아파트』를 보다 깊이 이해하는데 있어서 하나의 단초를 제공할 수 있다고 본다. 즉 불가코프는 당시 **유라시아주의자**들과 표지전환파들이 제기한 이데올로기적 문제, 즉 '서쪽'과 '동쪽'의 문제에 대하여, 진지한 논의의 장(場)이 아닌 "조이카의 아파트"라는 코메디로 답하고 있음을 추측해 볼 수 있다. 이처럼 불가코프가 당시의 무거운 이념적 문제를 가벼운 희극을 통하여 풍자적으로 풀어가고 있음은,『조이카의 아파트』의 피날레에서 경찰 요원이 말하는 다음의 대사(臺詞)에서 알 수 있다.

По СССР **бегать** не полагается. Каждый должен находиться на своем месте. (3: p.147)[33]

소비에트 연방 밖으로 **탈주**해서는 안되오. 각자는 자신의 자리에 위치해 있어야 하오.

본 논문에서는 뾰뜨르 대제의 개혁에서부터 시작하여 1840년대의 서구주의와 슬라브주의의 논쟁을 거쳐 1920년대 유라시아주의자들과 표지전환파들의 심각한 이데올로기적 문제 제기에 이르기까지, 그 근간을 이루어 왔던 러시아 역사-문화의 정체성에 대한 '**서쪽**'과 '**동쪽**'의 문제가 불가코프의 희극『조이카의 아파트』에서는 어떻게 풍자적으로 내비치고 있는지를 살펴봄으로써, 1920년대 당시의 이념적 문제로 인하여 자신이 반혁명적인 표지전환파로까지 내몰린 작가 불가코프가

33) Булгаков М. А., *Собрание сочинений: В 5 томах т.* 3. Москва, Художественная литература, 1989-1990, с.147. 이하, 이 선집으로부터의 인용은 본문에(권 수: p.페이지 수)로 약칭한다.

희극 『조이카의 아파트』에 나타난 '서쪽'과 '동쪽'의 의미를 통하여 어떻게 답하고 있는지를 알아보고자 한다.

Ⅱ-2. 상징으로서의 아파트

문학 연구가들은 오래전에 불가코프 작품들에 나타난 주택이나 거주 공간의 형상에는 몇가지 유형들이 존재하며 각각의 유형에는 일정한 의미가 있음을 지적하였다. 이러한 불가코프의 몇몇 작품들 가운데는 주택이나 거주공간 자체가 본질적으로 '주인공'의 역할을 하는 작품이 있다. 예를 들면, 1922년에 씌여진 불가코프의 단편 『13번지 엘리비트 노동 콤뮨의 집(No 13 -- Дом Эльпит-рабкоммуна)』에는 제목에서부터 3가지의 의미가 내포되어 있다. 첫째, 숫자 '13'은 불행한 운명에 대하여 미리 알려주며, 둘째, 예전 주인의 성 '엘리비트(Эльпит)'는 고대 그리스어로 '하느님'과 '파국'의 언어가 합성된 것이고,[34] 셋째, 혁명 후의 새로운 명칭 '노동 콤뮨(рабкоммуна)'은 노동자 콤뮨 뿐만 아니라 농노들의 콤뮨으로까지 그 의미와 영역이 확대된다.[35] 『13번지 엘리비트 노동 콤뮨의 집』에서 '집(дом)'은 무지몽매한 사람들(2: p.248) 즉 새로운 주인의 죄로 인하여 파멸된다. 하지만 작품에는 혁명 전의 예전 거주민들에 대해서도 동정적으로 묘사되지 않는다. 그들은 기생충적 존재로서 타락, 방탕, 범죄 행위등과 관련을 맺고 있다(2: pp.242-243). 그러므로 소설의 피날레에서 발생하는 화재는 '집'의 예전 주인이나 현재의 주인들 모두가 저지른 죄에 대한 징벌이다.[36] 즉 작품에서 '집'은 '러시아'

34) Гаспаров Б. М., *Литературные лейтмотивы*, Москва, Наука, 1994, c.96.

35) 정연호, "불가코프 초기 작품에 나타난 '도시'의 형상", 노어노문학 제13권 제1호 (2001), p.202. 참조.

36) Edythe C. Haber, "Dwellings and devils in early Bulgakov", SEEJ, Vol. 37, No.3,

를 상징하며, 집을 파괴시킨 '불'은 '혁명'에 대한 비유라고 볼 수 있다. 이처럼 불가코프 작품 속에서는 주거공간으로서의 '집'이 '러시아'를 상징하며 작품 전체의 주인공이 되는 경우를 볼 수 있다.

이와 유사하게 희극 『조이카의 아파트』에서 묘사되는 주거공간으로서의 '아파트(квартира)' 역시 같은 의미의 '집(дом)' 안에 위치해 있다. 이러한 '집-돔(дом)'의 원형(原形)이 된 것은 모스크바 사도바야 거리 10번지에 위치한 유명한 '삐기트의 돔(дом Пигита)'으로 알려지며,[37] 여기서 불가코프는 1921-1924년까지 살았었다. 그러므로 단편 『13번지 엘리비트 노동 콤뮨의 집』에 묘사된 사건들은 어느 정도 실제 '삐기트 돔'의 역사를 반영한다.[38] 한때, 불가코프의 이웃으로서 같은 '돔(дом)'의 34호 아파트에 살았었던 료브쉰(В. Лёвшин)은 말하기를, 혁명 후 '삐기트의 돔'은 모스크바에서 첫 번째로 노동자 콤뮨으로 변하여, 실제 '돔' 안에 수도공, 전기공, 목수, 의사 할 것 없이 모든 노동자들이 함께 살았으며, 무엇이든지 못하는 일이 없었고, 거기에다 모든 것이 완전무료로 이루어졌었다고 전한다.[39] 이와 같이 사도바야 거리 10번지에 위치한 '돔'은 불가코프의 많은 작품들에서 묘사되고 있으며, 그 중에 『거장과 마르가리따』에 나오는 302호 아파트도 포함되어 있다.

희극 『조이카의 아파트』에서 작가는 단편 『13번지 엘리비트 노동 콤뮨의 집』에서와 같이, 6개의 방으로 이루어진 조야의 '아파트' 자체를

Fall, 1993, p.330.

37) И. Д. Пигит는 1891년 담배공장 〈Дукат〉를 창립한 모스크바의 유명 실업가로서, 그는 사도바야 거리에 수익성 높은 건물(Дом)을 소유하고 있었다.

38) 물론 단편소설에서와 같은 화재는 발생하지 않아서 삐기트의 '돔'(건물)은 오늘날까지도 무사히 존속하고 있다.

39) Воспоминания о Михаиле Булгакове, Москва, Советский писатель, 1988, с. 172.

연극의 거의 모든 장면이 이루어지는 주요 무대로 삼으면서, 동시에 하나의 '주인공'으로 형상화시켜 나아간다. 조야의 '아파트'가 지니는 형상은 엘리비트의 '돔'의 형상이 상징하는 '러시아' 뿐만 아니라 보다 더 광범위한 '세계(мир)'를 상징한다고 볼 수 있다. 그 이유는 '조야'라는 이름이 본래 성경의 '하와'를 가리키며, '삶'을 뜻하는 고대 그리스어(Zωή -- жизнь)에서 나왔기 때문이다.[40] 그러므로 "조이카의 아파트"[41]란 제목은 '모든 삶의 저장소' 또는 '모든 삶이 담겨지는 그릇'과 같은 보다 폭넓은 의미를 상징한다. 따라서 꾸지미나(О. Казьмина)가 강조하듯이, 조이카의 아파트가 '갈보집(публичный дом)'으로 변하여 온갖 종류의 사람들이 드나드는 것도 결코 우연이 아니다.[42] 즉 조이카의 아파트는 인간의 모든 삶이 담겨진 축소판으로서 지상(地上)의 '인간세상(мир)'을 상징한다고 볼 수 있다. 물론『조이카의 아파트』의 '인간세상'은 당시 1920년대 '네쁘(Нэп)'[43]시대의 삶과 작가와의 관계를 반영한

40) 히브리어로 '하와'는 살아 있는 것을 의미하는 '하이'라는 히브리어 단어에 여성형 어미인 '아'가 붙여져서 된 합성어이다. 그러므로 "모든 살아 있는 것들의 어머니"란 뜻의 단어가 '하와'이다.

41) 작품에서 주인공의 이름이 '조야(Зоя)'로 나옴에도 불구하고 작가가 굳이 제목을 "조이카의 아파트"로 명명(命名)한 것은 여주인공 '조야'에 대한 작가의 경시적 태도를 나타낸다. 즉 혁명 전에는 상류 사교계에 속하지도 못하였던 여인이 혁명 후에 갈보집을 운영하는 등의 '반범죄적' 수단으로 돈을 많이 버는 여인으로 변신한 것에 대한 '조소적' 표현으로 볼 수 있다.

42) Казьмина О. А., "Драматургический сюжет М. А. Булгакова: пространство и время в пьесах『Зойкина квартира』,『Бег』,『Блаженство』", *Диссертация на соискание ученой степени кандидата филологических наук*, Воронеж, Воронежский государственный педагогический университет, 2009, с.29.

43) 네쁘(Нэп): 정식명칭은 '신경제정책(Новая Экономическая Политика)'으로서 1921-1927년에 레닌의 주도로 소련에서 시행된 경제 정책을 말한다. 러시아 혁명과 내전으로 저하된 국내 경제력을 회복하기 위하여 잉여 농산물의 자유 판매와 개인 경영

다. 작가는 당시의 삶을 여러 가지 의미로 받아들였다. 그는 네쁘시대의 새로운 상황과 여러 가지 변화들에 대하여 처음에는 모스크바가 다시 살아나기 시작하는 것으로 인정했었다: "Москва начинает жить" (『Сорок Сороков』, 2: p.280).

하지만 이러한 새로운 변화들이 차츰 한 가지 색체로만 칠해지고 대조적 색깔들은 모두 기괴한 것으로 취급해 버리면서 점차 알 수 없는 수수께끼 같은 모양으로 변화해 가는 것에 놀라움을 금치 못한다(『Столица в блокноте』, 2: p.264). 이와 같이 한 가지 색체가 아닌 다른 대조적인 색체, 즉 하나가 아닌 이중성의 문제와 문제제기가 바로 『조이카의 아파트』 구상의 시초가 되었다고 본다.

1920년대 당시 네쁘 시대의 삶에 있어서 '주택난' 또는 '주거 위기'로까지 표현되는 거주공간의 부족과 부재(不在)의 문제는 모스크바 삶의 가장 비극적인 문제 가운데 하나였다. 이 문제에 대하여 불가코프가 남달리 특별한 관심을 가지고 있었음은, 그가 1921년 모스크바에 처음 도착하여 여기저기 거주지를 찾아 헤매었던 쓰라린 실패의 경험들이 상세히 설명해 주고 있다(『Воспоминание…』, 2: pp.378 380). 그러므로 1920년대 중엽에 씌여진 불가코프의 수많은 칼럼과 수필들에 '주거 위기'에 관한 테마가 자주 등장하는 것은 놀라운 일이 아니다. 예를 들어, 『Площадь на колесах』는 "아파트가 없다"라는 주인공의 절규에 가까운 환성과 함께 작품이 시작된다: "Ну и город Москва, я вам доложу. Квартир нету"(2: p.426).

이러한 '주거 위기'라는 말이 희극 『조이카의 아파트』에도 그대로 등장한다(3: p.93). 하지만 여기서의 '주거 위기'는 단순히 주거 공간이 없

의 인정과 같은 약간의 자본주의적 요소를 도입하였다.

다는 생활세태적 위기의 차원을 넘어 철학적인 은유를 내포하고 있다. 주거 공간으로서의 아파트가 부족하다는 문자 그대로의 '주거 위기'의 뜻을 넘어, 당시의 **삶의 총체적인 위기**를 가리키고 있는 것이다. 즉,『조이카의 아파트』에 등장하는 모든 인물들은 하나같이 자신이 자신의 삶의 위치에 있지 않다고 여긴다. 조야와 오볼리야니노프(Обольянинов)와 같은 등장인물들은 혁명 이전의 구시대적 삶의 세계(старый мир)를 그리며 살아가지만 새로운 변화의 시대에 적응해 나아가지 않으면 안 되는 위치에 있다. 반면, 혁명 이후의 새로운 삶의 세계(новый мир)에 속한 등장인물들은 비록 그들의 손아귀 안에 권력이 있을지언정, 그것이 자신의 삶에 적합하기는 커녕 오히려 불편한 것으로 여긴다. 예를 들면 소비에트 고위 관리로 등장하는 구시(Гусь)는 하루 일과가 회의로 연속되는 자신의 삶에 대하여 다음과 같이 불만을 토로한다.

> Утром заседание, в полдень заседание, днем заседание, вечером заседание, а ночью...〈…〉 бессонница. (3: pp.114-115)
>
> 아침에 회의, 정오에 회의, 오후에 회의, 저녁에 회의, 그리고 밤에…〈…〉 불면증에 시달리지.

이와 같이 구시대의 삶의 세계에 속한 사람들이나 새로운 시대의 삶의 세계에 속한 사람들 모두가 자신의 삶이 자신의 위치가 아니라고 여기는 것과 달리, 아메찌스토프(Аметистов)와 같은 유형의 인물들은 어느 세계에 속하든 상관없이 잘 적응해 나아가면서 자신의 새로운 삶에 아주 만족해 한다. 하지만 이들에게는 새로운 세계를 선택하는 아무런 도덕적 기준이나 원칙도 없으며, 오로지 새로운 환경에 무조건 적응해 가면서, 그것이 자신의 삶의 위치라고 착각하며 살아갈 뿐이다. 혁명이 일어나 세상이 바뀌고 정치제도가 바뀌는 대변화가 있어도 이들이 느끼는 변화의 크기는 그리 크지 않은 것이다. 왜냐하면 이들 내부에는 이미 모든 것을 받아들일 준비가 되어있기 때문이다. 이런 유형의 인물로서 등장하는 아메찌스토프는 내란 기간 중에 한 쪽 진영에서 다른 쪽 진영으로 쉽게 자리를 옮겨 다닌 자신의 모험에 대하여 자랑스럽게 이야기한다(3: p.94). 이와 같이 조이카의 아파트에는 구시대의 사람들과 새로운 시대의 사람들, 그리고 구시대, 신시대 구분없이 살아가는 원칙없는 사람들의 유형이 한 곳에 어우러진 **당시 모든 삶의 축소판**으로서, 단순한 주거 공간의 위기가 아닌 **총체적인 삶의 위기**를 나타내고 있음을 알 수 있다.

한편 조이카의 아파트는 내부적인 삶의 위기를 겪을 뿐만 아니라, 외부적으로도 아파트 자체를 강탈 당할 위기에 처한다. 즉, 아파트가 공공주택으로 변하여 조야와 친척도 아니고 아무 관계도 없는 여러 부류의 사람들이 공동으로 입주할 위기에 처하는 것이다. 하지만 이러한 위기의 과정은 이미 연극 시작 전부터 시작되고 있었음을 알 수 있다. 즉 첫 장면에서 아파트 관리 위원장 알리루야(Аллилуя)가 조사를 위하여 조이카의 아파트에 나타났을 때, 이 아파트 안에는 서로 아무런 관련이 없는 사람들이 살고 있음이 밝혀진다. 아파트의 거주자 명부에는 조야, 마뉴쉬카(Манюшка), 신화적 인물(Мифическая личность)이 등록되어 있고, 곧이어 아메찌스토프가 나타난다. 하지만 이들 사이에는 아무런 인척관계도 없다. 조야는 자식없는 과부이며 그녀가 조카딸이라고 부르는 마뉴쉬카는 사실 그녀의 하인일 뿐이다. 그러므로 아파트 관리 위원장 알리루야는 만일 마뉴쉬카가 조카딸이면 자신은 조야한테 아주머니라며 믿으려 하지 않는다(3: p.80). 아메찌스토프는 스스로 자신을 조야의 종형제라고 부른다(3: p.91). 하지만 이 또한 사실과 일치하지 않으며 그가 조야의 예전 정부(情夫)였음을 배제할 수 없다. '신화적 인물' 또한 모스크바 뿐만 아니라 세계 어느 곳에도 존재하지 않는다(3: p.80). 이와 같이 조이카의 아파트는 공용주택의 위기가 공식적으로 찾아오기 이전부터 이미 공용화되는 위기를 겪고 있음을 알 수 있다. 그 후 아파트는 점차 낮에는 재봉 양장점(아틀리에)으로, 그리고 밤에는 온갖 부류의 낯선이들로 들끓는 '비밀 소굴'로 변하면서, 주거 공간으로서의 특징을 완전히 상실한 채 총체적인 삶의 위기에 봉착한다.

이상에서 살펴본 바와 같이 불가코프의『조이카의 아파트』에 등장하는 '아파트'는 단순한 주거 공간으로서의 아파트가 아니라 모든 유형의 인간들의 삶, 즉 구시대의 삶, 신시대의 삶, 구시대 신시대 구분 없는 삶 등이 모두 담겨진 공간으로서의 상징성을 나타내고 있으며, 아파트는 단편『엘리비트 노동 콤뮨의 집 제13호』에서의 '돔'과 같이 하나의 '주인공'으로서 총체적인 '삶의 위기'를 겪고 있음을 나타내 준다.

Ⅱ-3. 수평적 탈주에서의 서쪽과 동쪽

불가코프 작품에 등장하는 도시는 단순히 동시대의 도시만을 묘사하는 것이 아니라 역사상의 여러 도시를 상징하기 때문에, 작품 속의 장면들은 고대와 현대의 도시 모습을 동시에 보여준다.[44] 예를 들어『백위군』의 도시는 단순히 키예프만을 가리키는 것이 아니라, 고대도시 로마의 환상이 함께 어우러져 풍자적으로 내비치고 있으며,[45]『거장

44) Яблоков Е. А., *Художественный мир Михаила Булгакова*, Москва, Языки славянской культуры, 2001, с.41.

45)『백위군』의 도시는 로마와 예루살렘과 같은 고대 도시들이 지니는 '신화적 도시'의 형상과 나란히, 타락으로 멸망한 문명 도시의 상징인 바빌론을 연상시킨다. Milne L.,

과 마르가리따』에서는 아자젤로(Азазелло)에 의해 현대 도시 모스크바가 고대 도시 로마에 비교되기도 한다.[46] 불가코프의 1920년대 작품들에서 도시 키예프는 러시아 모든 도시들의 어머니로서의 형상을 지니며(2: p.307), 도시 모스크바는 '전체의 어머니' 또는 '모든 것의 어머니'로서의 형상을 지닌다(2: p.278). 자전적 작품으로 알려진『소맷동 위의 수기』에서 주인공-화자는 자신의 생애에서 가장 극적인 순간에 '집으로!'를 외치는데, 이 때 주인공이 말하는 '집'은 작가의 집이 있는 키예프 도시를 가리키지 않고 모스크바 도시를 가리킨다: "Домой. По морю. Потом в теплушке. Не хватит денег--пешком. Но домой 〈…〉 В Москву! В Москву!"(МБ-1: p.431). 또한『조이카의 아파트』에서도 아메스찌토프는 사람이 모든 것을 다 잃었을 때는 반드시 모스크바로 가야한다고 이야기 한다: "когда у человека все потеряно, ему нужно ехать в Москву"(3: p.95).

이처럼 "모든 길은 로마로 통한다"는 말이 있듯이 불가코프에게 있어 '모스크바'는 세상의 모든 길이 교차되는 꼭지점이며, 지구상의 가장 '주요한' 장소이자 그 진앙지인 것이다. 이는 16세기 러시아에서 일었던 '모스크바 제3로마 사상'과 그 궤를 같이 하면서, 모스크바가 러시아의 수도로서 러시아의 중심일 뿐만 아니라 세계의 성례(聖禮)적 중심이라는 관점을 나타낸다.『소맷동 위의 수기』에서 모스크바는 모든 운동이 종결되는 절대적 한계점이며 모든 끝 중의 끝이다: "Еще катят

Mikhail Bulgakov: A Critical Biography, Cambrige, 1990, p.81. // 정연호, "불가코프 초기 작품에 나타난 '도시'의 형상", 노어노문학 제13권 제1호(2001), p.203. 참조.

46) 아자젤로는 볼란드에게 모스크바가 로마보다 더 마음에 든다고 이야기한다. "Какой интересный город, не правда ли? 〈…〉 Мессир, мне больше нравит ся Рим!"(5: p.349).

колеса, но вот тише, тише. И стали. Конец. Самый настоящий, всем концам конец. Больше ехать некуда. Это--Москва. М-о-с-к-в-а"(МБ-1: p.432).

그런데, '주거 위기' 즉 '삶의 위기'를 겪고 있는『조이카의 아파트』의 등장인물들은 하나같이 '모스크바'를 떠나려 한다. 한쪽 그룹은 모스크바를 버리고 '서쪽'으로 가려고 하며, 또 다른 한쪽 그룹은 모스크바를 떠나 '동쪽'으로 가려고 한다. 그러나 이들 그룹 가운데 어느 그룹도 자신의 계획대로 성공하지 못한다. 종막에 가서 아파트 안의 모든 손님들과 주인들은 모두 체포당하며, 달아난 헤루빔(Херувим), 마뉴쉬카, 아메찌스토프도 가까운 시일 내에 체포될 것이다. 그런데 이처럼『조이카의 아파트』의 등장인물들이 모스크바를 떠나려 하면서도 떠나지 못하고 모두 체포 당하는 이유는, '모스크바'라는 도시 자체가 본래 엄청난 세기로 끌어당기는 힘을 지녔기 때문이다. 즉 '조이카의 아파트'라는 코메디에서의 '모스크바'는 묘한 힘을 발휘하면서 아이러니컬하게 '이중적'인 형상을 자아낸다. 다시 말하자면, 모스크바는 세계의 중심이지만 그 안에서 살아가기란 거의 불가능하며, 그렇다고 그 곳으로부터 떨어져 나가는 것은 더욱 더 불가능한 것이다. 사람들은 자신의 본래 의지를 상실당한 채 살아가며, 사람들의 모든 행위는 어떤 외부의 힘에 의해 명령받거나 강요받는다.

또한『조이카의 아파트』에서 묘사되는 사건들은 모두 등장인물과 공간 사이의 상호관계 속에서 주요한 줄거리를 형성해 나아간다. 즉, 등장인물들은 자신들의 안락한 생활공간과 그 속에서의 익숙해진 생활관습이 하루 아침에 붕괴됨으로써, 그 곳을 떠나 보다 나은 행복한 공간을 찾아 해외로의 이주를 꿈꾼다. '모스크바'라는 도시 공간에 불만을 느낀 '조이카'는 모스크바를 떠나 '서쪽'의 파리로 이주해 가는 꿈을 항상 꾼다. 그러므로 '파리'로의 이주를 꿈꾸는 '조이카'의 아파트는 창문이 모두 '파리'가 있는 '서쪽'을 향하여 나있다. 즉 저녁 노을이 지는 곳은 항상 '서쪽'이며, 아파트의 창문이 모두 '서쪽'을 향하여 나있는 것은 결코 우연히 아니다: "Майский закат пылает в окнах"(3: p.78). 조야는 자신의 정부(情夫) 오볼리야니노프를 구하기 위해 그와 함께 프랑스로의 탈주를 꿈꾸며 비밀스런 아틀리에를 기획한다. 즉 그녀의 '아파트'는 이러한 목적을 달성하기 위한 수단이 되는 것이다: "Квартира--это все, что есть у нас, и я выжму из нее все"(3: p.89). 이러한 조야에 대하여 작가 불가코프는 프랑스 연출가 마리야(Мария Рейнгардт)에게 보낸 편지에서, "그녀는 자기 자신과 자신이 사랑하는 오볼리야니노프를 지킨다"고 쓰고 있다(5: p.523). 이러한 사랑은 작품에서 알라(Алла)에게도 똑같이 작용하여 그녀의 주요한 탈주 동기가 된다. 즉 알라의 애인도 파리에 있는 것으로 묘사되고 있다: "В Париже любимый человек"(3: p.109).

이와 같이 보다 나은 행복한 삶을 찾아서 사랑의 이름으로 기획되는 '탈주'의 테마는 거리 밖에서 아파트 안으로 간간히 들려오는 성악 노래소리에 의하여 한층 더 분위기가 고조되어 나아간다. 즉 간간이 이어지는 음악소리의 중심 모티브는 보다 행복한 현실의 존재와 다른 삶의 실현인 것이다. 먼저 뿌쉬킨의 시를 노래한 라흐마니노프의 로망스 가사가 들려오고: "Напоминает мне оне другую жизнь и берег дальний"(3: p.83), 그 다음에 베르디의 오페라 〈라 트라비아타〉의 가사 한 대목이 들려온다: "Покинем, покинем край, где мы так страдали"(3: p.90). 여기서 불가코프는 오페라 〈라 트라비아타〉의 가사 중, 알프레드와 비올레타가 함께 파리를 떠나자는 가사 내용을 풍자적으로 개작하고 있음을 알 수 있다: “Париж покинем, где так страдали”[47]

하지만,『조이카의 아파트』에서 **‘탈주’**의 방향이 반드시 ‘서쪽’으로만 집중되어 있는 것은 아니다. 즉 반대 방향인 **‘동쪽’**으로 뜻을 두고 있는 인물들도 등장한다. 헤루빔은 마뉴쉬카에게 모스크바를 떠나 동쪽의 상하이로 가자고 말한다: “Ми скоро уехать будем, будем, Мануска! Я тебе беру Санхай”(3: p.124). 여기서 헤루빔이 가려고 하는 중국 도시 상하이를 불가코프가 그냥 우연히 고른 것은 아니다. 1920년대 당시 **중국의 상하이**는 독특한 도시로서 **프랑스 파리**와 같은 ‘쌍둥이’ 도시로 여겨졌다.[48] 상하이는 하얼삔과 더불어 당시 혁명 후 동쪽으로 이주해 간 러시아 망명자들의 주요한 거점 가운데 하나였으며, 도시 안에는 커다란 러시아인 집단 거주지들이 분포되어 있었다. 그러므로 이런 관점에서 볼 때, 상하이는 **‘동쪽의 파리’**라고도 할 수 있다.

한편『조이카의 아파트』에서의 ‘탈주’는 직접적이고 실천적인 형태로 제시되는 것이 아니라, 간접적이며 보다 복잡한 형태를 띠면서 연출된다. 즉 등장인물들은 탈주 행위나 또는 움직임을 단지 준비할 뿐이다. 이들은 공간적으로 자유롭게 이동하거나 이주할 수가 없다. 탈주를 위하여는 돈이 필요하고 돈을 획득하기 위하여 조야는 아파트를 ‘아틀리에’와 ‘갈보집’으로 변신시킨다. 이익을 최대한도로 내기 위하여는 이들 두 개의 ‘기업’을 가능한 최고의 수준, 즉 유럽의 수준으로 꾸며야 했다. 그러므로 조야는 파리 제(制) 최고급 의류들을 주문한다

---

47) 파리를 향해 떠나려고 하는 조이카의 아파트 안으로 파리를 떠나자는 노래소리가 들려오는 셈이다. Яблоков Е. А., “Комментарии”, *Булгаков М. А., Собрание сочинений: в 8 томах т.* 4, Москва, Астрель, 2009, с.586. 참조.

48) Ван Чжичэн, *История русской эмиграции в Шанхае*, Москва, Русский путь, 2008. 참조.

(3: pp.106-107). 그녀의 아파트에 만들어진 아틀리에는 감히 '파리 스타일'이라 불러도 손색이 없을 정도이다. 하지만 희극에서 전개되는 전후문맥으로 볼 때 이러한 '파리 스타일'과 같은 수식어가 암시하는 바는 매우 크며 보다 폭넓은 해석을 가능케 한다. 즉, 구시는 아메찌스토프에게 모스크바 사도바야 거리에 **파리**를 만들어 놓았다고 감탄해 한다: "Администратор! Ты устроил на Садовой улице, в Москве, Париж, в котором отдохнула моя измученная душа!"(3: p.136). 하지만 정작 구시는 프랑스 파리를 한번도 다녀온 적이 없다. 그에게는 조이카의 아파트에서 보는 '유럽적'인 풍류가 정말로 진짜이며 실제의 것처럼 여겨지는 것이다. 구시의 입장에서 보면 조야는 마치 마법을 실행하듯 하여, 사도바야 거리의 아파트를 수천 길로미터 떨어진 '서쪽'으로 이동시켜 놓은 것일 수도 있고, 반대로 파리를 '동쪽'으로 이동시켜 놓은 것일 수도 있다. 이처럼 『조이카의 아파트』의 주인공들은 파리로 가는 꿈을 꾸면서 다른 사람들을 위하여 마법을 발휘해서라도 모스크바 안에 처음으로 '파리'를 연출시켜야만 하였다. 즉, 다른 사람들을 위하여 '환상'을 만드는 일이 이들의 탈주를 위한 조건이 된 것이다. 결국, 파리의 '실제'를 위하여 즉 '실제'의 파리에 살기 위하여, 파리의 '환영'을 만드는 일을 해야 하는 코메디가 벌어진 셈이다.

그런데 흥미로운 점은 이와 같은 '서쪽'의 환상을 만드는 일에 있어 가장 중요한 협력자이며 보좌역은 바로 '동쪽' 출신의 중국인 헤루빔이라는 것이다. 게다가 헤루빔은 조야나 다른 등장인물처럼 아파트를 유럽풍으로 꾸며 '서쪽'으로 향하려는 의도와는 전혀 다른 목적을 가지고 있다. 우선 그는 조이카의 아파트를 소유하려고 한다.

Газолин. А-а-а… Вот он, помосники, а помосники. Ах ты, сукин сын!

Херувим. Ты иди с квартиры, иди! Это моя квартира Зойкина, моя. 〈…〉

Газолин. Твоя? Бандить! Захватил квартиру Зойкину. Я тебя подобраль, ты как собака был, а ты…〈…〉

Херувим. 〈…〉 Уходи из моеи квартиры. (3: p.126)

가졸린: 아-아-아… 저 봐, 조수들이야, 조수들이지. 허 너, 이 개새끼!

헤루빔: 너 이 아파트에서 나가, 나가라고! 이 조이카의 아파트는 내 아파트야, 내 아파트. 〈…〉

가졸린: 네 아파트라고? 이런 강도! 조이카의 아파트를 탈취하다니. 내 너를 거두었고, 내 앞에 개처럼 굴더니, 그런데 이제 네가…〈…〉

헤루빔: 〈…〉 내 아파트에서 나가.

그런데 이와 같이 조이카의 아파트를 차지하려는 헤루빔과 아파트의 주인인 조야 사이에는 묘한 유사점이 있다. 즉 아파트의 주인과 하인은 모두 아파트를 돈을 벌기 위한 수단으로 생각하고 있다는 것이다. 또한 이들은 모두 '새로운 삶'을 위하여, 즉 조야는 파리에서 그리고 헤루빔은 상하이에서 '새로운 삶'을 시작하기 위하여, 반드시 돈이 필요하다는 공통점도 지니고 있다. 헤루빔은 이처럼 자신의 새로운 삶을 위해 조야와 아메찌스토프 등이 아파트 안에 꾸미는 '환상적 파리 만들기' 작업에 적극적으로 협력한다. 즉 그는 조야의 '기업' 즉 '갈보집(публичный дом)'에 마취제를 공급함으로써, 모스크바 안에 '신화적 파리'를 창조하는 일에 적극 참여한다. 그러므로 헤루빔의 활동이 더해짐으로써 비로소 조이카의 아파트 안에는 모스크바, 파리, 상하이 즉 러시아, 서쪽, 동쪽의 서로 다른 3개의 문화가 함께 공존하며 실제 하나로 합쳐져 있게 된다. 즉 모스크바의 형상 안에 파리의 형상과 상하이의 형상이 하나로 결합됨으로써, 러시아의 수도 모스크바는 동쪽과 서쪽의 모든 도시들을 하나로 아우르는 '전체성'을 지니며 세계의 중심이 되는 것이다.

그런데『조이카의 아파트』에서의 '탈주'는 모스크바를 떠나 '서쪽'으로 또는 '동쪽'으로 가려고 하는 **'신체적'인 탈주**만이 그려지는 것이 아니라, 등장인물들이 현실 생활의 굴레로부터 벗어나려는 **'심리적' 탈주**도 묘사되고 있다. 즉, 등장인물들은 공공적인 규제와 금지, 그리고 일관된 속박으로부터 '탈주'하고 싶어하며, 잠시라도 그 현실을 잊고 싶어하는 것이다. 구시(Гусь), 시인(Поэт), 로베르(Роббер), 애연가(Курильщик), 시체(Мёртвое тело) 등 실로 많은 유형의 제각기 다른 사람들이 속박의 굴레로부터 '탈주'하고 싶어하며, 마취제 투약으로나마 잠시라도 '모스크바적 현실'을 잊으려고 한다. 이들은 바로 조야와 그녀의 조수들이 아파트 안에 창조해 놓은 '환상적 세계'의 고객들인 것이다.[49] 그리고 이러한 조야의 살롱은 단순히 저속하고 천박스러운 '갈보집'이 아니라 진짜 환상적인 '환영의 제국'과 같다. 즉 이 환영의 제국 안에 들어가기 위하여 재력있는 고객들은 얼마든지 돈을 지불할 준비가 되어 있는 것이다. 대표적인 예로서 소비에트 고위 관리이며 전혀 음탕할 것 같지 않은 구시는 알라한테 진짜 사랑에 빠지며, 모든 시름과 근심을 잊고 걱정 거리로부터 '탈주'하기 위하여 조야의 살롱을 자주 방문한다.

> Ах, Зоя! Покажи мне кого-нибудь, чтобы я хоть на время забыл про нее и вытеснил её из своего сердца, потому что иначе

49) 조야가 낮에 운영하는 '기업', 아틀리에는 책임있는 소비에트 관리와 네쁘 벼락부자들의 아내들을 위해 기획된 것이라면, 밤에 운영하는 '기업', 갈보집(публичний дом)은 그녀 남편들의 욕구를 만족시키기 위해 고안된 계획품이다. Казьмина О. А., там же, сс.26-32, 참조.

в Москве произойдет катастрофа: Гусь разрушит на Садовой улице свою семейную жизнь с двумя малютками и уважаемой женой…(3: p.136).

아! 조야! 잠시라도 그녀를 잊고 그녀를 내 가슴에서 몰아내기 위해 누구든지 내게 보여줘. 그렇지 않으면 모스크바에서 파국이 발생하기 때문이야. 구시가 사도바야 거리에서 두 어린아이와 존경하는 아내가 딸린 가정생활을 파괴시키고…

이처럼 구시와 같은 유사한 인물들에게는 조이카의 아파트와 같은 구원적 환상의 세계가 필요하다. 그러므로 아파트를 운영하고 관리하는 조야를 비롯한 그녀 주위의 조력자들은 이들의 욕구를 실현시켜 주기 위하여 '환상적 세계'를 만들어 간다. 이들은 '신체적'으로 소비에트 연방을 떠나 어느날 갑자기 아름다운 '환상'의 세계에 나타나는 꿈을 꾸면서, 자신들만의 '환상'을 아파트 안에 실현 시키듯이 실내 장식을 바꾸어 나아간다. 즉, 미래에 자신들이 희망하는 대로 꿈이 이루어졌을 때를 상상하며, 자신들의 꿈에 합당하게 '아파트'를 개조시키는 것이다. 그러므로 아메찌스토프가 자신에 의하여 변형된 '아파트'를 '천국'이라고 부르는 것은 우연이 아니다(3: p.111). 그리고 공교롭게도 이 '아파트'는 사도바야(Садовая) 거리에 위치해 있으며, 러시아어에서 '정원(Сад)'은 '천국(Рай)'의 전통적인 동의어 가운데 하나이다.

그러므로 각자의 꿈에 따라 미래의 염원에 맞게 꾸며지는 몽상 속의 환상적 '천국', 즉 '지상낙원'에는 **파리**와 **상하이**, **서쪽**과 **동쪽** 모두의 특성들이 하나로 융합되어 나타난다. 즉 어느 한 쪽의 스타일에 다른 쪽의 스타일이 받아들여지고, 또는 그 반대의 모습으로 서로 교차되면서 하나로 혼합되어 꾸며지는 것이다.

Распахивается занавес, показывается ниша, превращенная в курильню с китайским бумажным фонарем. (3: p.130)

커튼이 넓게 활짝 열리고 중국식 종이 채광창이 딸린 흡연실로 바뀐 벽장이 보인다.

그리고 여기서 벽에 걸려있는 나체 여인의 모습이 그려진 그림에 대하여 조야는 '프랑스 파(Французская школа)'라고 말한다(3: p. 115). 한편, 구시는 조야의 살롱을 '사도바야 거리의 파리(Париж на Садовой улице)'라고 부른다(3: p.136).

이상에서 살펴본 바와 같이 조이카의 아파트는 서쪽과 동쪽 사이의 모스크바에 위치해 있으며, 모스크바는 '제3로마 사상'에 의해 서쪽과 동쪽의 중심점이다. 모든 유형의 인간의 삶이 담긴 이 '중심점', 즉 조이카의 아파트 안에는 '서쪽'의 파리로의 탈주를 꿈꾸는 사람들과 '동쪽'의 파리로의 탈주를 꿈꾸는 사람들, '현실'로부터 떨어져 '환상'의 세계로 탈주하려는 사람들, 그리고 이들에게 가상의 '환영'을 제공해 주며 미래의 실제적 '환상'을 꿈꾸는 사람들이 모두 하나로 어우러져 각자 자신들의 '천국적 세계'를 그려 나아감으로써, 파리와 상하이 즉 서쪽과 동쪽의 모든 특성들이 모스크바 '지상낙원' 거리에 위치한 조야의 '아파트' 안으로 흡수되고 융합되어 나아간다.

II-4. 수직적 탈주에서의 서쪽과 동쪽

앞의 장에서 살펴보았듯이 조야의 살롱에 오는 손님들은 '신체적'이 아니라 '심리적'으로 모스크바를 떠나려고 한다. 이들은 의식 상태의 변화를 이용함으로써 현실로부터 벗어나 환상의 세계에 빠지고 싶어한다. 작품 속에서 이들이 알코올이나 마취제의 영향으로 저승세계 또는 몽환적 세계에 가까운 특별한 시공간 속에 빠져들고 있음이 여러번 강조되며 나타난다. 대체로 불가코프의 작품 속에서 '꿈'은 매우 주요한 역할을 한다.[50] 『조이카의 아파트』에서도 꿈에 관한 요소는 매우 중요하며, 이에 대해 작가는 연출가에게 보낸 편지에서 다음과 같이 말한다.

> У зрителя должно остаться впечатление, что он видел сон в квартире Зойки, в котором промелькнули странные люди, произошли соблазнительные и кровавые происшествия, и все это исчезло. (5: p.527)
>
> 관객들이 조이카의 아파트 안에서 꿈을 본 것 같은 인상이 남도록 해야 합니다. 즉, 아파트 안에 이상한 사람들이 어렴풋이 나타나서는 매혹적이며 피투성이인 사건들이 벌어지더니 곧 모든 게 사라져버린 것 같은 꿈 말입니다.

이와 같이 환상적 세계를 향한 **심리적 탈주**, 즉 '꿈'의 가상적 시공간으로의 이동은 앞서 살펴본 수평적 탈주와 대조하여 **'수직적 탈주'**라고 볼 수 있다. 즉 이들이 그리는 **가상적 꿈의 세계**는 현실세계가 아닌 천국 또는 저승세계와도 같은 세계이므로, 이들 세계로의 탈주는 '수직적 탈주'라고 말할 수 있다. 그리고 불가코프의 작품에서 항상 그러하듯이, 모스크바의 '현실세계'와 현실로부터 탈주를 꿈꾸는 사람들의 '저승세계' 사이에는 심리적 거리만 있을 뿐, 두 세계는 항상 밀접하게 연관되어 있다. 그러므로 『조이카의 아파트』에서 **삶과 죽음 사이의 '중간적' 상태**는 여러 가지 모양으로 자주 나타난다.

예를 들면 조이카의 아파트에는 살아있는 인간이라기 보다 곧 환영을 연상시키는 인물이 거주하고 있다. '신화적 인물'로 불리우는 이 사람은 '신체적'으로 존재하지 않으면서도 아파트 내의 실제 방을 차지하고 있다. 조이카의 아파트 안에 **'종이 조각**(бумажка)**'**으로 존재하는

---

50) 희곡 『탈주(Бег)』의 소제목은 "8개의 꿈들(Восемь снов)"로 되어 있다.

것이다(3: p.80). 즉 '서류 조각'의 존재가 실제의 인간보다도 더 중요한 상황이다. 이런 서류로서의 '종이 조각'의 형상은 희곡의 첫 번째 대사(臺詞)에서부터 시작된다. 즉 막이 오르자 조야는 서류가 있음을 노래하기 시작한다: "Есть бумажка, есть бумажка. Я достала. Есть бумажка!"(3: p.78). 조야의 손아귀에 잡힌 이 종이 조각 하나로 그녀는 이제 아파트 관리 위원회의 괴롭힘으로부터 자유로워 질 수 있다. 그만큼 종이 조각 한 장은 아파트 관리 위원장도 함부로 할 수 없는 눈에 보이지 않는 위력과 가능성을 나타낸다. 그러므로 조야는 알리루야에게 담당 위원회로부터 받은 '작업장 신설 허가서'를 내보이며 다음과 같이 말한다.

> Меня нет. Умерла Пельц. Больше с Пельц разговоров нету. (3: p.82)
>
> 이제 난 없어요. 뻴리쯔는 죽었다고요. 더 이상 뻴리쯔와의 대화는 없는 거예요.

이러한 상황은 '신화적 인물'과 비교하면 정반대의 현상이 된다. 즉 조야는 신체적으로는 엄연히 살아있지만 '종이 조각' 위에는 죽어있는 것이다. 이처럼 수직적 탈주를 꿈꾸는 등장인물들 사이에서는 '현실세계'와 '저승세계' 즉 '삶'과 '죽음'이 밀접히 연관되어 있으면서, 삶과 죽음의 '중간적' 상태로서의 '종이 조각'의 형상이 나타나고 있음을 알 수 있다.

또한 마취제에 의존하여 살아가는 몰핀 환자 오볼리야니노프도 항상 '삶'과 '죽음' 사이를 왔다갔다 한다. 그는 항상 마약 금단 증후군(症候群) 상태에서 거의 죽었다가 시급히 주사를 맞고는 다시 부활한다: "Обольянинов. Вот. (Оживает) Вот. (Ожил). Вот. Напоминают мне они··· иную жизнь и берег дальний···"(3: p.86).

이와 같이 현실세계의 속세적 존재와 저승세계의 내세적 존재 사이의 '중간적' 상태로서의 등장인물은 아메찌스토프의 출현에서도 찾아볼 수 있다. 그가 아파트에 처음 나타나자 조야는 정신이 멍해 돌처럼 굳으며 무감각한 상태에 빠진다: "окаменения"(3: p.91). 조야는 아메찌스토프가 죽은 것으로 간주하고 있었다. 게다가 아메찌스토프 또한 '죽은 사람'으로서의 신분을 거부하지도 않는다. 그는 삶과 죽음 사이의 경계를, 서로 양쪽을 왔다갔다 할 수 있는 얇은 투과지 정도로 생각한다. 이러한 상황을 도저히 이해할 수 없는 조야의 의심에 가득찬 감탄에 대하여 그는 역설적으로 다음과 같이 답변한다.

> "Тебя же расстреляли в Баку, я читала!" -- Аметистов отвечает: "Пардон-пардон. Так что из этого? Если меня расстреляли в Баку, я, значит, уж и в Москву не могу приехать? Хорошенькое дело. Меня по ошибке расстреляли, совершенно невинно. (3: p.92)
>
> "너 바쿠에서 총살당했다고 알고 있었는데!" 아메찌스토프가 대답한다: "용서해요 용서해. 그게 뭐 어때서? 내가 바쿠에서 총살당했다면, 그럼 난, 말하자면, 모스크바에 올 수 없을까요? 잘 된 일이오. 나는 실수로 총살당했소, 아무 죄없이."

이처럼 어느날 갑자기 죽었다가 다시 살아나 모스크바에 나타나는 아메찌스토프의 출현은 풍자적으로 성경에서의 '부활'과 같이 그려지고 있다.

이와 같이 『조이카의 아파트』에서 묘사되는 수직적 탈주에서 삶과 죽음의 경계가 없는 '중간적' 존재로서의 등장인물의 상태는 떠들썩한 주연(酒宴) 장면에서 확연히 드러난다. 즉 등장인물들은 모두 술에 취해 죽은 사람과 같은(мертвецкое)[51] 상태로 묘사되고 있다. 이러한 죽

---

51) 러시아어에서 'мёртвецкое(죽은 사람과 같은)'은 전통적으로 같은 형용사 'пьяный

은 사람과 같은 모습을 가장 잘 나타내는 인물은 등장인물 목록에 '시체(Мёртвое тело)'로 출현하는 '이반 바실리예비치(Иван Васильевич)'이다(3: p.77). 여기서 '시체'의 명칭부터 황당무계(荒唐無稽)하게도 16세기에 '이반 뇌제'로 불리웠던 '이반 바실리예비치'이다. 마치 '죽은' 이반 바실리예비치가 시체에서 분리되어 나와서 '살아있는' 이반 바실리예비치가 된 것 같다. 그는 죽은 상태로 있으면서도 움직이며 말도 하고 대화도 나누는 등의 살아있는 사람과 똑같은 기능을 수행한다. 이반 바실리예비치의 시체가 마네킹을 붙들고 춤을 출 뿐만 아니라, 마치 살아있는 여인에게 대화하듯이 말을 건넨다.

> Ага, наконец-то дама. Мадам, один тур. 〈…〉(Обнимает манекен за талию и танцует с ним.) Сколько вам лет, милочка? Неужели? Никогда бы не дал. Никогда в жизни не держал такой талии. (3: p.133).
>
> 아하! 간신히 숙녀분을 만났군. 마담, 한 곡 추실래요. 〈…〉(*마네킹의 허리를 껴안고 그와 춤춘다*) 아가씨는 몇 살이시죠? 정말? 전혀 그렇게 안보이는데. 내 생애에 이런 허리는 결코 잡아 본적이 없소.

상기 인용문의 무대지시어를 보면 산 사람이나 죽은 사람이나 똑같이 취급하는 작가의 의도를 읽을 수 있다. 즉 마네킹은 부인네와 비슷하고 부인네는 마네킹과 비슷하다는 해설이 이를 다시 한번 확인시켜준다: "Манекены, похожие на дам, дамы, похожие на манекенов." (3: p.99). 앞서 열거된 등장인물들을 포함하여 '현실세계'를 벗어나 '몽상적 현실'로의 수직적 탈주를 꿈꾸는 사람들은 모두 '삶'의 세계에 속하기도 하고 또 '죽음'의 세계에 속하기도 한다. 즉, 종이 조각 위에 살아있는 신화적 인물을 비롯하여 서류상으로 죽어있는 조야, 마취제로 삶과 죽음을 왔다갔다 하는 오볼리야니노프, 그리고 죽은 사람으로

(취한)'와 잘 조화를 이룬다.

있다 다시 부활한 아메찌스토프와 같이 '현실세계'와 '저승세계'의 다양한 '중간적' 존재인 이들은 모두 '살아있는 죽은 사람들(живые мёртвецы)'인 것이다. 이는 1920년대 혁명 후 네쁘 시대에 '혁명'이라는 이름하에 자행되던 천편일률적인 변화와 개혁들, 즉 모든 것이 한 가지 색체로만 칠해지고 조금이라도 대조적이거나 다양한 색깔은 전혀 인정하지 않음으로써 점차 똑같이 수수께끼 같은 모습으로 변해가는 당시의 생활세태, 그리고 그 속에서 살아있어도 죽은 사람처럼 살아가는 인간들의 모습에 대한 익살맞은 풍자라고 볼 수 있다.

한편, 희극 『조이카의 아파트』에는 주거 공간, 아틀리에, 갈보집으로 변화하며 계속 나타나는 조야의 '아파트' 이외에 또 하나의 '문학적 공간'이 존재한다. 비록 연극 내내 계속하여 나타나는 것은 아니지만, 조이카의 아파트와 나란히 '상하이 세탁소'의 모습이 제1막 2장 전반에 걸쳐서 나타난다. 그런데 제1막 1장은 어둠이 밀려온다는 무대지시어로 장(章)이 끝나는데: "Наступает тьма"(3: p.84), 뒤이어 나타나는 2장은 혐오스러운 방이 나타나면서 '상하이 세탁소 입구' 표지판이 보이는 것으로 시작된다: "…Появляется мерзкая комната 〈…〉 Вывеска: 'Вхот в санхайскую працесную'."(3: p.84). 그리고는 2장이 "угасает"으로 끝나자, 3장은 바로 조이카의 아파트가 다시 나타나는 것으로 시작된다: "…Вспыхивает спиртовка в квартире Зои"(3: p.86). 마치 영화 필름이 연속적으로 이어져 나간 느낌 속에서 '상하이 세탁소'는 조이카의 아파트의 '한 부분'이라는 인상을 독자와 관객에게 강하게 남긴다. 비록 작품에서 조이카의 아파트와 상하이 세탁소는 물리적 공간과 물리적 위치로 볼 때는 서로 떨어져 있을지라도[52], 희극에서 작가에

52) 1920년대 '상하이 세탁소'는 실제로 모스크바 'Скатерный' 골목에 위치해 있었으며, 조이카의 아파트가 위치한 사도바야 거리하고는 약2km 떨어져 있었다.

의하여 그려지는 예술적 형상은 같은 '문학적 시공간' 안에 예술적으로 위치해 있다고 볼 수 있다.[53]

그런데, 조야의 '아파트'는 5층에 위치해 있으며 상하이 '세탁소'는 반지하의 1층에 위치해 있다. 그러므로 이들은 '**수직적**'으로 위치해 있다고 볼 수 있으며, 상하이 세탁소는 '낮은 세계' 즉 '**지하의 세계**'를 나타낸다고 볼 수 있다. 상하이 세탁소가 '지하의 세계'를 나타냄은 세탁소가 처음에 소개될 때 '혐오스러운 방(мерзкая комната)'으로 묘사되고 있는 점에서 연상될 수 있으며, 이어 방 안에 켜놓은 '뜨거운 알코올 램프(горячая спиртовка)'는 '지옥의 불'을 연상시킨다. 더구나 '지옥'의 불 주위에서는 두 명의 중국인 가졸린과 헤루빔이 서로 싸우고 있다. (3: p.84).[54] 그리고 제2장의 세탁소에서 시작된 '지옥'의 불길은 제3장의 조이카의 아파트에도 그대로 이어져 계속 활활 타기 시작한다. (3: p.86)

그런데 조이카의 아파트에 이러한 지옥의 불길을 지피고 재앙을 초래하는 사람은 **동쪽**에서 온 중국인 헤루빔이다. 그는 조이카의 아파트에 **지옥의 '불'** 즉 '**마약**'을 날라옴으로써 아파트에 재앙의 기운을

(http://www.intelros.ru/readroom/rulife/ru_030708/2463-khodja-khodja.html) 작품 속에서는 조야가 마뉴쉬카를 세탁소로 심부름 보내면서 시간을 절약하기 위하여 마차를 타고 가라고 하는 장면이 나온다(3: p.84).

53) 이러한 불가코프적인 예술기법은 『거장과 마르가리따』에서도 유명하다. 즉, 제2장 '예루살렘 이야기'가 삽입될 때, 1장 끝부분과 2장의 시작이 같은 어귀: "핏빛의 안감을 댄 하얀 망토를 걸치고"(5: p.19)로 끝나고 시작되며, 다시 2장의 끝과 3장의 시작은 "아침 10시경 이었다"로 똑같다(5: p.43). 즉, 현대의 모스크바와 고대의 예루살렘은 같은 '문학적 시공간' 속에 위치해 있는 것이다.

54) 상하이 세탁소에 켜놓은 알코올 램프 '등불'이 지옥의 '불'처럼 연상되는 것은 중국인 가졸린(Газолин)의 이름에서도 유추된다. 즉 가졸린(газолин)은 덜 정제된 휘발유(бензин)이며, 『13번지 엘리비트 노동 콤뮨의 집』에서의 '불'도 이 'бензин'에 의하여 일어나고 있다(2: p.248).

지피고, 결국에는 구시를 살해함으로써 파탄을 초래한다. 마치 『13번지 엘리비트 노동 콤뮨의 집』에서 '불'이 발생하여 파국을 맞이 하듯이, 『조이카의 아파트』에서도 실제의 '불'은 발생하지 않지만 지옥의 '불'과 진배없는 '헤루빔'이 원인이 되어 '아파트' 전체가 불에 타듯이 파국을 맞이하는 것이다. 이처럼 헤루빔의 형상이 '불'과 연관되는 것은 그가 '동쪽'에서 왔다는 것과 무관하지 않다. 러시아어에서 '동쪽'과 '서쪽'은 '태양' 즉 '불덩이'가 뜨고 지는 것에 의하여 형성되었기 때문이다.

불가코프의 작품 가운데 이처럼 '태양'과 연관된 '중국인'이 등장하는 작품으로 단편 『중국의 역사(Китайская история)』를 찾아볼 수 있다. 작품에서 주인공 '센-진-뽀(Сен-Зин-По)'는 노란색 광채를 내뿜으며 중국 천사와도 닮았다(1: p.456). 하지만 그는 다른 한편으로 교묘한 기관총 사수이며 살인자로서 '죽음'의 천사이기도 하다(1: pp.455-456). 『조이카의 아파트』의 헤루빔은 '센-진-뽀'와 외모적으로 많이 닮은 것으로 나온다. 헤루빔을 처음 보았을 때 마뉴쉬카는 실수로 헤루빔의 얼굴이 감귤 같이 노란색이라고 이야기한다(3: p.124). 감귤은 노란색이 아니므로 마뉴쉬카는 헤루빔의 얼굴색을 이야기한 것이 아니라 헤루빔의 얼굴 모양이 둥근 '태양'과 같이 원형 임을 강조한 것이었다. 이처럼 헤루빔의 외모가 '태양' 즉 '천국'의 형상과 연관되는 것은 그의 '천사'와 같은 이미지에 의해 한층 더 뒷받침 된다. 그는 같은 중국인 가졸린과 달리 누구에게도 자신의 진짜 이름이 알려지지 않는다. 그리고 또한 누구도 감히 그를 '헤루빔(천사)' 이외에 다른 이름으로 부르지 못한다. 예를 들면 마뉴쉬카는 그를 처음 만났을 때, 아주 착하게 생겼으며 '천사'와 같다고 환성을 지른다: "Ах, какой хорошенький. На херувима похож"(3: p.85). 또한 오볼리야니노프는 헤루빔이 웃을 때 여지없는 천사의 웃음이라고 말한다: "Обратите внимание, как он улыбается. Совершен-ный херувим"(3: p.87). 구시는 만일 자신이 내세의 삶을 믿는다면 헤루빔이 사실상의 '판박이' 헤루빔이라 말하겠다고 이야기한다: "Если б я верил в загробную жизнь, я бы сказал, что он действительно выли-тый херувим"(3: p.117). 아메찌스토프 또한 헤루빔을 보고 있으면 저절로 믿게 된다고 맞장구를 친다: "Глядя на него, невольно уверуешь"(3: p.117).

이와 같이 불가코프의 작품에서 『중국의 역사』의 '센-진-뽀'와 『조이카의 아파트』의 헤루빔과 같은 **'천사'의 형상**은 레르몬토프의 장시 『악마(Демон)』에서 나왔다.[55] 즉 레르몬토프의 '악마'는 예전의 '지품천사(херувим)'였으며 그는 천국에서 쫓겨나 추방의 영혼이 된다. 이와 유사하게 중국인 '센-진-뽀'와 '헤루빔'도 태양의 조국을[56] 떠나 다른 세계 즉 이미 '천국'의 특성 보다는 '지옥'의 특성을 더 많이 나타내는 현실세계에 머물러 있다. 이처럼 **'타락한 천사'**로서의 **'헤루빔'**에 대하여 극작가 불가코프는 연출가에게 보낸 편지에서 다음과 같이 말한다.

> Очаровательный китаец, пухлое желтоватое лицо с приятными глазками. За свою прелестную улыбку прозван "Херувимом". 〈…〉 Опаснейший бандит и убийца. (5: p.522)
>
> 선하고 귀여운 눈빛에 포동포동 하며 노르스름한 얼굴의 매혹적인 중국인. 자신의 매혹적인 웃음으로 '헤루빔'이라 불리운다. 〈…〉 가장 위험한 강도이며 살인자.

또한 헤루빔이 **'타락한 천사'**의 형상을 갖는 것은 그의 몸에 새겨진

---

55) Яблоков Е. А., *Художественный мир Михаила Булгакова*, Москва: Языки славянской культуры, 2001, с.122.

56) 『중국의 역사』에서 조국(중국)은 '태양의 나라', '불의 나라'로 불리운다. (1: p.450).

'뱀'의 문신이 뒷받침해 준다. 그의 가슴에는 용과 뱀들이 그려진 이상하고 무시무시한 문신이 새겨져 있다(3: p.87). 물론 이들 용과 뱀들은 전체적으로 '동양적'인 모습을 하고 있다. '슬라브적'인 뱀의 모양은 '중국적'인 용(龍)의 '친척' 정도로 생각할 수도 있다. 하지만 옆에 날개가 달리고 입에서는 불을 내뿜는 거대한 파충류의 무시무시한 형상은 전통적으로 생각해온 '동양적'인 모습과는 좀 거리가 있어 보인다.[57] 전통적으로 러시아 문화에 있어서의 '뱀'은 아주 부정적이며 '지옥'과 연관된 등장인물이면서 '악마'와 동일시 되었다.[58]

또한 헤루빔은 '천국적'인 외모를 지녔음에도 불구하고 그가 하는 행위는 '천국'과 거리가 멀며 '지옥'과 같은 속세의 물질적 욕구만을 추구한다. 그는 오로지 이익과 돈벌이에 대해서만 생각한다. 헤루빔의 이러한 모습은 또한 '뱀'의 형상과 연관된다. 슬라브 민속에서 '뱀'은 재물, 황금, 보물 등과 관계가 깊은 것으로 나타난다.[59]

한편, 헤루빔이 이처럼 '돈'만을 추구하는 것은 이미 그의 '태양적'인 외모에서 예고 되고 있었다. 즉 텍스트에서 '돈'은 소련의 화폐 단위인 'червонец'로 자주 불리우는데, 이는 '금'을 뜻하는 폴란드어

---

57) 러시아의 신화에서 바실리스크, 용(龍)과 같은 동물은 본래 파충류와 조류가 혼합된 잡종으로 나온다. 그러므로 『비운의 달걀』에서 조류에 속하는 암탉의 달걀 대신에 파충류의 뱀들이 쏟아져 나온다. Пропп В. Я., *Исторические корни волшебной сказки*, Ленинград: Изд. Ленинградского университета, 1986, сс. 246-247. // 정연호, "불가코프 작품에 나타난 '동물'의 형상", 노어노문학 제23권 제3호(2011), p.242. 참조.

58) '뱀'의 모티브는 다른 등장인물과도 관련된다. 아메찌스토프는 조야를 '뱀'이라고 부른다(3: p.95). 그러므로 조야는 '갈보집'을 꾸며서 뭇 남성들을 '유혹'한다. 또한 구시는 알라를 가리켜 '코브라'(3: p.141), '뱀'(3: p.136)이라고 부른다.

59) Афанасьев А. Н., *Поэтические воззрения славян на природу: В 3 томах т. 2*, Москва, Индрик, 1994, с.536.

'czerwony'에서 나왔으며, '금'은 전통적으로 그 색깔과 광채에서 자주 '태양'에 비유 되어져 왔다. 그러므로 헤루빔은 '돈(червонцев)'을 위하여 살인을 저지른다(3: p.143).

이와 같이 헤루빔은 천국의 '천사'와도 같은 외모를 지녔지만 '타락한 천사'로서 '뱀'의 형상을 지니면서 '돈(금, 재물)'만을 추구하는 '악마'로 나타난다.

그런데 이러한 헤루빔이 '동쪽'에서 왔듯이 아메찌스토프 또한 '동쪽'에서 온 것으로 묘사된다. 그의 말에 의하면 그는 '바쿠(Баку)'에서 우편 열차를 타고 모스크바까지 왔다(3: p.93). 당시 20세기 초 러시아에서 가장 '동양적'으로 인식되는 도시들은 모두 '페르시아'와 관련이 있었다. 이는 당시 유명한 시인 예세닌(С. Есенин)이 쓴 시(詩) "페르시아의 모티브들(Персидские мотивы)"과 연관되어 있다. 즉 당시에 도시 '바쿠'에 머무르고 있던 예세닌은 불가코프가 『조이카의 아파트』를 집필하기 몇 달 전에 '바쿠'에 대한 '동양적' 형상을 특별히 강조한 일련의 시(詩)들 즉 "페르시아의 모티브들"을 발표했었다. 특히 1925년 말 예세닌의 갑작스런 죽음은 당시 중요한 사회적 이슈가 되었으며, 그러므로 『조이카의 아파트』가 창작되고 공연되는 기간 내내 천재 시인이 남긴 '동양적' 테마는 그대로 지속되고 있었다. 이러한 배경에서 불가코프는 '바쿠'를 동쪽의 도시로 선택하여 아메찌스토프를 '동쪽'에서 온 것으로 묘사하고 있으며, 실제로 작품 속에서 아메찌스토프는 또한 중국 상하이에서 헤루빔을 만나 자신이 직접 그를 모스크바로 데려왔다고 이야기한다: "Преданный старый мои лакей 〈…〉 Вывез я его из Шанхая, где долго странствовал, собирая материалы."(3: p.116). 물론 아메찌스토프는 중국인 헤루빔과 다르며 외모적으로나 전반적인 이미지에 있어 '동쪽'과는 거리가 멀게 느껴진다. 하지만 동쪽 바쿠에서 총살 당해 죽었다가 다시 부활하듯이 살아 돌아오는 것으로 묘사되는 **아메찌스토프**는 헤루빔과 같이 '초인적'인 능력을 발휘하는 것으로 그려진다. 이는 그가 카드 게임에서 초능력에 가까운 손동작 기술을 발휘하는 '카드 사기꾼(карточный шулер)'으로 묘사되고 있는 점에서 짐작할 수 있으며(3: pp.94-95), 또한 불과 몇 분 만에 아파트 안의 실내장식을 사교계 살롱으로 감쪽 같이 바꾸어 놓는 그의 마법적인 '초능력'에서도 다시 확인된다: "Квартира под руками Аметистова и Манюшки волшебно преображается."(3: p.111).

즉, **동쪽**에서 온 **헤루빔**은 조이카의 아파트에 지옥의 '불'과도 같은 마약을 공급하여 아파트에 재앙의 불씨를 지피며, 또한 **동쪽**에서 온 **아메찌스토프**는 마법을 발휘하여 조이카의 아파트를 갈보집 싸롱으로 변신시킴으로써, 결국 아파트 전체를 파국으로 치닫게 만든다. 이처럼 '조이카의 아파트'라는 문학적 시공간의 '수직적 축'에서 '동쪽'은 항상 '지하의 세계' 즉 '**지옥**'의 형상과 연관되어져 있다. 즉, 가슴에 뱀의 문신을 하고 오로지 돈만을 추구하는 타락한 천사 헤루빔은 지하의 상하이 세탁소 즉 '**동쪽**'-'**지옥**'에서 온 악마이며, 바쿠에서 죽었다가 되살아난 아메찌스토프는 상하이 즉 '동쪽'-'지옥'에서 헤루빔을 만나 그와 함께 모스크바에 온 것이다. 그런데 '서쪽'으로의 탈주를 꿈꾸던 '조이카의 아파트'는 '동쪽'에서 온 헤루빔과 아메찌스토프에 의해 결국 멸망하게 된다. 그러므로 '조이카의 아파트'라는 문학적 시공간에 나타나는 '수직적 탈주'에서 '**서쪽**'은 '천국'을 가리키며 '**동쪽**'은 '지옥'을 의미하고 있음을 알 수 있다. 러시아의 문화적 전통에서 '동쪽'은 대개 '태양의 제국'으로서 '천국'을 연상시켜왔으나, 불가코프의 희극 『조이카의 아파트』에서는 이런 모티브가 풍자적으로 반전되어 제시되고 있음을 발견할 수 있다.

II-5. 맺는 글

많은 문학연구가들이 불가코프 작품에 나타난 '연극성'에 대하여 이야기하였으며 불가코프의 모든 작품은 '연극화'할 수 있다고까지 하였다. 마치 이 세상은 극장이며 사람들은 그 무대 위의 배우와 같다는 세익스피어의 유명한 말이 그대로 실현된 것 같은 느낌을 받는다. 이에 상응하듯 불가코프의 첫 번째 희곡 『조이카의 아파트』에는 러시아뿐만 아니라 세상 모든 유형의 인간들의 삶과 꿈이 '조이카의 아파트'라는 극장과 그 무대 안에 총집산 되어 연출된다. 그러므로 조이카의 아파트는 단순한 주거공간으로서의 아파트 무대가 아니라, 모든 유형의 인간들의 삶, 즉 구시대의 삶, 신시대의 삶, 구시대 신시대 구분 없는 삶의 역할 배우들이 모두 마음껏 자신의 꿈을 펼치는 '문학적 시공간'으로서의 상징성을 지닌다. 그리고 조이카의 아파트에 출현한 배우들은 모두 '현실'에 만족하지 못하고 각자의 '꿈'을 향하여 **'탈주'**를 계획하며, 이들이 기획하는 탈주는 '문학적 시공간'에서 크게 '수평적 탈주'와 '수직적 탈주'로 나뉘어 동시에 진행된다.

먼저 **수평적 탈주**에서는 모스크바를 중심으로 '서쪽'의 파리로의 탈주를 꿈꾸는 사람들과 '동쪽'의 파리로의 탈주를 꿈꾸는 사람들, '현실'로부터 떨어져 '환상'의 세계로 탈주하려는 사람들, 그리고 이들에게 가상의 '환영'을 제공해 주며 미래의 실제적 '환상'을 꿈꾸는 사람들 모두가 하나로 어우러져 문학적 시공간 안에 각자 자신들의 '천국'과 '꿈'을 그려 넣음으로써, '조이카의 아파트'는 **동쪽과 서쪽 모두를 아우르는 '세계-세상'의 중심**이 된다. 이로써 불가코프는 당시에 동쪽과 힘을 합하여 서쪽에 대항하여야 한다는 볼셰비키의 주장과 러시아가 서쪽에 집중하면 손해이므로 유럽과 아시아가 하나가 되는 제3의 길을 모색해 나아가야 된다는 유라시아주의자들의 주장 모두를 반박하고 있음을 알 수 있다.

둘째, '조이카의 아파트'의 '문학적 시공간'에는 삶의 세계, 천국의 세계, 지옥의 세계가 수직적 구조를 이루고 있어 사람들은 각자 **'수직적 탈주'**를 계획한다. 먼저 '서쪽'의 천국 즉 실제의 파리와 환상의 파리로의 탈주를 계획하는 사람들은 '현실세계'와 '저승세계'의 중간적 존재로서 **'살아있는 죽은 사람들'의 형상**을 지니는데, 이는 1920년대 네쁘 시대에 '혁명'이라는 이름하에 자행되던 천편일률적인 변화와 개혁 속에서 죽은 사람처럼 살아가는 인간들의 삶에 대한 풍자이다. 그리고 '서쪽'으로의 탈주를 꿈꾸던 '조이카의 아파트'는 결국 '동쪽'에서 온 헤루빔과 아메찌스토프에 의해 멸망함으로써, '조이카의 아파트'의 **'문학적 시공간'** 안에 나타나는 '수직적 탈주'에서 **'서쪽'**은 '천국'을 가리키며 **'동쪽'**은 '지옥'을 의미한다.

아울러 '조이카의 아파트'라는 무대극장의 처음 주인은 '서쪽'으로의 탈주를 꿈꾸는 '조야'이었으나, 다음에 새로운 '감독들'로서 '동쪽'에서 온 헤루빔과 아메찌스토프가 나타나 실제의 운영을 좌지우지(左之右之) 하다가 결국은 파탄을 초래하고, 종국에는 이들 모두 경찰에 의하여 체포됨으로써, '조이카의 아파트' 무대극장의 진짜 감독은 '국가'가 된다. 이는 1920년대 당시 볼셰비키와 유라시아주의자들 그리고 표지전환파들 사이에서 일었던 '서쪽'과 '동쪽'의 문제를 불가코프가 풍자적인 모습으로 그린 것이다. 즉 희극의 예술 세계를 실제로 지배하는 '국가'는 특별한 힘을 나타내며 '서쪽'-'동쪽'의 반대 입장 밖에 위치해 있다. 1920년대 '서쪽'에서 소련으로 귀환한 망명자들 가운데는 표지전환파들과 같이 소비에트 권력의 자유화와 소련의 서구적인 민주화를 꿈꾸는 사람들이 었었다. 하지만 불가코프는 이들의 환상에 의견을 같이 하지 않았으며 그들의 계획에 풍자적인 웃음을 던진다. 『조이카의 아파트』 코메디의 웃음은 바로 이 풍자적인 웃음이며 당시 일었던 '서쪽'-'동쪽'의 문제에 대한 불가코프적인 대답이라고 본다.

III. 『사탄의 일기』와 『거장과 마르가리타』에 나타난 '진리'와 '언어'

세기말 혼란의 시대와 혁명의 소용돌이를 몸소 겪으며 불운한 삶을 살다간 안드레예프와 불가코프, 두 작가가 최후의 대작 『사탄의 일기』와 『거장과 마르가리따』를 '미완성'으로 남기며, 작품 속에서 묘사하고 있는 '진리'는 무엇이며 어떠한 것인지에 대하여 추적하고자 한다. 두 작품 속에는 공통적으로 어느 날 갑자기 인간세상에 출현하는 사탄들이 등장하는데, 이들 사탄들이 공통적으로 말하는 '진리'는 인간의 '언어'로 표현할 수도 없으며 인간의 '이성'으로 이해될 수도 없는 '진리'임을 발견할 수 있다. 즉, '진리'는 인간의 시간적-공간적 영역 밖에 있으므로 인간이 '언어'로 표현할 수도 없으며 인간의 이성으로 이해할 수도 없다는 것이다. 따라서 인간이 인간의 영역 밖에 있는 '진리'에 가까이 다가가면 갈수록 인간은 '언어'와 '이성'을 상실하게 되며 끝내는 '정신분열증'의 의식상태를 나타내게 된다. 즉, 인간이 '진리'에 가장 근접한 순간은 인간이 '언어'와 '이성'을 상실한 정신착란의 상태가 되는 것이다. 그리고 이러한 '진리' 추구의 과정은 『거장과 마르가리따』에 나오는 '달빛 길'과도 같이 영원히 끝나지 않는 '미완성'의 길이다.

III-1. 들어가는 글

불가코프(1891-1940)와 안드레예프(1870-1919)는 거의 같은 시대를 살았다. 출생년도로 보면 안드레예프가 불가코프 보다 20년 가량 먼저 태어났지만 이 세상에 머물렀던 시간 동안은 공교롭게도 거의 같다. 두 작가 모두 세기말 혼란기와 혁명의 소용돌이라는 격동의 시기에서 어찌보면 아주 짧다고 할 수 있는 약 49세의 삶을, 그것도 매우 불운하게 살아갔다는 공통점 이외도, 두 작가의 여러 작품들에 나타나는 여러 가지 측면에서의 유사성을 발견할 수 있다.

불가코프가 아직 어렸던 학생시절에 안드레예프는 이미 20세기 초 가장 인기있던 러시아 작가들 가운데 한 사람이었으므로, 그의 작품들이 여러번 출판되었을 뿐만 아니라 그의 희곡들은 러시아 전역의 극장에서 공연되었었다. 불가코프는 어린 유년시절과 청년기에 많은 시간을 키예프의 한 극장에서 보냈으며, 당시 이 극장에서는 안드레예프의 많은 극작품들이 공연되고 있었다고 전한다.[60]

하지만 이러한 사실들만을 가지고 불가코프를 가리켜 안드레예프의 제자라든지 혹은 아류(蛾類) 내지는 모방자 등으로 간주할 수는 없겠으나, 안드레예프의 작품들이 당시 20세기 초 불가코프를 포함한 많은 작가들에게 일정한 영향을 줄 수 있었음은 쉽게 추정해 볼 수 있다. 두 작가의 많은 작품들 가운데 어느 작품이 어느 작품에 영향을 미쳤는지를 구체적으로 선별하기에 앞서, 두 작가는 모두 마지막 투혼을 불태우며 최후의 작품(『사탄의 일기』와 『거장과 마르가리따』)을 집필하였으며, 그것이 자신들의 대표작이 되었다는 공통점을 지닌다. 또한 '미완성'으로 불리는 이들 최후의 대작들에는 공통적으로 '사탄'이 출현하고 있으며, 이들 사탄들은 하나같이 인간들을 시험해 보기 위하여 이 세상에 온다. 본 논문에서는 이들 사탄들이 인간 세상에 던지는 담화(談話) 속에서 공통적으로 나타나는 '진리'와 '언어'의 관계를 비교-

60) Смелянский А. М., *Михаил Булгаков в Художественном театре.* 2-е изд., Москва, 1989. с. 17.

분석해 봄으로써 두 작품의 유사성에 대하여 살펴보고자 한다.

Ⅲ-2. '진리'와 '언어'의 관계

안드레예프의『사탄의 일기』에 등장하는 사탄은 자신이 '사탄'이라 불리는 것은 단지 인간의 언어 세계 속에서 '사탄'이란 언어가 인간들에게 이미 익숙한 언어이기 때문에 그냥 사용하는 것 뿐이며 자신의 진짜 이름은 전혀 다르다고 이야기한다. 즉, 인간들의 귀가 너무 좁아서 밀어 넣을 수도 없고, 인간들의 두뇌가 너무 협소하여 그것을 쪼개지 않고는 집어 넣을 수도 없기에 자신의 이름을 그냥 별명처럼 '사탄'이라 해 둔다는 것이다.

> Сатаною назвал меня ты, и Я принимаю эту кличку, как принял бы и всякую другую: пусть Я -- Сатана. Но моё истинное имя звучит совсем иначе, совсем иначе! Оно звучит необыкновенно, и Я никак не могу втиснуть его в твое узкое ухо, не разодрав его вместе с твоими мозгами: пусть Я -- Сатана, и только. (p.118)[61]
>
> 네가 나를 사탄이라 불렀어. 그래 온갖 다른 것들을 다 받아들였듯이 그 별명도 받아들이지: 나를 사탄이라고 해 두자. 그러나 나의 진실된 이름은 전혀 다르게 발음된다. 전혀 다르게! 그것은 평범하지 않게 소리 나지. 그래서 너의 두뇌와 더불어 그것을 쪼개지 않고는 도저히 너의 그 좁은 귀 속으로 그것을 밀어 넣을 수도 없단다. 그래서 그냥 나를 사탄이라고 해두자. 단지 그 뿐이야.

이처럼 안드레예프의『사탄의 일기』에 등장하는 원더굳(Бандергуд)이

---

61) Андреев Л. Н., *Собрание сочинений В 6 томах*, *т.* 6, Москва, 1990-1996, с. 118, 이하, 이 책으로부터의 인용은 본문에(p. 페이지 수)로 약칭한다.

자신의 진실된 이름은 따로 있고 '사탄'이란 이름은 그냥 별명처럼 생각하며 받아들이듯이, 불가코프의 『거장과 마르가리따』에 등장하는 볼란드(Воланд) 역시 자신이 외국인, 스파이, 교수, 배우, 검은 마술사, 사탄 등의 여러 가지 별칭으로 불리는 것을 받아들이지만, 이러한 별명들은 그의 한 단면만을 부분적으로 반영할 뿐 그의 진짜 모습을 나타내는 이름은 아닌 것으로 나온다. 그를 따라다니는 수행원들 가운데 하나인 코로비예프(Коровьев)도 그가 무엇을 하는 사람인지 한 가지 언어로 규정짓지 못해 여러 가지 언어들로 추정되고 있을 뿐만 아니라, 그는 아예 제2의 이름으로서 '파고트(Фагот)'라는 별명으로 불리기도 한다.

> Маг, регент, чародей, переводчик или черт его знает кто на самом деле -- словом, Коровьев -- раскланялся и, широко поведя лампадой по воздуху, пригласил Маргариту следовать за ним. (5: p.242)[62]
>
> 마술사, 교회의 합창대 지휘자, 통역가 혹은 실제로는 무엇을 하는 사람인지 모르지만, 한마디로 말해서 코로비예프는 절을 하고 호롱을 공중에서 크게 내두르면서 자기 뒤를 따라오도록 마르가리따를 안내했다.

이와 같이 불가코프의 『거장과 마르가리따』와 안드레예프의 『사탄의 일기』에 등장하는 사탄들은 이 지구상에는 자신들의 진실된 이름조차도 정확히 규정지을 수 있는 '언어'가 존재하지 않는다는 것을 강조하고 있으며, 작품 전반에 걸쳐 '진리'를 올바로 기록하고 정확히 기술해 낼 수 없는 인간의 언어 능력과 언어의 '불충분성'에 대하여 이야

62) Булгаков М. А., *Собрание сочинений В 5 томах*, *т.* 5, Москва, 1989-1990, с. 242, 이하, 이 책으로부터의 인용은 본문에 (5: p.페이지 수)로 약칭한다.

기 한다. 『사탄의 일기』에서 주인공 사탄은 자신이 인간으로 변하는 것은 인간의 좁은 언어 세계 속으로 들어가는 것이며, 그것은 또한 자신이 아주 협소한 인간의 의식세계 속에 들어가는 것으로 받아들인다. 그러므로 그는 인간의 좁은 언어와 의식 세계 속에서 자신의 진실된 사고와 사상을 올바로 표출해 낼 수 없으며, 아주 협소하고 제한된 시야의 범위 안에서만 자신의 생각을 표현한다.

> Я не нуждаюсь в друзьях, но Мне надо говорить о себе, и Мне не с кем говорить. Одних мыслей недостаточно, и они не вполне ясны, отчетливы и точны, пока Я не выражу их словом. (p.117)
>
> 나는 너희들에게 필요하지는 않아, 하지만 나는 내 자신에 대하여 말해야 되, 누구와 더불어 이야기하는 것이 아니야. 어떤 사상들도 충분치가 않아, 내가 그것들을 말로 표현하는 한, 그것들은 아주 선명하지도, 확실하지도, 그리고 정확하지도 않아.

이처럼 사탄이 가지고 있는 사고와 사상은 너무도 어마어마하여 인간의 좁은 언어와 의식세계로는 아무리 표현하려고 해도 표현할 수 없으며 아무리 이해하려고 해도 이해할 수가 없는 것이다. 사탄은 자신이 '사탄'이란 이름으로 인간이 되면서, 자신과 하나를 이루었던 우주 천체의 세계에서 떨어져 나오게 됨으로써, 인간들의 제한된 언어로 이루어지는 토론이나 인간들이 당연시 여기는 논리에 대하여 어려움을 느끼기 시작한다. 즉, 인간의 좁은 언어 세계는 인간들을 아주 좁은 의식세계 속에 머물게 만듦으로써, 어마어마한 **진리의 세계**를 접한 사탄에게 있어서, 인간들의 좁은 언어로 만들어진 협소한 논리 자체가 이해하기 힘든 고역의 과정인 것이다. 사탄이 보기에 인간들이 자신의 협소한 언어들을 가지고 그 무언가의 '**진리**'를 표현하려고 애쓰는 과정은 마치 기사가 힘겹게 뭔가를 공학적으로 꿰맞추려 하는 고역의 과정처럼 여겨진다.

> Этот которжный инженерный путь называется у них, кажется, логикой и последовательностью и обязателен для тех, кто хочет быть умным: для всех остальных он не обязателен, 〈…〉 для выражения маленькой и обыкновенной мысли о недостаточности их слов и логики. Я принужден был испортить столько прекрасной пароходной бумаги… (p.118)
>
> 이런 힘에 겨운 공학기사적인 과정이 그들에게는 논리라 불리우고 당연함으로 불리우는 것 같아. 그리고 이런 험난한 공학기사의 길이 현명해지고 싶어하는 자들에게는 의무적이지만, 나머지 모든 사람들에게 그것은 반드시 의무적이지는 않아, 〈…〉 그들의 언어와 논리들의 불충분성에 대한 작고 평범한 생각들만을 표현하기 위해서도, 나는 하는 수 없이 아주 훌륭한 큰 기선 분량 만큼의 종이들을 못쓰게 만들지 않으면 안되었지…

이처럼 인간들이 사용하는 언어의 불충분성에 대하여 이야기하던 사탄은 자신이 점차 인간이 됨에 따라 자신에게서 '사탄적'인 특성이 하나 둘 씩 사라져 가는 것을 느끼며, 아울러 언어로 표현되지 않는 언어외적인 지식과 보편적 진리를 감지하던 능력도 점차로 상실되어 가는 것을 느낀다. 시간이 지남에 따라 그는 자신이 인간이 되기 전, 사탄이었을 때의 기억들이 점차로 희미해지고 시력도 많이 떨어져 희미한 윤곽만이 보일 뿐이며, 청력 또한 떨어져 마루 바닥 밑의 쥐새끼 소리는 들을 수 있어도 귓전을 울리는 천둥소리와도 같은 신의 계시에는 점차 귀머거리가 되어 간다. 사탄은 시간이 지나감에 따라 자신에게서 진리가 점차로 멀어져 가는 것을 느끼며, 따라서 '진리'를 잡으려 아무리 '언어'의 화살을 쏘아대도 그것은 빗나갈 뿐이고 헛수고일 따름이다.

С каждым часом Меня покидает память о том, что Я оставил за стеною человечности. 〈…〉 С каждым мгновением удаляется от Меня истина. Напрасно Я шлю ей вдогонку стрелы Моих слов: они пролетают мимо. (p.164)

시시각각 인간성의 벽 너머에 내가 남겨 두고 온 것들에 대한 기억이 나를 버리고 있다. 〈…〉 매순간 나에게서 진리는 멀어져 간다. 헛되이 나는 나의 말의 화살들을 뒤쫓아 날려 보내 보지만, 그것들은 옆을 지나쳐 날아갈 뿐이다.

이와 같이 안드레예프의『사탄의 일기』에서 언어의 불충분성과 인간의 언어로 표현되어질 수 없는 '진리'에 대한 이야기는 한편으로 성경의 **'바벨탑 이야기'**를 연상시킨다. 즉, 성경에는 하늘 꼭대기까지 닿으려 하는 바벨탑의 위용에 놀란 야훼가 인간들이 한 종족으로서 한 가지 언어를 사용하게 그냥 내버려두면, 앞으로 못할 일이 없을 것이라 여기어 인간들이 쓰는 언어를 뒤섞어 놓음으로써, 서로 알아 듣지 못하게 만들고 마침내 사람들을 사방으로 흩어지게 만들었다는 '바벨탑 이야기'가 나온다.[63]『사탄의 일기』에서 주인공 사탄은 만일 '신'이라 할지라도 그를 인간으로 만들어 놓으면, 그가 비록 유대어를 하든 프랑스어를 하든 간에 언어로 말할 수 있는 것 이외에 그 이상은 아무것도 말하지 못한다는 것을 강조한다. 주인공 원더굳은 신이든 사탄이든 한번 인간으로 변한 후에는, 아무리 우주 천체의 진리를 표현하려 적합한 언어들과 비교의 언어들을 찾아 헤매어도, 얽히고 설킨 넝쿨만을 잡을 뿐, 그 속의 진리는 다 빠져 달아날 것이라고 이야기한다. 즉, 신이든 사탄이든 유대 땅 또는 프랑스 땅에 오게 되면 그가 인간들과 우수한 유대어 또는 프랑스어로 유창하게 이야기하게 되겠지만, 그것은 바벨탑 이전의 하나의 진리를 이야기하던 진실된 언어가

63) 창세기 11장 1절-9절.

아니라는 것이다.

> Он тотчас же заговорит с тобою на превосходном еврейском или французском языке, и не скажет больше того, что можно сказать на превосходном еврейском или французском языке. Бог!... а Я только Сатана. (p.165)
>
> 그는 즉시 탁월한 유대어 또는 프랑스어로 너와 이야기를 할 것이다. 그리고, 그는 탁월한 유대어 또는 프랑스어로 말할 수 있는 것 이상은 더 말하지 못 할 것이다. 신!… 하지만, 나는 사탄일 뿐이야.

이처럼 『사탄의 일기』에는 인간들이 사용하는 언어의 제한성과 불충분성으로 인하여 아무리 우수한 언어(유대어 또는 프랑스어) 일지라도, 바벨탑 이전에 하나의 '언어'로 표현되던 하나의 온전한 '진리'는 결코 표현될 수 없으며, 이러한 제한적인 언어로 인하여 인간들이 바라보는 의식세계 또한 제한적일 수 밖에 없고, 따라서 좁은 의식세계 안에서 인간들이 철썩같이 믿고 있는 '진리'라는 것도 결국은 절대적인 것이 아니라 상대적인 것이며, 그것은 '진리'가 아니라 '비진실성'의 논리에 불과하다는 것이 강조된다.

이처럼 『사탄의 일기』에서 전개되는 상대적 '진리'에 대한 이야기는 『거장과 마르가리따』에서도 유사하게 전개된다. 즉, 『거장과 마르가리따』에서 빌라도 앞에 서신 예수의 심문과정에 대한 성경이야기가 차용되고 있는데, 빌라도가 예수에게 던진 "진리는 무엇인가?(Что есть истина?)"[64]라는 질문과 아주 유사하게, 빌라도는 예수아 하노츠리에게 "진리란 어떠한 것인가?(Что такое истина?)"라고 묻는 것이다. (5: p.26). 즉, 인간들이 묻고 또한 믿고 있는 진리는 절대적인 그 무엇으로

64) 요한복음: 18장 38절.

표현되는 하나의 진리가 아니라, 상대적인 여러 개의 어떠한 것 중의 하나임을 나타낸다. 성경과 달리 불가코프의 철학 체계에 있어서 진리는 절대적인 도덕적 명령과 관계있는 것이 아니라, '존재하는 것 그 자체'로서 이해되어 진다.[65] 그러므로 빌라도의 질문에 예수아 하노츠리는 '진리'란 지금 현재 편두통이 존재하는 것이라고 답한다.

> Истина прежде всего в том, что у тебя болит голова, и болит так сильно, что ты малодушно помышляешь о смерти. Ты не только не в силах говорить со мной, но тебе трудно даже глядеть на меня. (5: p.26)
>
> 진리란 무엇보다도 먼저, 지금 당신의 머리가 아프다는 것과 두통이 너무나 심해서 무기력하게도 당신은 지금 죽음에 대하여 생각하고 있다는 것에 있습니다. 당신은 나와 함께 이야기할 힘도 없을 뿐만 아니라, 당신은 나를 쳐다 보는 것 조차도 어렵습니다.

이처럼, 안드레예프와 불가코프의 작품에는 '진리'에 대한 이야기 전개 과정에서 '바벨탑 이야기'(『사탄의 일기』)와 '빌라도 이야기'(『거장과 마르가리따』) 같은 '성경 이야기'가 차용되고 있음을 알 수 있으며, 또한 『거장과 마르가리따』의 예루살렘 이야기는 성경의 4복음서처럼 4개의 장[66]으로 구성되어 있음을 발견할 수 있다. 우리가 잘 알고 있듯이, 성경의 4복음서는 서로 상충되거나 모순되는 점이 전혀 없이, 하나의 존재하였던 사건에 대한 하나의 텍스트처럼 기술되어져 있다. 즉, 4가지

---

65) Яблоков Е. А., "Комментарии" *Собрание сочинений М. А. Булгаков в 8 томах, Том.* 7, Москва, 2007, с.596.

66) 『거장과 마르가리따』의 예루살렘 편은 총4개의 장으로 구성되어, 제2장: 낯선 외국인 교수의 빌라도 이야기, 제16장: 사형집행(이반의 꿈), 제25장: 총독은 유다를 어떻게 구출하려고 했는가, 제26장: 매장(거장의 소설)로 되어 있다.

의 텍스트이지만 의미상 서로 모순되지 않고, 서로 똑같은 신빙성을 지니면서 4개가 사실상 하나처럼 일치되게 기술되어져 있는 것이다.

하지만, 『거장과 마르가리따』에 나오는 4개의 장(章)은 모두 성경에 기술된 한 가지 사건에 대하여 묘사되고 있으나, 각기 성경과 다르게 묘사되는 이설(異說)로서 성경의 내용과 상충되며 모순되고 있다. 즉, 작가 불가코프는 성경 4복음의 구성을 풍자하여, 성경에서처럼 4개의 장으로 구성하여 예수 처형 사건을 묘사하지만, 4개의 장은 각기 성경과 다른 내용의 텍스트들로서 일치를 이루지 않고 서로 모순되게 묘사하는 것이다. 처음에 편집장 베를리오즈가 이반에게 요구한 것은, 예수 탄생의 불합리한 소문을 묘사하고 예수의 존재 자체를 부정하는 반종교적인 서사시였다. 하지만 이반은 예수의 존재를 인정하는 서사시를 쓴다.

> Иисус у него получился, ну, совершенно живой, некогда существовавший Иисус, только, правда, снабженный всеми от рицательными чертами Иисус. (5: p.9)
>
> 그에게 있어 예수는, 비록 모든 부정적 특성들을 소유했던 예수이기는 할지라도, 한 때 정말 존재했던 예수로서, 시 속에 완전히 살아서 나타나 있었다.

이런 이반의 서사시에 대한 베를리오즈의 강의는 서사시의 결점을 설명하려 애쓰면서 예수 자체가 존재하지 않았었다는 것을 강조하는 것이다(5: pp.9-11). 그러므로 예수의 존재를 하나같이 일치되게 긍정하고 예수 그리스도를 하나의 '진리'로서 여기는 성경의 4복음서와 달리, 『거장과 마르가리따』에 나오는 '예루살렘 이야기'의 4가지 텍스트에서는 철저하게 예수의 존재 자체를 부정하고, 예수 그리스도가 사실상 아예 존재하지 않았었다는 것을 역설한다. 즉, 예수 신화 속에 예수 그리스도는 사실상 존재하지 않았으며, 대신 '예수아 하노츠리'라는 인간이 존재했었다는 것을 사실적으로 기술하는 것이다.

그러므로 성경 4복음서를 패러디한 4가지 텍스트의 예루살렘 이야기는 하나의 일치된 '언어'로 이야기되는 하나의 '진리'와는 거리가 멀며, 여러 가지의 이설(異說)로서 정확하지도 않고 서로 다르게 묘사된다. 즉, '빌라도 이야기'에서 빌라도와 예수아 사이의 심문과정을 기술하던 서기는 이따금 감짝감짝 놀라는가 하면 잠시 쉬었다가 다시 기술하고 기록도 정확하지 않은 것으로 묘사되고 있다(5: pp.25-32). 또한, 예수아는 마태오가 자신의 말과 다르게 기록하였다고 이야기한다.

> Но я однажды заглянул в этот пергамент и ужаснулся. Решительно ничего из того, что там записано, я не говорил. 〈…〉 Кто такой? -- брезгливо спросил Пилат и тронул висок рукой. -- Левий Матвей, -- охотно объяснил арестант. (5: pp.24-25)
>
> 그러나 제가 언젠가 한번 그 양피지를 읽었는데 저는 놀라지 않을 수 없었습니다. 결단코 저는 그 양피지에 적힌 것 가운데 아무것도 얘기한 적이 없습니다. 〈…〉 "그가 누구냐" 빌라도는 긴장된 목소리로 관자놀이에 손을 짚으면서 물었다. "레위 사람, 마태오입니다." 죄수가 기꺼이 말하였다.

이처럼 성경에 대한 다른 이설(異說)로 서로 일치되지도 않으면서 정확하지도 않은 것으로 묘사되는 4가지 텍스트의 예루살렘 이야기는 성경의 4복음서와 같은 일치감과 신빙성을 주지 못한다. 이들 4가지 텍스트들은 모두 성경 복음서의 내용과 연관된 내용으로 유사하게 개작되어져 있으며, 성경 보다 오히려 더 구체적이며 사실적으로 기술되어져 있다. 거장의 소설에서 사건들은 마치 의정서나 혹은 기록조서처럼 정확하게 기술되어지며, 이야기에 대한 신빙성은 목격자 볼란드에 의해서 다시 확인된다.

Дело в том… -- тут профессор пугливо оглянулся и заговорил шепотом, -- что я лично присутствовал при всем этом. И на балконе был у Понтия Пилата, и в саду, когда он с Каифой разговаривал, и на помосте, но только тайно, инкогнито, так сказать, так что прошу вас -- никому ни слова и полнейший секрет!.. Тсс! (5: p.44)

"사실은…" 교수는 주위를 주의 깊게 둘러보았다. 그리고 속삭이듯 목소리를 낮추었다. "제가 그곳에 있었습니다. 본디오 빌라도와 함께 발코니에, 그가 가야파에게 얘기했던 정원에, 그리고 단상에, 그러나 비밀스럽게, 말하자면 아무도 모르게 갔었습니다. 그러니까 아무에게도 말하시면 안 됩니다. 철저한 비밀로 지켜주십시오…쉬이!"

성경 복음적인 제재를 이용함에 있어 작가 불가코프는 거장의 소설을 성경과 관련하여 논쟁적으로 만들고 있으며, 따라서 거장의 소설에서는 주관적 이설(異說)로서의 하나의 새로운 복음의 출현이 예견되어진다.[67] 사탄(빌라도)이 전하는 새로운 복음은 기존의 성경복음이 잘못 기술되어져 있으며 따라서 신빙성이 없음을 의도적으로 내 비친다. 앞서 살펴보았듯이, 성경에 나오는 똑같은 이름의 마태오는 예수아가 하지도 않은 말을 한 것처럼 양피지에 기록해 놓았다.

하지만, 이처럼 『거장과 마르가리따』의 4개의 장은 마치 기록의정서와 같이 아주 사실적인 '언어'로서 구체적으로 기술되면서, 기존의 성경 4복음이 잘못 기록되었으며 올바른 '진리'가 아님을 역설하고 있으나, 오늘날 성경 4복음서만큼 잘 알려지지도 않았으며 또한 성경복음서와 같이 도덕적인 영향도 주지 못한다. 즉, 예수가 존재하였다는 것을 하나의 진리로서 일치되게 기술하는 성경 4복음서를 패러디하여,

---

67) Яблоков Е. А., 『Художественный мир Михаила Булгакова』, Москва, 2001, сс. 107-108.

예수가 사실상 존재하지 않았다는 것을 사실적인 언어로 묘사하면서, 예수 존재가 하나의 진리가 아님을 역설하지만, 예수 존재를 부정할 만한 또 다른 진리의 세계를 표현하기에는 역부족인 것이다. 이는 『사탄의 일기』의 사탄이 인간의 '언어'는 제한적이며 불충분하여 아무리 여러 가지 언어로 표현하여도 '진리'의 세계에 도달할 수 없다고 이야기하는 것과 유사하다. 즉, 『사탄의 일기』에서 인간으로 변한 사탄이 인간의 제한된 언어와 협소한 의식세계로 표현할 수도 이해할 수도 없는 바벨탑 이전의 진리의 존재에 대하여 전하며, 인간들이 믿고 있는 진리는 절대적 진리가 아니라, 여러 가지 언어로 표현된 상대적인 또 하나의 논리에 불과하다고 이야기하듯이, 『거장과 마르가리따』에서도 인간 세상을 잠시 방문한 사탄이 성경 4복음에 일치되게 기술된 예수 존재가 하나의 절대적 진리가 아님을 전하며, 예수 존재 자체를 부정하고 하나의 죄수 인간 예수아를 나타내는 4가지 텍스트, 즉 성경 4복음을 패러디한 새로운 4복음을 보다 사실적인 '언어'로 역설해 보지만, 영원한 '진리'의 세계에는 도달할 수 없는 것이다.

이상에서 살펴보듯이, 안드레예프의 『사탄의 일기』와 불가코프의 『거장과 마르가리따』에 등장하는 사탄들은 공통적으로 영원한 '진리'의 존재에 대하여 이야기하면서, 인간들이 믿고 있는 진리는 절대적인 하나의 진리가 아니라, 여러 가지의 상대적인 논리들 가운데 하나일 뿐임을 나타내고 있으며, 『사탄의 일기』의 사탄은 인간들이 서로 이해하지도 알아듣지도 못하는 여러 가지 언어들의 제한성과 불충분성으로 인하여 바벨탑 이전의 하나의 '진리'에 대하여 올바로 표현하지 못하고 있음을 전하는 반면에, 『거장과 마르가리따』의 사탄은 예수 존재의 절대적인 하나의 진리를 부정하며 또 하나의 다른 상대적인 새로운 복음을 창조하여 전하지만, 그것 또한 제한적인 '언어'일 뿐이며 영원한 '진리'의 세계에 도달할 수는 없는 것으로 묘사된다.

III-3. '진리' 추구와 '언어' 및 '이성' 상실

『사탄의 일기』에 등장하는 사탄은 언어의 불충분성과 나약한 이성에 대하여 심사숙고하면서, 진리와 평화를 추구하려는 열정은 결국 인간을 이성 상실의 상태로 몰고갈 수 밖에 없음을 이야기한다.

> эти несчастные мыслители, если они честны и не мошенничают при постройке, как обыкновенные инженеры, не напрасно попадают в сумасшедший дом. Я всего несколько дней на земле, а уж не раз предо Мною мелькали его желтые стены и приветливо раскрытая дверь. (p.117)
>
> 만일 사색가들이 평범한 기사들처럼 건축현장에서 정직하며 사기를 치지 않는다면, 그런 불행한 사색가들은 이유없이 정신병원에 떨어지지는 않을 것이다. 나는 온 며칠 동안을 이 지구상에 있었는데, 이미 여러번 내 앞에는 정신병동의 문이 반갑게 활짝 열리면서 병원의 노란색 담장들이 아른아른 거렸다.

또한, 정신병자의 언어 속에는 표현하기 어려운 것을 표현하려는 초인적(超人的) 수고와 노력이 나타난다고 말한다.

> …сходи в ближайший сумасшедший дом и послушай тех: они все познали что-то и хотели выразить его… и ты слышишь, как шипят и вертят в воздухе колесами эти свалившиеся паровозы, ты замечаешь, с каким трудом они удерживают на месте разбегающиеся черты своих изумленных и по раженных лиц? (p.118)
>
> 가까운 정신병원에 다녀와 봐, 그리고 들어 봐, 그들은 뭔가를 모두 알고 있었고 그것을 표현하려고 애썼어… 충돌한 기선들이 어떻게 쉬쉬 소리를 내며 공중에서

바퀴를 돌리는지 네 귀에는 들리니? 그들이 얼마나 많은 노력으로 한 장소에서 자신의 놀란 얼굴과 충격받은 얼굴의 산만한 특성들을 보존하고 있는지 너는 알아차리겠니?

이와 같이, 『사탄의 일기』의 사탄은 인간이 진리를 추구하는 복잡한 번뇌의 과정에서 잠시라도 평화로움을 찾는 순간은 이성을 상실한 의식의 상태임을 이야기한다. 즉, 모든 인식론적 전제들을 던져버리고 세상의 이미 익숙해진 형상의 범위를 뛰어넘어 뭔가의 진리를 찾으려 하는 인간들의 모습을 그리면서, 정신병, 알코올 중독 또는 마약과 같은 인간들의 여러 가지 변화된 의식상태들이 묘사되는 것이다. 『거장과 마르가리따』에서도 이러한 변화된 의식상태로서의 심리적 불안과 발병에 관한 모티브가 작품 전반에 걸쳐 폭넓게 깔려져 있으며, 그 가운데 '정신분열증(шизофрения)'이란 용어가 등장한다. 합리적 또는 이성적 사고의 메타포로서의 두뇌 또는 이성이 거의 없거나 희박한 상태를 나타내며, 광기, 이성상실, 정신착란 등과 유사한 개념으로서 보다 실증적 성격을 띤다고 볼 수 있다. 실제로 이러한 합리적 사고의 중추인 두뇌가 사라지는 것을 상징하기 위하여, 작품 속에서 베를리오즈의 머리가 기차 레일에 깔려 잘리어지거나, 사회자 벤갈리스키의 머리가 고양이에 의하여 떨어져 나가는 등의 사건들이 묘사된다. 이와 같이 갑자기 머리가 사라진 상태에서 기존의 익숙해져 있던 자신의 길도 제대로 찾지 못하고 이리저리 방황하는 것처럼, 어느날 뜻밖의 사건으로 갑자기 이성을 상실한 채 정신이 사분오열 되어 방황하는 인간들의 모습이 실증적으로 그려지고 있다. 그리고 이러한 '두뇌(頭腦)' 상실의 모티브와 관련하여 처음 나타나는 현상도 '두통(頭痛)'에 대한 것이다.

О боги, боги, за что вы наказываете меня?.. Да, нет сомнений 〈…〉 непобедимая, ужасная болезнь… гемикрания, при которой болит полголовы… от неё нет средств, нет никакого спасения… попробую не двигать головой… (5: p.20).

오! 신이시여, 신이시여, 무엇 때문에 저를 벌하시나이까?.. 그렇습니다, 이건 의심할여지 없이, 극복하기 어려운 무시무시한 병입니다…두개골의 반쪽이 부서지는 듯 아픈 편두통의 증세가 나타나면…약도 없고 어떤 구원의 길도 없습니다…단지 머리를 움직이지 않으려 할 뿐입니다….

이처럼 빌라도가 심하게 앓고 있는 편두통은 그가 '존재'와 '비존재'의 경계에서 '존재'와 불일치를 이루고 있다는 표시이며, 이 때는 약도 구원도 없이 주변의 어떤 것도 제대로 판단할 수 없는 것으로 묘사된다. 앞서 살펴보았듯이, "진리는 어떠한 것인가?"라는 빌라도의 질문에 예수아는 진리는 지금 빌라도 당신에게 두통이 '존재'하고 있다는 것이며, 따라서 세상의 어떠한 것도 일치되게 회상해 낼 수조차 없다는데 존재한다고 대답한다(5: p.26). **편두통의 존재**에 대한 예수아의 이러한 대답과 이어지는 대화 속에서 우리는 빌라도에 대한 예수아의 상담이 단순히 육체적 고통과 질병에 대한 치료뿐만 아니라, 철학적 망상과 혼돈에 대한 정신병적 치료까지도 의미하고 있음을 알 수 있으며, 이성상실에 대한 **정신적 치료자로서의 '구원자-의사'**의 형상을 발견할 수 있다.[68] 그러므로『거장과 마르가리따』에 나타나는 두통의 존재, 머리의 사라짐, 두뇌와 이성의 상실 등으로 이어지는 일련의 모티브들은 다분히 철학적 의미를 내포하고 있으며, 단순한 육체적 질병으로서의 머리 두통이 아님은 분명해 보인다. 그리고 이러한 철학적

68) 불가코프 작품에 나타나는 '의사'의 형상에는 크게 3가지 부류로서, '중립적-의사'의 형상, '이중적-의사'의 형상, '구원자-의사'의 형상이 있다. // 정연호, "불가코프 작품에 나타난 '의사'의 형상", 〈노어노문학〉 제21권 4호(2009년), pp.591-614. 참조.

의미를 내포하는 철학적, 정신적 질병으로서의 편두통에 대한 이야기는『사탄의 일기』에도 등장한다. 즉, 주인공의 분신이며 유혹자인 '포마 마그누스'(Фома Магнус)가 자주 두통에 시달리는 것이다.

> Но он очень устал, его глаза кажутся теперь больше и темнее на бледном лице, и, кроме того,-- как я только теперь узнал от Марии -- его мучат частые головные боли. (p.191)
>
> 그러나 그는 아주 지쳐 있었다, 그의 눈은 이제 창백한 얼굴에서 점점 더 크고 어두워 보였다. 그리고 그 외에도, 겨우 이제서야 마리아로부터 안 사실인데, 빈번한 두통이 그를 괴롭히고 있었다.

그런데 이처럼 두통에 시달리고 머리가 없는 것과 같이 이성을 상실한 채 광기(狂氣)에 가까운 상태가 되는 것은, 자신의 기존 세계관으로부터 새로운 세계관으로 가까이 다가가는 과정을 나타낸다. 즉, 기존에 자신을 지탱해 주던 철학적 '방향지시기'를 상실한 의식상태에서, 뭔가의 새로운 세계관 즉 새로운 '진리'를 향하여 돌진해 나아가는 과정을 나타내는 것이다.『사탄의 일기』에서 평범한 사람들이 알아들을 수 없는 소리를 듣고, 평범한 사람들이 표현할 수 없는 것을 표현하려 애쓰는 정신병동에 대한 이야기처럼,『거장과 마르가리따』에 등장하는 스트라빈스키 교수의 정신병동에도, 갑자기 이성을 상실한 채 나약한 세계관에 흔들려 언어를 상실하고 벙어리가 되거나, 혹은 남이 알아듣지 못할 언어들을 표출해 내는 정신병 환자들이 속출한다. 그리고 이들 정신병 환자들이 알아듣지 못할 언어로 애써 표현하려 하였던 사건의 전모를 과학적으로 규명하려 하였지만, 사건의 실체는 '진실'없이 애매모호하게 끝을 맺는다.

Представители следствия и опытные психиатры установили, что члены преступной шайки или, может быть, один из них являлись невиданной силы гипнотизерами, могущими показывать себя не в том месте, где они на самом деле находились, а на позициях мнимых, смещеных. Помимо этого, они свободно внушали столкнувшимся с ними, что некие вещи или люди находятся там, где на самом деле их не было, и наоборот, удаляли из поля зрения те вещи или людей, которые действительно в этом поле зрения имелись. (5:pp.375-6)

수사당국의 대표자와 경험이 많은 정신과 의사는 범죄 일당의 멤버들, 혹은 그 가운데의 한 사람이 실제로 있는 장소와는 다른 가상의 장소에 자기가 있는 것처럼 보이는 전대미문의 능력을 가진 만만찮은 최면술사들이라고 단정했다. 그 밖에도 그들은 만난 사람들에게 무엇인가의 물건 혹은 사람이 실재하지 않는 곳에 마치 존재하고 있는 것처럼 착각을 일으키게 하거나, 또 그 반대로 실제로 보이고 있는 물건이나 사람을 시야에서 몰아내거나 하는 짓을 자유자재로 할 수 있다는 것이다.

그런데 이처럼 모스크바에서 어느날 갑자기 발생하였던 실제의 사건들을 과학적으로 규명하고, 사건을 몸소 겪은 정신병 환자들을 의학적으로 치료하여 원래의 상태로 되돌려 놓지만, 이들 기억 속에 남아 있는 의혹들과 '진리'에 가까이 근접하였었던 의식까지도 완전히 제자리로 돌려 놓지는 못한다. 즉, 에필로그에서 모스크바 사건의 기억들로 괴로워하는 스트라빈스키 정신병동의 예전 환자들의 모습이 묘사되는 것이다. 니까노르 이바노비치 보소이(Никанор Иванович Босой)는 인기배우가 죽었다는 소식을 듣고 사도바야 거리를 비추는 만월(滿月)을 상대로 혼자서 곤드레만드레가 되도록 술을 마시며(5: p.379), 마르가리따의 예전 이웃이였던 니콜라이 이바노비치(Николай Иванович) 역시 봄날 만월(滿月)이 뜨는 밤이면, 돼지를 닮은 얼굴에 코안경을 쓰고는 홀로 벤치에 앉아 뭔지 모를 자신만의 '언어'를 계속하여 지껄여

댄다.

> Эх я, дурак! Зачем, зачем я не улетел с нею? Чего я испугался, старый осел! Бумажку выправил! Эх, терпи теперь, старый кретин! (5: p.382)
>
> 아, 나는 얼마나 어리석은 놈인가! 왜 나는 그녀와 함께 날아서 떠나지 않았던가! 나는 무엇에 놀랐던가, 늙은 당나귀 같으니라구! 그 따위 서류조각이나 고치다니! 에, 지금은 늦었다, 이 늙어빠진 맹추야!

이반 니콜라예비치(Иван Николаевич) 또한 매년 봄철 명절과 겹치는 만월(滿月)이 다가오면 빠뜨리아르흐 연못가 보리수 밑의 벤치에 앉아, 머리 위로 천천히 떠올라 높은 하늘 한 곳에 멎고 있는 듯한 달을 쳐다보며 예전의 사건들을 회상한다. 빌라도에 대한 소설을 씀으로 해서 고통을 받기 시작한 거장의 운명과 유사하게, 이반의 운명 역시 예수 그리스도에 대한 서사시를 씀으로써 고통을 받기 시작했다. 즉 그가 쓴, 예수의 존재를 긍정하는 듯이 비춰지는 서사시로 인하여 베를리오즈의 강의가 시작되었고, 강의 도중 갑자기 볼란드가 나타남으로써 모든 사건들이 시작된 것이다. 그 후 베를리오즈의 머리가 잘려져 나가고, 이를 증명하고 예언하기 위한 노력, 그리고 레스토랑에서의 광폭한 행위와 정신분열 등의 사건들은 모두 이반이 '언어'와 '이성'을 상실해 가는 하나의 단계들이며, 아울러 '진리'를 향하여 접근해 가는 하나의 과정으로 볼 수 있다. 이반에게 있어 '진리'는 그가 정신이 분열되어 꾸게 되는 꿈 속에서 펼쳐진다. 예수 처형에 관한 이 꿈은 볼란드가 한 이야기의 연속이며, 사실상 이반은 사형집행에 대하여 아무것도 들은 바가 없다. 즉, 이반은 현실에서 이해하기 어려운 '예수처형'의 '진실'을 정신이 분열된 꿈 속에서 가까이 다가간 것이다. 그러므로 이반은 모스크바 사건을 겪은 후 돌아온 현실에서 역사-철학 교수가 되나, 해마다 봄이 오고 만월(滿月)이 되어 정신이 분열되면 꿈 속에서 다시 '진리'의 세계를 만난다.

> Иван Николаевич беспокоен, нервничает, теряет аппетит и сон, дожидается, пока созреет луна. И когда наступает полно луние, ничто не удержит Ивана Николаевича дома. 〈…〉 После укола все меняется перед спящим. От постели к окну протягивается широкая лунная дорога. (5: pp.381-383)
>
> 이반 니콜라예비치는 안정을 잃고 신경질적으로 되며 식욕을 잃은데다 밤에 잠도 자지 못하게 되어 만월이 되기만을 기다린다. 그리하여 마침내 만월이 되면 그 어떤 것도 이반 니콜라예비치를 집에 잡아두지 못하게 된다. 〈…〉 주사를 맞은 뒤 잠을 자고 있는 사람 앞에 나타나는 것은 모두 일변한다. 침대에서 창문으로 널따란 달빛의 길이 난다.

이처럼 이반은 매년 봄철 만월 때가 되면 몇 년 전에 겪었던 모스크바 사건들을 회상하고는 다시 예전의 의식상태로 빠져들며 이곳저곳을 방황하다가 거의 완전히 환자가 되어 집으로 돌아온다(5: p.382). 그리고 이런 이성상실의 의식상태에서 꾸는 꿈속에서 다시 거장과 마르가리따를 만나고, 언젠가 볼란드가 이야기한 모든 것들을 회상해 내는 것이다(5: pp.383-384). 이반의 이와 같은 역사-철학 교수가 아닌 베즈돔느이(Бездомный)[69]로서의 형상은 '진리'의 길을 향하여 끊임없이 다가가는 인간의 모습을 상징한다고 볼 수 있다. 즉, 현실에서 회상하지

---

69) 베즈돔느이(Бездомный)는 '집이 없는 사람'을 뜻하지만, 불가코프 문학에서 'Дом'은 '어머니의 품'과도 같은 영혼의 안식처이며, 그리스도적 구원의 손길이 미치는 유일한 공간 등을 상징한다. 그러므로, '베즈돔느이'는 단순히 집이 없는 사람이 아니라, 영혼이 없는 사람으로 볼 수 있다. // 정연호, "불가코프 초기 작품에 나타난 '도시'의 형상", 노어노문학 제13권 1호(2001), pp.185-209. 참조.

못하던 것을 꿈속에서 회상해 내며, 평범한 의식상태에서 접근할 수 없었던 '진리'의 세계를 이성상실의 의식상태에서 가까이 접근해 가는 것이다. 그리고 가까이 접근해 가지만 '진리'는 영원히 이해되지 않는다. 이는 안드레예프의 『사탄의 일기』에서 사탄이 인간이 되고나서 '진리'를 상실하였다고 이야기 하는 것과 유사하다. 즉, '진리'는 인간의 속세적인 시간과 공간의 범위 안에서는 영원히 이해될 수 없는 것이다. 그러므로 『거장과 마르가리따』에서 '진리'의 현장에 있었던 증인으로서 볼란드가 나타나 인간들에게 '진리'의 존재를 이야기하나, 인간들의 '진리'를 향한 길은 영원히 끝나지 않으며 영원한 '달빛 길'로 이어진다.

이상에서 살펴보았듯이, 안드레예프의 『사탄의 일기』와 불가코프의 『거장과 마르가리따』에서 사탄들(원더굳, 볼란드)이 전하는 '진리'는 인간의 '언어'로 표현될 수 없을 뿐만 아니라, 인간의 속세적 시간-공간의 범위 안에서 '진리'는 상실되므로 인간에 의해 이해될 수도 없는 것으로 묘사되고 있음을 알 수 있다. 즉, '진리'는 인간의 영역 밖에 있으므로 인간의 '언어'로 표현될 수도, 인간의 '이성'으로 이해될 수도 없는 것이며, 따라서 '진리'를 알기 위하여 가까이 근접해 가는 길은 '언어'를 상실하고 '이성'을 상실해 가는 과정인 것이다. 그러므로 인간들의 끊임없는 '진리' 추구의 과정에서 나타나는 '언어'와 '이성'을 상실한 정신분열증의 의식 상태가 '진리'에 가장 근접한 상태이며, 이러한 '진리' 추구의 길은 영원히 끝나지 않는 꿈 속의 '달빛 길'과도 같다.

III-4. 맺는 글

불가코프와 안드레예프는 모두 세기말 혼란과 혁명의 소용돌이를 몸소 겪으며 불운한 삶을 살다 간 작가들이다. 즉, 살육과 방화, 약탈과 보복 등이 난무하는 혼란과 혼돈의 세계에서 무엇이 과연 옳으며, 이 세상에 정말 '신'은 있고 '진리'는 존재하는 것인가? 등에 대하여 심도있게 고민하였을 것이다. 그러므로 이들 두 작가가 마지막 투혼을 불태우며 심혈을 기울였던 최후의 대작들에는 '진리'에 대한 공통적인 시각과 함께, '진리' 탐구의 길은 영원히 끝나지 않는다는 것을 내보이며, 작품 자체도 미완성으로 끝나고 있다.

앞서 살펴보았듯이, 이들 두 작가가 자신들의 최후의 대작(『사탄의 일기』와 『거장과 마르가리따』)에서 바라본 '진리'는 모두 인간의 시간적-공간적 영역 밖에 있는 것이였으며, 따라서, 인간의 제한된 '언어'로는 표현할 수도 없을 뿐만 아니라, 인간의 협소한 '이성'으로는 이해될 수도 없는 것이다. 그러므로 인간이 인간의 영역 밖에 있는 '진리'를 향하여 다가가면 다가갈수록, 인간은 자신의 '언어'와 '이성'을 상실하게 되며, 이러한 '언어'와 '이성'을 상실한 정신분열의 상태가 '진리'에 가장 근접한 의식상태가 된다. 그리고 이러한 진리 추구의 과정은 영원히 끝나지 않는 미완성의 길임을 나타낸다.

PART 02

불가코프와 웰스

"불가코프와 웰스"의 테마는 러시아 문학연구에서 널리 알려진 테마 가운데 하나이다. 웰스(1866-1946)는 불가코프(1891-1940) 보다 20여년 이상 연배의 선배 작가로서 불가코프가 문학활동을 시작하던 1920년대에는 이미 세계적으로 널리 알려진 영국의 유명한 공상과학 작가였다. 그는 '러시아'에도 관심이 많아 여러번 러시아를 왕래하며 '고리끼'와 같은 당대의 작가들과도 친분을 쌓았다. 하지만 진작 불가코프는 한번도 웰스를 직접 만난 적이 없었다. 그럼에도 불구하고 "불가코프와 웰스"에 관련하여 많은 이야기들이 오가는 것은 불가코프 문학 속에서 '웰스'의 영향이 감지되기 때문일 것이다. 즉 웰스의 〈타임 머쉰〉, 〈우주 전쟁〉, 〈투명 인간〉, 〈신들의 양식〉, 〈모로 박사의 섬〉 등과 같은 공상과학적 소설들이, 불가코프의 작품들 즉 〈비운의 달걀〉, 〈개의 심장〉, 〈이반 바실리예비치〉 등등의 작품들에 영향을 주었다는 것이다. 그동안 "불가코프와 웰스"의 테마와 관련하여 발표된 수많은 논문들 가운데, "불가코프와 웰스"를 직접 거명한 논문으로서 바셋트(Bassett)의 "H. G. Wells and Mikhail Bulgakov: a study of influence and intertextuality"와 라이델(Rydel)의 "M. Bulgakov and H. G. Wells"를 들을 수 있다. 이 외에도 많은 논문들에서 불가코프 작품에 나타난 웰스의 영향을 추적하거나 문학의 어느 한 관점에서 두 작가의 유사성을 비교하였다. 하지만 이러한 유사성의 고찰에 있어서 구체적으로 불가코프의 어느 작품이 웰스의 어느 작품과 유사하며, 또한 보다 세부적으로 작품 속의 어느 부분이 어느 부분과 어떻게 유사하고 그 차이점은 무엇인지 등에 대한 구체적인 추적은 이루어지지 않았다. 그러므로, (논문 **IV**): "불가코프의 『개의 심장』과 H. G. 웰스의 『모로 박사의 섬』의 유사성 고찰"에서는 두 작품 사이의 세부적인 유사성과 차이점을 구체적으로 분석할 것이며, (논문 **V**): "불가코프의 작품과 **H. G.** 웰스 작품 사이의 유사성"에서는 웰스의 『신들의 양식』이 불가코프의 『비운의 달걀』에 미친 영향을 구체적으로 고찰할 것이다.

IV. 불가코프의 『개의 심장』과 H. G. 웰스의 『모로 박사의 섬』의 유사성 고찰

불가코프의 작품이 웰스의 작품에서 영향을 받았음은 기존의 많은 문학연구들에 의하여 밝혀졌다. 하지만 작품 속으로 들어가서 불가코프의 어느 작품의 어느 부분이 웰스의 어느 작품에서 영향을 받았으며 어떠한 점이 서로 유사하고 또 그 차이점은 무엇인지에 대하여는 구체적으로 밝혀지지 않았다. 그러므로 본 논문에서는 불가코프의 작품들 중에 공상과학적 요소가 강한 1920년대 작품들 가운데서 『개의 심장』을 택일하여, 이에 가장 영향을 많이 미친 웰스의 『모로 박사의 섬』과의 유사성을 고찰하였다. 불가코프의 『개의 심장』이나 웰스의 『모로 박사의 섬』은 모두 **공상과학적 소설**로서 한 과학자의 생물학적 실험이 빚어내는 엄청난 재앙과 그 위험성에 대한 이야기이다. 그러므로 우리는 두 작품 속에서 주인공의 형상, 실험, 사건, 모티프 등의 많은 유사점을 발견할 수 있다. 하지만 불가코프는 동물을 인간으로 만드는 선배 작가의 '실험'을 단순히 모방하는데 그치지 않고, 당시 소비에트적 러시아의 토양 속에서 **정치적 알레고리**로 **풍자화**하여 변형시키고 있음을 발견할 수 있다.

IV-1. 들어가는 글

영국의 소설가 허버트 조지 웰스(Herbert George Wells)의 작품이 러시아에 처음 소개된 것은 러시아혁명 전(前)인 1901년이었다. 당시에 러시아의 독자들은 공상과학에 관한 작가라고는 오로지 쥘 베른(Jules

Verne)만을 알고 있었다. 그러므로 웰스의 공상과학적 이야기는 **혁명 전의 불안한 정세** 속에서 선풍적 인기를 누리기 시작하였다. 웰스 자신도 러시아에 대하여 많은 관심을 가졌으며 특히 러시아의 정치제도와 과학, 문화 등에 많은 흥미를 나타내었다. 그는 러시아를 3번이나 방문하여 고리키(Горький) 등의 작가들과 친분을 쌓았으며 레닌과 스탈린도 만났다. 특히 웰스는 고리키와 두터운 친분관계를 유지하였으며,[70] **A.** 톨스토이(А. Толстой), 자먀찐(Е. Замятин)과도 특별한 관계에 있었다.[71] 이처럼 웰스가 러시아를 방문하고 러시아의 여러 작가들과 많은 교류를 하였지만 오히려 불가코프와는 실제로 만난 적은 없었다. 하지만 웰스의 방문에 대하여 불가코프가 이미 잘 알고 있었음은 그의 아내가 쓴 일기를 보면 쉽게 짐작할 수 있다.

> В Москву приезжал Герберт Уэллс. Был принят Сталиным, но в газетах беседа не публиковалась.[72] Был Уэллс и у Горького, а в

70) 1914년 웰스는 뻬쩨르부르그를 방문하여 약 2주 동안 체류하였으며, 1920년 방문 때에는 레닌을 만났다. 1934년 국제 펜클럽 의장으로서 소련을 다시 찾은 웰스는 스탈린을 만났다. 웰스가 고리키를 처음 만난 것은 1906년 미국에서였다. 그 후 둘은 매우 친밀한 관계를 유지하여 웰스가 러시아를 방문할 때는 고리키의 아파트에 머물렀으며 그의 주선으로 웰스는 레닌을 만난다. 이 때의 레닌에 대한 인상을 웰스는 《Russian in the Shadows》(1920) 속에 자세히 남긴다.

71) 웰스가 A. 톨스토이를 처음 만난 것은 1916년 톨스토이가 러시아 언론인 사절단의 일원으로 영국에 체류할 때이며, 그 후 웰스는 러시아 뻬쩨르부르그 근처의 짜르스코예 셀로(Царское Село)에 있는 A. 톨스토이의 집을 여러 번 방문하였다. 자먀찐은 1920년 당시 페트로그라드(Петроград)에 온 웰스를 만났으며, 그 후 웰스의 작품에 대하여 진지한 글을 쓴 러시아 최초의 작가가 된다. 1922년 자먀찐의 수상기 《Герберт Уэллс(허버트 웰스)》가 나왔다.

72) 웰스와 스탈린과의 대담은 1934년 7월 23일에 이루어졌으며, 이에 대한 속기록은 8월 1일자 신문 〈붉은 별(Красная звезда)〉에 게재되었다.

Ленинграде у А. Толстого. Но уехал как-то очень тихо.[73]

허버트 웰스가 모스크바에 왔었다. 스탈린과의 접견이 이루어졌으나 신문 지상에 대담 내용은 발표되지 않았다. 웰스는 고리키도 방문하고 레닌그라드의 A. 톨스토이도 방문하였다. 그러나 어찌된 일인지 그는 아주 조용히 떠나갔다.

또한 불가코프가 웰스에 대하여 자세히 알고 있었음은 불가코프와 자먀찐과의 돈독한 관계에서 다시 추정해 볼 수 있다. 즉 자먀찐이 웰스에 대한 수상기 〈허버트 웰스〉를 썼을 때, 불가코프가 이를 당연히 읽어 보았으리라는 것은, 그간의 불가코프와 자먀찐과의 친분 관계로 비추어볼 때 쉽게 짐작할 수 있다.[74] 이러한 전기적 사실들에 대한 추정을 차치하고라도 불가코프가 웰스에 대하여 잘 알고 있었음은 그의 작품 속에서 '웰스'라는 작가의 이름과 작품명이 직접 거명되고 있는 점에서도 확연히 드러난다. 즉 『비운의 달걀(Роковые яйца)』에서 페르시코프 교수가 새로운 광선을 발견하였을 때 그의 조수 이바노프는 페르시코프의 업적을 웰스의 『신의 양식(The Food of The Gods)』에 비교하며 흥분을 가라앉히지 못한다.

профессор Персиков, вы открыли луч жизни! Слабая краска показалась на бледных, небритых скулах Персикова. --Ну-ну-ну,--пробормотал он.-- Вы,--продолжал Иванов,-- вы приобретете такое имя... У меня кружится голова. Вы понимаете,--продолжал он страстно,-- Владимир Ипатьич, герои Уэльса по сравнению с вами просто вздор... А я-то думал, что это

73) Булгакова, *Дневник Елены Булгаковой*, Москва: Книжная палата, 1990, стр. 63.

74) 자먀틴은 1924년 불가코프의 중편 『악마의 서사시(Дьяволиада)』가 처음 나왔을 때 이를 평가해 주었으며, 그 후 불가코프와는 1920년대 뿐만 아니라 소련에서 망명한 이후에도 우호적인 편지를 주고 받았다.

сказки… Вы помните его 〈**Пищу богов**〉? --Ах, это роман,-- ответил Персиков. (Булгаков-2, p.56)[75]

"페르시코프 교수님! 교수님께서는 생명의 광선을 발견하셨습니다!" 페르시코프 교수의 면도도 안된 창백한 광대뼈 언저리에 엷은 홍색조가 내비쳐졌다. "뭐 뭘 그런걸" 하며 교수는 중얼거렸다. 하나 이바노프는 계속하여 말하였다. "교수님, 교수님께서는 이런 명성을 얻으실 겁니다. 지금 제 머리 속에서 뱅뱅 돌기만 하고 얼른 생각이 나지 않습니다만, 왜 아시지요? 그 이름" 그는 열정적으로 말을 이어 갔다. "블라지미르 이빠찌이치, 교수님과 비교하면 **웰스의 주인공**들은 그저 아무 것도 아닙니다… 아 방금 생각났습니다. 그게 무슨 이야기였는데… 아, 맞다. 〈**신들의 양식**〉 아시지요? 교수님" 이에 페르시코프 교수는 "아 그거 소설이잖아"하고 대답하였다.[76]

이처럼 불가코프는 웰스에 대하여 잘 알고 있었으며 그러므로 그의 환상적인 작품들이 웰스의 공상과학적 작품들과 매우 유사하다는 점에 대하여는 많은 문학연구가들의 연구대상이 되었고, 따라서 불가코프와 웰스를 비교하는 연구들이 진행되고 그에 따른 많은 논문들이 발표되었다. 먼저 웰스와 불가코프의 작품을 비교 분석한 논문으로 라이델(Chrystine Rydell)의 "M. Bulgakov and H. G. Wells"(1978)를 들을 수 있으며,[77] 그 후 프로퍼(Ellendea Proffer) 교수는 자신의 저서 『M. Bulgakov: Life and Work』(1980)에서 불가코프 작품에 나타난 웰스의 몇몇 작품들을 고찰하였다. 이외에도 불가코프와 웰스에 대한 유

---

75) Булгаков М. А., *Соб. соч. в 5 томах.* Москва: Художественная литература, 1989, т. 2, стр. 56. 이하, 이 책과 선집으로부터의 인용은 본문에(Булгаков-권 수: p. 페이지 수)로 약칭한다.

76) 불가코프, 『비운의 달걀』, 정연호 번역, (대구: 대구효성가톨릭대학교 출판부, 1999), p.34.

77) Rydell Ch., "M. Bulgakov and H. G. Wells", Russian literature triquarterly, 1978, No.15.

사한 연구로서 에드워즈(T. R. N. Edwards)의 『Three Russian writers and the irrational: Zamyatin, Pil'nyak and Bulgakov』(1982)[78]와 바셋트(A. M. Bassett)의 『H. G. Wells and Mikhail Bulgakov: a study of influence and intertextuality』(1996)[79]가 있으며, 야블로코프(E. A. Яблоков)는 불가코프 중편에 대한 해설에서 웰스 작품의 영향을 고찰하고,[80] 편람 『Михаил Булгаков и мировая культура』(2011)[81]에서 불가코프 작품에서의 '웰스적'인 모티브들을 추적하였다. 즉 이러한 연구들은 불가코프의 작품이 웰스의 작품과 유사하다는 관점에서 불가코프 작품에 나타난 웰스의 영향을 추적하거나 문학의 어느 한 관점에서 두 작가의 유사성을 주로 비교하였다. 하지만 이러한 유사성의 고찰에 있어서 구체적으로 불가코프의 어느 작품이 웰스의 어느 작품과 유사하며, 또한 보다 세부적으로 작품 속의 어느 부분이 어느 부분과 어떻게 유사하고 그 차이점은 무엇인지 등에 대한 구체적인 추적은 이루어지지 않았다. 그러므로 본 논문에서는 불가코프의 작품과 웰스의 작품을 보다 구체적으로 비교 분석함으로써, 두 작가의 작품에 나타난 유사성을 보다 세밀히 고찰해 보고자 한다. 그러나 이러한 연구방법은 두 작가의 작품이 워낙 방대하므로 그 연구범위가 광범위할 수 밖에 없겠지만, 모든 작품들을 일일이 서로 비교하고 대조하다 보면 자칫 본래 의도

78) Edwards T. R. N., Three Russian writers and the irrational: Zamyatin, Pil'nyak and Bulgakov, Cambridge: Cambridge University Press, 1982.

79) Bassett A. M., H. G. Wells and Mikhail Bulgakov: a study of influence and intertextuality, Anchorage: University of Alaska, 1996.

80) Яблоков Е. А., "Комментарии", *Булгаков М. А. Собрание сочинений: в 8 тт.* Москва: Астрель, 2008, т. 2.

81) Яблоков Е. А., *Михаил Булгаков и мировая культура: Справочник-тезаурус*, СПб.: Дмитрий Буланин, 2011.

한 구체적인 추적은 이루어지지 아니하고 피상적인 나열로 흐를 소지가 다분히 있다 하겠다. 그러므로 연구목적을 보다 구체적으로 달성하기 위하여 연구범위를 제한할 필요성을 느끼며, 이에 본 논문에서는 대상 작품을 1:1로 선정하여 비교함으로써, 두 작가의 작품에 나타난 유사성을 보다 세밀하게 분석하고자 한다. 불가코프 작품들 가운데 공상과학적 작품으로서 1920년대의 『비운의 달걀』과 『개의 심장(Собачье сердце)』이 있으며, 1930년대 작품으로서 『아담과 이브(Адам и Ева)』, 『천국(Блаженство)』 그리고 『거장과 마르가리타(Мастер и Маргарита)』 등이 있다. 불가코프의 『비운의 달걀』은 웰스의 『투명인간(The Invisible Man)』, 『신들의 양식』, 『모로 박사의 섬(The Island of Doctor Moreau)』 등의 여러 작품들에서 유사성을 찾아볼 수 있으나, 『개의 심장』은 오로지 『모로 박사의 섬』에서만 그 유사성을 찾아볼 수 있다. 그러므로 불가코프의 1920년대, 1930년대 작품들에서 공상과학적 요소가 보다 강하게 나타나는 1920년대 작품들로 연구범위를 제한하며, 그 가운데에서도 **1:1** 비교가 확연한 『개의 심장』과 『모로 박사의 섬』을 본 논문의 연구대상으로 선정하여, 두 작품에 나타난 영향 및 유사성과 그 차이점을 추적하고자 한다.

불가코프는 『개의 심장』을 1924년 겨울에서 1925년 초에 걸쳐 집필하였다. 앞서 집필한 『비운의 달걀』이 1924년 10월이니까 『비운의 달걀』이 끝나자마자 바로 뒤이어 집필에 착수한 셈이며, 이렇게 볼 때 『개의 심장』의 작품 구상은 이미 『비운의 달걀』의 집필 중에 이루어졌다고 볼 수 있다. 이런 연유로 『개의 심장』의 제재 또한 『비운의 달걀』과 매우 유사하며, 두 작품 모두 한 과학자의 생물학적 실험이 빚어내는 엄청난 재앙과 그 위험성에 대한 이야기이다. 『개의 심장』에서도

『비운의 달걀』에서처럼 웰스 작품들에서의 영향을 많이 찾아볼 수 있으나, 앞서 말했듯이 『비운의 달걀』이 웰스의 여러 작품들에서 영향을 받았다면, 『개의 심장』은 주로 웰스의 『모로 박사의 섬』에서 영향을 받았다고 볼 수 있다. 그런데 이러한 불가코프와 웰스의 작품들 이전에도 이와 유사한 **공상과학적인 작품**들이 있었다. 바셋트는 웰스와 불가코프의 선조적 작품들로서 셸리(Mary Shelly)의 『프랑켄슈타인(Frankenstein)』(1818)과 스티븐슨(Robert L. Stevenson)의 『지킬 박사와 하이드 씨의 이상한 사건(The Strange Case of Dr. Jekyll and Mr. Hide)』(1886)을 꼽는다.[82] 이렇게 본다면 불가코프 작품에 많은 영향을 미친 것으로 알려진 괴테의 『파우스트』 또한 선조적인 작품으로 볼 수 있다. 『개의 심장』에서 프레오브라젠스키(Преображенский) 교수는 직접 **파우스트**와 비교되고 있기 때문이다: "Он долго палил вторую сигару, 〈…〉, как седой Фауст, воскликнул наконец."(Булгаков-2: p.187).

이처럼 『개의 심장』이 『비운의 달걀』에 뒤이어 유사한 제재로 씌여졌지만, 풍자의 정도에 있어서는 『비운의 달걀』보다 훨씬 더 '**풍자적**'이고 '**정치적**'인 색깔을 띤다. 이는 저자 자신이 직접 진술한 작품에 대한 평가에서도 확연히 드러난다. 즉 1926년 5월 갑작스런 가택수색으로 불가코프는 『개의 심장』의 원고를 모두 게뻬우(ГПУ)한테 몰수당하고, 몇 달 후 다시 '게뻬우'에 소환되어 심문을 받게 되는데, 이 때 자신의 작품 『개의 심장』에 대하여 다음과 같이 진술하는 것이다.

> Считаю, что произведение вышло гораздо более злостным, чем я предполагал 〈…〉 Да, политические моменты есть, оппозиционные к существующему строю.[83]

---

82) Bassett, 같은 책, p.6.

83) Булгаков М. А., *Соб. соч. в 8 тт.* т. 2, Москва: Астрель, 2007, с.466.

작품이 내가 예상했던 것보다 훨씬 더 악의적으로 나왔다고 생각합니다. 〈…〉 그렇지요, 현재의 제도에 반대되는 정치적인 요소들도 있습니다.

이처럼 저자 불가코프는 자신의 중편소설 『개의 심장』을 하나의 '정치적 풍자'로서 접근하였음을 알 수 있다. 작품의 이러한 '풍자성'과 관련하여, 웰스는 『모로 박사의 섬』을 출간하면서 한때 소설의 부제(副題)를 "**Satire Grotesque**"로 붙이려 하였는데[84], 불가코프 또한 이와 아주 유사하게 『개의 심장』의 부제를 "Чудовищная история(그로테스크한 이야기)"라고 붙이고 있다. 이처럼 웰스도 불가코프도 모두 자신의 작품에서 그리는 괴상망측하며 그로테스크한 이야기가 단순히 황당무계한 공상과학적 이야기가 아니라 각기 대상은 달라도 '**풍자**'를 겨냥하고 있음을 시사하고 있다.

IV-2. 주인공의 형상

풍자를 나타내는 웰스의 『모로 박사의 섬』과 불가코프의 『개의 심장』에는 유사한 유형의 학자로서 모로(Моро) 박사와 프레오브라젠스키(Преображенский) 교수가 각각 **주인공**으로 등장한다. **모로 박사**는 사회에서 추방당한 학자인 반면에, **프레오브라젠스키 교수**는 환자들에게 마술사와 마법사로 통하는 유명한 의사이며, 모로 박사가 낙천주의자로서 자신에 의해 수술된 동물들이 절반 밖에 살아남지 않았음에도 실패에 대해 낙관하는 반면에, 프레오브라젠스키 교수는 염세주의자로서 자신의 수술로 개가 인간으로 변하는 획기적인 결과가 도출되었음에도 성공을 성공으로 보지 않고 실패를 미리 예감한다. 『모로

---

84) Bassett, 같은 책, p.10.

박사의 섬』에서 동물-인간들은 박사가 죽은 후 자신들 스스로 원래의 동물 상태로 변해가지만, 『개의 심장』에서는 프레오브라젠스키 교수의 환원 수술에 의해 개-인간 샤리코프(Шариков)가 다시 개-샤릭(Шарик)으로 변한다. 모로 박사는 자신의 창조물들에 의해 죽음을 맞이하지만, 프레오브라젠스키 교수는 자신의 창조물에 의해 죽임을 당하지 않고 자신의 생명을 위협하는 창조물을 통제하는데 성공한다. 이처럼 자신의 창조물을 통제함에 있어서 모로 박사는 실패하는 반면에 프레오브라젠스키 교수는 성공하는 것에 대하여, 라이델은 모로 박사는 인간을 창조의 최고 정점이라고 생각하였으나, 프레오브라젠스키 교수는 인간을 신의 바람직한 창조물이 아닌 것으로 판단하였기 때문이라고 말한다.[85]

이처럼 유사한 공상과학적 실험을 그리는 두 소설에서 주인공 학자들(과학자, 의사)은 서로 유사하게 보이면서도 그 내면을 살펴보면 서로 정반대의 모습임을 알 수 있다. 이들 주인공들은 '창조주'로서 자신의 실험에 의해 '창조물'을 창조하는데 창조물을 다루는 방법에 있어서도 서로 정반대의 모습을 나타낸다. 프레오브라젠스키는 어떤 경우에도 폭력적인 방법을 사용해서는 안된다는 것을 주장하는 '반(反)테러주의자'이다. 그는 자신의 조수 보르멘탈리(Борменталь)에게 살아있는 생물을 잘 다루는 유일한 방법은 '친절'뿐이며 '테러'로는 절대 아무것도 이룰 수 없음을 강조한다.

> Террором ничего поделать нельзя с животным, на какой бы ступени развития оно ни стояло. 〈…〉 не поможет, какой бы он ни был: белый, красный или даже коричневый! Террор совершенно парализует нервную систему. (Булгаков-2: p.129)

85) Rydell, 같은 곳, p.4.

그 동물이 어떤 발달 단계에 있는 동물이든지 간에, 테러로는 아무것도 할 수 없어. 〈…〉 테러는 도움이 안돼, 그가 흰색이건, 붉은색이건 아니면 심지어 갈색이든 간에![86] 테러는 신경계통을 완전히 마비시켜놓는다고. (『개의 심장』: p.34)[87]

하지만 『모로 박사의 섬』에서 인간들은 항상 채찍을 가지고 다니면서 동물들에게 고통을 가하고, 모로 박사 자신도 이러한 '테러'의 힘을 절대적으로 믿는다.

한편, 모로 박사와 프레오브라젠스키 교수는 신(神)에 의해 가리워진 장막을 들어 올려 그동안 감추어졌던 비밀을 확실히 밝혀냄으로써 자신들이 '창조주'와 비슷하게 되려고 실험을 강행한다. 그러나 각자 자신의 방법으로 실험을 계속해 나아가나, 실험 자체의 '무용성'을 전혀 인식하지 못하는 모로 박사와 달리, 프레오브라젠스키 교수는 실험의 결과가 장차 어떻게 진행되어 나아갈 것인지를 금방 알아차린다. 즉 그는 실험동물이 개의 심장이 아닌 인간의 심장을 가졌으며, 그것은 자연에 존재하는 창조물 가운데 가장 쓸모없는 존재임을 가장 먼저 예감하는 것이다(Булгаков-2: p.195). 이런 점에서 바셋트는 과학적 탐구에서의 시간투자와 그 '무익함'에 대해 처음으로 문제를 제기한 프레오브라젠스키 교수가 모로 박사에 비하여 도덕적으로 더 우위에 있다고 말한다.[88]

하지만 이와 같이 '창조주'를 닮으려는 두 주인공 학자들은 작품 속

86) 여기서 붉은색, 흰색, 갈색의 비유는 당시 적군과 백군의 치열한 전쟁과 내란 그리고 혁명적 혼란 상황에 대한 정치적 풍자이며, 불가코프는 프레오브라젠스키 교수를 통하여 당시의 혁명적 상황에서 비일비재하게 벌어지는 '테러'에 대하여 강력한 반대의 메시지를 전달하고 있다.

87) 미하일 불가코프, 『개의 심장』, 정연호 번역, (서울: 열린책들, 1998), p.34. 이하, 본문에 (『개의 심장』: p.페이지 수)로 약칭한다.

88) Bassett, 같은 책, p.41.

에 그려지는 모습에서 서로 유사한 형상을 나타낸다. 즉 작품을 읽는 독자들의 눈에는 마치 창조주 내지는 조물주와 같은 '신' 또는 '신관'의 모습으로 다가온다. 『모로 박사의 섬』에서 모로 박사는 다음과 같이 묘사되고 있다.

> Я взглянул на него и увидел лишь бледного, седого старика со спокойным взглядов. Это спокойствие делало его лицо почти красивым, и лишь великолепное сложение могло бы выделить его среди сотни добродушных стариков. (Уэллс: p.213)[89]
>
> 나는 그를 바라보았다. 그리고 오로지 평온한 눈매에 창백한 얼굴의 하얀 머리털 노인만을 보았다. 평온함이 노인의 얼굴을 아름다울 정도로 만들고 있었다. 그리고 웅장한 체격만이 수많은 선량한 노인들 가운데서 그를 구별해 낼 수 있을 것 같았다.

이러한 백발의 노인과 유사하게 프레오브라젠스키 교수 또한 하얀색 원통형 모자에 하얀색 옷을 입은 '신관'의 모습을 하고 수술에 임한다.[90]

> В белом сиянии стоял жрец и сквозь зубы напевал про священные берега Нила. 〈…〉 Подстриженная его седина скрывалась под белым колпаком, напоминающим патриаршую

---

89) Уэллс Г., *Соб. соч. в* 15 *тт.* т.1, Москва: Правда, 1964. с.213. 이하, 이 책으로부터의 인용은 본문에 (Уэллс: p.페이지 수)로 약칭한다.

90) 의사-주인공 프레오브라젠스키 교수는 신비로운 지식의 소유자로서 때로는 그리스도교 사제에 비교되기도 하고, 또 때로는 고대 이집트의 신관에 비유되기도 한다. 그는 희랍 정교회 총주교의 모자를 연상시키는 하얀색 원추형 둥근 모자를 쓰고 있으며, 허리에는 마치 승려들의 견대와 흡사한 고무로 된 좁은 앞치마를 두르고 있다. // 정연호, "불가코프 작품에 나타난 '의사'의 형상", 노어노문학 제21권 제4호, (서울: 한국노어노문학회, 2009), p.605. 참조.

скуфейку. Жрец был весь в белом, а поверх белого, как епитрахиль, был надет резиновый узкий фартук. (Булгаков-2: p.153)

하얀 불빛 가운데 신관께서 서 계셨으며, 그의 입술 사이로 신성한 나일 강변의 노래가 연실 흘러나오고 있었다. 〈…〉 이발한 하얀 머리카락은 총주교의 둥근 모자를 연상시키는 하얀색의 원통형 모자 속에 감추어져 있었다. 신관은 온통 하얀 색 옷으로 치장하고 있었으며, 하얀 옷 위에는 마치 승려의 견대처럼, 고무로 된 좁은 앞치마를 두르고 있었다. (『개의 심장』: p.83)

그러므로 이처럼 '신'의 모습을 한 프레오브라젠스키를 작품에서 실제로 개-샤릭은 개의 입장에서 진짜 '신'으로 여기고 있으며, 프레오브라젠스키 교수가 부르면 세상 끝이라도 따라갈 준비가 되어 있다.[91] 이와 유사하게 웰스의 작품에서도 '동물-인간들'은 모로 박사를 살아있는 '신'으로 여기고 있으며 그를 찬양하는 노래를 부른다.

-- Ему принадлежит Дом страдания.
-- Его рука творит.
-- Его рука поражает.
-- Его рука исцеляет. 〈…〉
-- Ему принадлежит молния.
-- Ему принадлежит глубокое соленое море 〈…〉
-- Ему принадлежат звезды на небесах. (Уэллс: pp.193-194).

-- 그분의 집은 고통의 집이요.
-- 그분의 손은 창조의 손이요.
-- 그분의 손은 상처를 주는 손이요.
-- 그분의 손은 낫게 하는 손이요. 〈…〉

91) 실제로 개 샤릭은 프레오브라젠스키 교수의 소시지에 매혹되어 교수가 이끄는대로 따라가면서 세상 끝까지라도 따라갈 생각을 한다. "За вами идти? Да на край света, пинайте меня вашими фетровыми ботиками в рыло, я слова не вымолвлю." (Булгаков-2, p.123).

-- 번갯불이 그분의 것이요.
-- 깊은 바다가 그분의 것이요. 〈…〉
-- 하늘의 별이 그분의 것이요.

IV-3. 혁명적 실험

이처럼 '신'과 같이 여겨지는 **주인공-'창조주'**들이 처음에 창조하려고 하였던 '**목적**'은 서로 같지 않았다. 『모로 박사의 섬』에서 모로 박사는 동물의 생체실험을 통하여 고통과 아픔을 전혀 느끼지 않는 '완전무결한' 종자의 동물을 인공적으로 창조함으로써 '**동물의 인간화**'를 이룩하려고 하였다. 하지만, 『개의 심장』에서 프레오브라젠스키는 처음부터 동물을 인간으로 변형시키려고 의도한 것이 아니였다. 그는 생명연장을 포함하여 보다 젊게 살 수 있는 **우수한 인종**을 **창조**하려고 하였다. 그러나 그가 의도한 '창조'는 이루어지지 않고 그의 의도와는 정반대로 가장 쓸데없는 개-인간이 탄생된 것이다.[92] 그러므로 프레오브라젠스키는 자신의 실수를 인정하며 실험의 실패를 바로 직감한다.

이처럼 두 과학자가 본래 추구하였던 목적은 서로 달랐으나, 그 목적을 달성하기 위한 **수단과 방법**은 아주 유사하게 이루어진다. 즉 자연스런 과정을 생략하고 무시한 채 급진적인 방법으로 이루어진다. 모로 박사와 프레오브라젠스키 교수의 실험실에서 강행되는 실험은 단계마다 과정을 밟아가며 천천히 이루어지는 '**진화**'의 **과정**이 아니라, 각 단계를 생략하고 축약하여 급격히 촉진시킴으로써 가시적 결

92) 프레오브라젠스키는 개-인간의 탄생을 '**창조**'로 보지 않고 '**변형**'으로 본다. 그러므로 그의 이름도 동사 '변형시키다(преобразить)'에서 유래되었다.

과를 도출해 내는 '급진적'이며 '혁명적'인 방법이다. 자연에서의 진화의 과정은 천천히 이루어짐으로써 그에 따른 고통이 각 단계별로 고르게 분포되어 약화되지만, 모로의 실험실에서는 진화의 과정을 최대한도로 촉진시켜 하루에서 1주일 이내로 압축시키기 때문에 실험동물들은 고통과 아픔을 피할 길이 없다.[93] 이에 비하면 프레오브라젠스키의 수술은 채 20분도 되지 않아 끝남으로, 개-샤릭은 머리에 약간의 통증과 상처가 있을 뿐, 커다란 고통을 느낄겨를 조차도 없이 더 '급진적'으로 이루어진다.

그런데 이처럼 급진적이고 혁명적인 방법으로 이루어지는 실험과 수술은 그 자체에 모순을 포함하고 있으면서 논리 자체가 역설적임을 공통적으로 나타낸다. 우선,『모로 박사의 섬』에서 모로 박사는 상징적인 의미에서 거의 '신'의 수준에 가까우며, 따라서 그는 저급한 본능의 동물들로써 '새로운 인간들'을 창조하려고 한다. 하지만 그가 동물로부터 얻어낸 결과는 그들이 그냥 기계적으로 중얼중얼거리며 암송하는 '법'이라는 것과 '동물-인간들'이 두 발로 걸어다닐 수 있고 예전보다 조금 깨끗해졌다는 것 뿐이다. 그러므로 모로 박사는 마지막 실험의 희생물인 퓨마에게 모든 희망을 다 걸고 온갖 노력을 기울인다. 그러나 모든 동물-인간들 가운데 가장 이성적이었던 퓨마는 오히려 실험실에서 탈출하여 모로 박사를 살해한다. 즉 모로가 가장 이상적인 인간의 '창조'와 이상적인 '삶'에 몰두한 결과는 결국 자기 자신을 죽이는 '자살'에 몰두한 것과 같다는 모순에 빠진다. 또한 모로가 그토록 매달렸던 실험, 즉 인간을 인공적으로 창조하는 실험은 위험할 뿐만 아니라 효용성에도 문제가 있었다. 이러한 '효용성'에 대해 프

93) Bassett, 같은 책, p.23.

레오브라젠스키는, 저 멀리 외딴 곳의 무식한 시골 아낙네도 스피노자와 같은 우수한 두뇌를 매년 생산할 수 있는데, 무엇 때문에 그러한 실험이 필요한지에 대하여 의문을 제기한다.

> зачем нужно искусственно фабриковать Спиноз, когда любая баба может его родить когда угодно! 〈…〉 в эволюционном порядке каждый год упорно выделяя из массы всякой мрази, создает десятками выдающихся гениев, украшающих земной шар. (Булгаков-2: p.194)
>
> 평범한 보통의 아낙네도 언제든지 스피노자를 출산시킬 수 있는 마당에, 무엇하려고 스피노자의 머리를 인공적으로 만들어 내는 게 필요합니까! 〈…〉 진화론적인 질서 속에서 매년 대중으로부터 가치없는 인간들이 끊임없이 배출되어 나오면서도, 이 세상을 아름답게 장식하는 유명한 천재들이 수없이 창조되고 있다는 것을 말이오. (『개의 심장』: p.164)

이와 같이 자신의 논리가 모순적이며 역설적임에도 불구하고 모로 박사는 '자연'을 초월하여 '자연'의 주요한 비밀을 끝까지 밝혀냄으로써 '자연' 위에 군림하려다가 결국은 비극적인 최후를 맞이하고 만다. 그런데 이러한 **역설적인 논리**를 펼치는 경우는 『개의 심장』에서도 매우 유사하다. 본래 샤리코프는 프롤레타리아 출신으로서, 자신의 동물적 본성을 결코 버리지 못하는 웰스의 '동물-인간들'과 같이, 프롤레타리아의 저급스러운 문화수준 이상으로 교육될 수가 없었다. 『모로 박사의 섬』에서 모로는 프렌딕(Прендик)에게 섬 안의 동물-인간들이 인간사회와 인간들의 이성적인 삶을 서툴지만 모방하도록 교육되어져 있다고 설명한다(Уэллс: p.212). 이와 유사하게 프레오브라젠스키 교수 또한 프롤레타리아 독재자들이 행한 **'혁명'의 방법**을 서툴게 모방한다. 프레오브라젠스키 교수의 견해에 따르면 모든 사람은 저마다 쇠사슬처럼 엮여져 있는 사회의 연결고리 안에 자신의 위치가 있어서 자신에게 합당한 일에 종사하게끔 되어 있다. 그러나 프레오브라젠스키 교수 자신이 스스로 이 규칙을 어긴다. 즉 의사로서 매일같이 환자를 받는 일은 멀리 제쳐두고, 대신에 **실험실 인간**을 양육시키고 교육시키는 일에 몰두하는 것이다. 자신이 주장한 논리를 자신이 뒤집는 모순에 빠져들고 있는 셈이다. 여기서 문제는 프레오브라젠스키 교수가 뇌하수체의 비밀스러운 기능을 좀 더 확실히 알아보지도 않고, 또 클림 추군낀(Клим Чугункин)이 어떠한 인간인지 그의 전력도 자세히 조사해 보지 않은 채 너무 쉽게 그를 선택해 버렸다는데 있지 않다. 문제는 개가 인간으로 **변형**된 실험 자체가 사실상의 '**혁명**'인 것이다. 그것은 자연의 법을 파괴시키고 진화적 사슬을 완전히 붕괴시켜버리는 엄청난 재앙적 행위였다. 프레오브라젠스키는 1917년의 10월 혁명에 대해 혐오감을 가지고 프롤레타리아들을 증오하였다. 그러던 그가 자신이 제일 싫어하는 프롤레타리아들이 행한 방법과 똑같은 방법을 택한다. 즉 프레오브라젠스키 교수가 생물학 분야에서 택한 방법은 프로레타리아들이 정치적 분야에서 택한 방법과 똑같은 '**혁명적**' **방법**인 것이다. 그러므로 바셋트는 샤릭의 **변형**은 **볼셰비키 혁명에 대한 메타포**이며 이러한 사회적 실험은 샤릭에게 가해진 수술만큼 비자연적이고 급진적이라고 말한다.[94]

이처럼 『모로 박사의 섬』과 『개의 심장』에서 두 과학자들은 자연의 진화적 과정을 무시하고 효용성도 고려하지 않은 채 급진적인 방법으로 '새로운 인간'을 창조하려다가, 자신이 가장 공을 들인 창조물한테 오히려 살해당하는 '자살' 행위를 저지르는가 하면, 자신이 늘 주장하던 자연의 법칙과 사회적 규칙을 어기고 자신이 제일 증오하는 자들

94) Bassett, 같은 책, p.70.

이 행한 방법과 똑같은 '혁명적' 방법을 스스로 택함으로써 자체 모순에 빠지는 상황을 나타낸다.

Ⅳ-4. 동물의 인간화와 동물-인간의 비인간화

이와 같은 '모순' 속에서 탄생된 창조물들은 '인간화'가 진행되면 될수록 점점 더 '비인간화' 되어가는 '역설적'인 모습을 나타낸다. 즉 『모로 박사의 섬』과 『개의 심장』에서 창조된 '동물-인간들'과 '샤리코프'는 시간이 지날수록 **생리학적 수준**에서는 점점 인간의 모습을 닮아가는 반면에, **도덕적 수준**에서는 가면 갈수록 점점 더 '비인간적'인 동물의 상태로 전락해 간다. 『개의 심장』에서 수술 전의 개 샤릭은 인간적인 관점에서 보면, 상당히 '인간적'인 특성을 나타낸다. 즉 샤릭은 나름대로 상점 간판의 글자를 읽을 수도 있었고 인간들의 행위를 예측해 내고 인간들의 모습을 비웃는 유머 감각까지 지녔었다. 그러나 인간의 모습으로 완전히 변한 후에는 가면 갈수록 동물적이며 저급스러운 특성이 불거져 나온다. 또한 『모로 박사의 섬』에서도 '동물-인간들'의 신체 구조가 인간의 모습과 가까워질수록 그들의 도덕적 수준은 점점 더 낮은 단계로 전락해 간다. 즉 모로 박사가 만들어 놓은 '**법**'과 프레오브라젠스키 교수가 세워 놓은 '**금지사항**'에도 불구하고 동물-인간들과 샤리코프는 끊임없이 동물적 습관을 버리지 못하고 야만적 행위를 드러내는 것이다. 샤리코프가 고양이를 쫓아다니고, 이빨로 벼룩을 잡으며, 가루치약을 먹어 삼키는 등의 야만스러운 동물적 행위를 계속하는 것에 대해 프레오브라젠스키는 다음과 같이 말한다.

Вы стоите на самой низшей ступени развития! 〈…〉 вы еще только формирующееся, слабое в умственном отношении существо, все ваши поступки чисто звериные. (Булгаков-2: p.184)

당신은 가장 낮은 발달 단계에 있는 거야! 〈…〉 당신은 아직 정신적인 면에 있어 이제 겨우 발육된 미약한 존재일 뿐이야, 당신의 모든 행동들은 아주 동물적이라고. (『개의 심장』: p.145)

이와 유사하게 모로 박사도 『모로 박사의 섬』에서 자신이 창조한 '동물-인간들'의 야만적 본성에 대하여 다음과 같이 설명한다.

После того, как я их окончу, они представляются бесспорно человеческими существами. И только после того, как я понаблюдаю за ними, уверенность эта исчезает. Обнаруживается сначала одна звериная черта, потом другая. (Уэллс: p.212)

내가 그들을 만들고 난 직후에는 그들은 두말 할 필요도 없이 인간적인 존재로 여겨졌소. 그런데 나중에 그들을 다시 관찰해 보면, 그런 확신은 사라져 버리오. 동물적 특성이 하나 둘 자꾸자꾸 드러나는 것이오.

IV-5.법과 금기사항

이처럼 야만적인 본능을 드러내는 실험-동물 즉 '새로운 인간'과 싸워가며 나름대로 자신의 이상적 세계를 운영해 가던 모로 박사와 프레오브라젠스키 교수의 영역 안으로 어느날 갑자기 외부로부터 '낯선이'가 등장한다. 『모로 박사의 섬』에서 우연하게 '증인'이 되는 프렌딕이 출현한 이후, 모로 박사의 세계는 급격히 쇠퇴하면서 무너지기 시작한다. 마치 몽고메리(Монтгомери)가 죽어 가면서 '끝장'이라고 이야기하는 것을 연상시킨다: "Конец этой дурацкой Вселенной…"(Уэллс:

p.244). 이와 유사하게 『개의 심장』에서 담콤(Домком)[95]의 쉬본제르(Швондер)가 프레오브라젠스키 교수의 아파트에 나타나 교수의 영역을 간섭하기 시작하였을 때, 교수는 '**끝장났다!**'고 외친다: "Пропал калабуховский дом!"(Булгаков-2: p.136). 쉬본제르와 그의 담콤 일당이 등장하면서 프레오브라젠스키 교수의 아파트에는 그동안 전혀 나가지 않던 전깃불이 수시로 나가는가 하면, 낯선이들이 들어와 연일 집회를 열고 혁명가를 불러대며, 아파트 대리석 계단을 온통 더럽히는 등의 **무질서**와 **붕괴**가 시작된다. 이에 맞추어 개를 젊어지게 하려는 교수의 실험도 실패하여 엉뚱하게 전혀 필요없는 개-인간이 탄생된다. 이러한 모든 일들이 쉬본제르의 등장과 함께 이루어지게 그림으로써, 작가 불가코프는 모든 '**붕괴**'의 **원인**이 바로 **쉬본제르**와 그의 일당들 즉 **프롤레타리아**에 있음을 간접적으로 암시한다.

그런데 이와 같이 붕괴되기 시작한 두 실험실('섬'과 '아파트')의 세계를 극복하고 수습해 나아가는 주인공의 모습은 전혀 다르게 나타난다. 『모로 박사의 섬』에서 실패한 '동물-인간들'은 그냥 자유롭게 방출시켜 버리고 더 이상 관심도 가지지 않는 모로 박사와 달리, 『개의 심장』의 프레오브라젠스키 교수는 자신이 창조한 샤리코프에 대해 무한대의 책임감을 느끼며, 그를 양육하고 교육시키며, 그의 기분을 전환시키는 등의 노력을 기울이면서 샤리코프의 운명에 적극 개입하려 애쓴다.

한편, 모로 박사의 섬에 사는 '동물-인간들'에게는 소위 '법'이라는 것이 존재하여, 누구나 이것을 지키려고 노력한다.[96] 동물-인간들은 아주 오래 전 옛날에 죽은 폴리네시아인 전도자가 그들에게 가르쳐 주

95) 담콤(Домком): 'Домовой комитет(주택 관리 위원회)'의 약칭.

96) 사실상 이러한 '법'은 종교와 그 계율에 대한 '풍자'이다.

었다는 '법'의 규정들을 기계적으로 암송하는데, 이들은 그게 무슨 뜻인지도 모르면서 그냥 편리한 경우에 맞춰 인용하는 것이다. 어두침침한 움막 안에 기괴하고 흉측하게 생긴 동물-인간들이 들어 앉아서는 한통속으로 몸을 흔들며 다음과 같이 합창을 한다.

> -- Не ходить на четвереньках -- это Закон. Разве мы не люди?
> -- Не лакать воду языком -- это Закон. Разве мы не люди?
> -- Не есть ни мяса, ни рыбы -- это Закон. Разве мы не люди?
> -- Не обдирать когтями кору с деревьев -- это Закон. Разве мы не люди?
> -- Не охотиться за другими людьми -- это Закон. Разве мы не люди?(Уэллс: p.194)

> -- 네발로 걷지 않는다. 그게 법이다. 우리는 사람 아닌가?
> -- 물을 혀로 핥아 먹지 않는다. 그게 법이다. 우리는 사람 아닌가?
> -- 물고기나 고기를 먹지 않는다. 그게 법이다. 우리는 사람 아닌가?
> -- 나무껍질을 손톱으로 할퀴지 않는다. 그게 법이다. 우리는 사람 아닌가?
> -- 같은 인간들을 뒤쫓지 않는다. 그게 법이다. 우리는 사람 아닌가?

『모로 박사의 섬』에서의 이러한 '법'은 『개의 심장』에서 샤리코프가 지켜야 할 '규칙'으로 변형된다. 즉 프레오브라젠스키 교수와 보르멘탈리는 개-인간 샤리코프의 오만방자하며 저질스러운 행동을 제약하고자 다음과 같은 게시문을 문짝에 붙여 놓는다.

> 『Семечки есть в квартире запрещаю. Ф. Преображенский』, 『Игра на музыкальных инструментах от 5 часов дня до 7-ми часов утра воспрещается.』 (Булгаков-2: p.166)

> 아파트 안에서 해바라기 씨 까먹는 것을 금지함. 프레오브라젠스키. 오후 5시부터 아침 7시까지 악기 연주는 금지되어 있음. (『개의 심장』: p.109)

또한 샤리코프를 교육시키기 위하여 프레오브라젠스키 교수가 샤리코프에게 하는 모든 말들은 모로 박사에서의 '법'처럼 무엇 무엇을 해서는 안된다는 식의 금기사항들로 가득하다.

> Окурки на пол не бросать, 〈…〉 Чтобы я более не слышал ни одного ругательного слова в квартире. Не плевать. 〈…〉 С писсуаром обращаться аккуратно. С Зиной всякие разговоры прекратить! (Булгаков-2: p.169)
>
> 담배 꽁초를 바닥에 버리지 말 것, 〈…〉 아파트 내에서 상스러운 욕지거리는 이제 한마디라도 더 이상 내 귀에 들리지 않도록 할 것. 침 뱉지 말 것. 〈…〉 소변기를 정확하게 사용할 것. 지나와 대화하는 것은 일체 금지한다! (『개의 심장』: p.114)

그런데 『모로 박사의 섬』과 『개의 심장』에서 이러한 법과 규칙들은 유사한 '시간대'에 파괴되기 시작한다. 즉 어두움이 밀려오고 밤이 되면서 '법'은 완전히 파기되는 것이다. 『모로 박사의 섬』에서 동물-인간들은 저녁이 되어 어스름한 땅거미가 밀려오기 시작하면 서서히 법에 대한 공포심이 사라지기 시작한다. 동물-인간들은 밤이 되면 낮에 없었던 특별한 힘이 쏟구치며 어둠이 짙어 질수록 사냥을 나가고 싶은 욕구가 점점 더 강해진다. 그러므로 이들은 낮에는 생각하지도 않았던 일들을 밤만 되면 감행하는 것이다(Уэллс: pp.214-215). 『개의 심장』에서도 샤리코프는 저녁 때 교수의 책상에서 돈을 훔쳐 아파트 밖으로 나가서 낯선 사람들과 어울려 술을 진탕 마시고는 밤 늦게 다시 그들과 함께 집으로 돌아와 또 술판을 벌인다. 또한 한밤 중에 여자들만 잠자고 있는 방에 뛰어들어가 지나를 강간하려고 하며, 마지막에 프레오브라젠스키와 보르멘탈리에게 권총을 겨누던 때도 어두스름한 저녁 때였다(Булгаков-2: pp.189-190, p.196).

IV-6. 말하는 능력과 피날레

한편, 웰스와 불가코프는 동물 실험에 대한 소설을 쓰면서 유난히 동물의 '말하는 능력'의 습득과 상실에 대하여 특별한 관심을 기울인다. 『모로 박사의 섬』에서 주인공은 '동물-인간들'이 대화하는 방법과 특징들을 상세하게 기술하고 있으며, 『개의 심장』에서 의사 보르멘탈리는 수술 후 '개-인간'의 성장 발육과 변화 상태를 꼼꼼히 기록하는 특별 일기를 적으면서, 그 안에 '말하는 능력'의 발달에 대하여 특히 주의깊게 관찰하고 기록한다. 그런데 이러한 '말하는 능력'은 두 소설 모두, 소설의 피날레에서 그 능력을 상실하는 것으로 묘사된다. 샤리코프는 개로 환원되는 수술을 받은 후 점차로 '말하는 능력'이 상실되는 것으로 나오며, 동물-인간들은 모로 박사가 죽은 후 원래의 상태로 회귀한다. 즉 동물-인간들은 자신들에게 '법'을 지키도록 강요하고 자신들의 동물적 본능을 계속 억눌러 왔던 공포와 두려움의 대상인 '신'이 사라지자 곧 원래의 상태로 돌아가는 것이다.

> Обезьяно-человек болтал даже больше обычного, но его болтовня становилась все менее понятной, все более обезьяньей. Остальные, казалось, потеряли дар слова, но еще понимали то, что я говорил им. 〈…〉 Мой собако-человек незаметно снова превратился в собаку; с каждым днем он немел, чаще ходил на четвереньках, обрастал шерстью. (Уэллс: p.249. p.254)
>
> 원숭이 인간은 평소보다 부쩍 말이 많아졌지만 그의 잡담은 갈수록 알아듣기 힘들고 원숭이의 깩깩거림을 닮아갔다. 다른 몇몇은 말하는 능력을 아예 잃은 듯 보였으나 내 말을 아직은 알아들었다. 〈…〉 나의 개-인간은 눈에 띄지 않게 다시 조금씩 개의 상태로 돌아갔다. 나날이 말이 없어지고 더 자주 네발로 걸어 다녔으며 털투성이가 되어갔다.

이와 유사하게 『개의 심장』의 에필로그에서도 다시 개로 환원된 샤릭에 대하여 다음과 같이 묘사된다.

> Пятнами он был лыс, пятнами на нем отрастала шерсть. Вышел он, как ученый циркач, на задних лапах, потом опустил ся на все четыре и осмотрелся. 〈…〉 вновь поднялся на задние лапы и, улыбнувшись, сел в кресло. (Булгаков-2: p.207)
>
> 개는 군데군데 털이 빠져 얼룩덜룩 했으며, 얼룩진 반점들 군데군데에는 어느 정도 털이 자라나 있었다. 마치 재주를 익힌 곡예사처럼 개는 뒷발로 서서 밖으로 걸어 나오더니, 다음에 네 발을 모두 바닥에 내려놓고는 주위를 둘러보았다. 〈…〉 다시 뒷발로 일어서더니 빙그레 웃고 나서 안락의자에 가 앉았다. (『개의 심장』: p.189)

그리고 개의 '말하는 능력'에 대하여 프레오브라젠스키 교수는 다음과 같이 설명한다.

> И сейчас еще говорит, но только все меньше и меньше, так что пользуйтесь случаем, а то он скоро совсем умолкнет. 〈…〉 Поговорил и начал обращаться в первобытное состояние. (Булгаков-2: p.207)
>
> 지금도 아직 말을 하긴 합니다. 그러나 단지 점점 더 말수가 적어지고 있지요. 그러니까 우연한 기회를 이용하십시오. 그렇지만 그는 곧 아주 침묵하게 될 겁니다. 〈…〉 조금 말을 했지만 곧 예전의 상태로 변화하기 시작했죠. (『개의 심장』: p.190)

그런데 이와 같이 두 소설에서 처음에는 인간과 동물의 가장 큰 차이점이 '말하는 능력'인 것처럼 강조되지만, 소설 후반부에 가서는 '말하는 능력' 보다 더 중요한 것이 '술(알코올)'임을 강조하는 역설적인 논리가 펼쳐진다. 프레오브라젠스키 교수는 개 샤릭에게 클림 추군킨의 뇌하수체를 이식시키는데, 그는 술주정뱅이에다 도둑으로서 술집에서 싸움을 하다가 죽은 저질스러운 인간이었다. 그러므로 샤리코프가 직립보행을 하고 말을 할 수 있는 능력을 보유한 후에 점차 보여주는 인간으로서의 특성은 클림 추군킨이 지녔던 알코올 중독이다. 『모로 박사의 섬』에서도 이러한 '알코올'의 뜻과 의미가 '몽고메리의 휴일'에 벌어지는 일련의 사건에 의해서 강조된다. 즉, 모로 박사가 죽은 후 프렌딕과 몽고메리는 섬 안의 동물-인간들 무리 속에 외로히 남겨지며, 절망에 가득찬 몽고메리는 마지막 술잔치를 벌이면서 동물-인간들에게 다음과 같이 외친다: "Пейте, звери! Пейте и становитесь людьми. (마시시오, 동물들이여! 마시시오 그리고 인간들이 되시오)"(Уэллс: p.240). 이처럼 몽고메리는 '술'을 마시고 '인간'이 되라는 역설적인 '법'을 새로이 만듦으로써, 인간이 되는 조건이 반드시 '말하는 능력'이나 '법'에만 있지 않음을 역설적으로 밝힌다. 즉 동물이 인간이 되기 위하여 두 발로 걷고 특히 말을 할 수 있는 능력이 반드시 있어야만 하는 것은 아님을 역설적으로 나타낸다. 이에 대해 프레오브라젠스키 교수도 '말하는 능력'의 의미를 부정한다. 즉 그에 의하면, 인간이 말을 할 줄 안다는 것은 아직 인간이 덜 되었다는 의미이다.

> То есть он говорил? 〈…〉 это еще не значит быть человеком! Впрочем, это не важно. Шарик и сейчас существует, и никто его решительно не убивал. (Булгаков-2: p.206)
>
> 그럼 그가 말을 했었나요? 〈…〉 그것이 인간으로 존재한다는 것을 의미하지는 않는데! 그건 그렇다치고 그건 중요하지 않아요. 샤릭은 지금도 존재하고 있으니까, 누구도 그를 결정적으로 죽이지 않았습니다. (『개의 심장』: p.188)

즉, 당시 1920년대 러시아의 혁명적 상황에서는 인간은 말을 하고 동물은 말을 못하는 것이 아니였으며 대다수의 인간들은 '말하는 능력'이 있음에도 침묵하였다. 그러므로 샤리코프가 잠시 말을 하였다고 하여서 동물-인간이 인간은 아니며, '말하는 능력'이 있음에도 불구하고 **침묵하는 대다수**가 진짜 인간인 것이다. 이처럼 불가코프는 웰스 작품에서의 '말하는 능력'의 모티브를 변형시켜 당시 1920년대의 시대적-정치적 상황에 대한 **강한 풍자**로서 활용하고 있음을 알 수 있다. 한편, '말하는 능력'이 중요하지 않으며 '말하는 능력' 보다 더 중요한 것이 따로 있음을 뒤늦게 발견한 몽고메리는 '말하는 능력'에 대한 역설적인 논리를 펼치면서 자신이 마지막으로 터득한 '발견'의 중요성을 다음과 같이 외친다.

> я умнее всех! Моро забыл это. Наступило последнее испытание. Пейте, говорю вам! (Уэллс: p.240)
>
> 나 보다 똑똑한 사람은 없소이다! 모로는 이걸 잊었었소. 드디어 최후의 시험이 도래하였소. 내 여러분들한테 감히 말하노니, 마시시오!

이러한 피날레와 더불어 웰스와 불가코프의 작품에서는 거의 모두 주인공-과학자들 즉 '발명자'들이 자신이 창조한 '발명품'에 의해 살해당하는 징벌이 이루어진다. 하지만 유일하게 『개의 심장』에서는 그러한 징벌이 이루어지지 않는다.[97] 즉, 『비운의 달걀』에서 페르시코프 교수가 성난 군중들에 의해 무참히 살해되듯이, 『모로 박사의 섬』에서 모로 박사는 실험실을 뛰쳐나간 퓨마를 추격하는 과정에서 자신이 창

97) 자신의 실험 동물들을 책임감 없이 자연으로 방출시켜버린 모로 박사와 달리 자신의 실험 동물을 끝까지 책임지고 양육시키며 교육시키려 하였던 프레오브라젠스키 교수는 징벌을 받지 않는다. 또한 프레오브라젠스키 교수는 모로 박사와 달리 실험의 유용성에 대하여 의문을 제기하며 실험이 잘못되었음을 직감했었다.

조한 동물-인간에 의해 처참하게 살해당한다. 하지만 『개의 심장』에서는 권총을 들이대며 위협하는 샤리코프를 보르멘탈리가 제압하며 프레오브라젠스키 교수는 샤리코프를 원래의 샤릭으로 되돌려놓는 환원수술에 성공한다.

그러나 이처럼 모로 박사와 프레오브라젠스키 교수의 최후 모습은 정반대이지만, 이들이 추구하였던 '실험'은 끝나지 않을 것임을 소설의 말미에서 유사하게 나타낸다. 즉 모로 박사는 비록 그의 죽음으로 실험이 중단되었지만 그는 항상 실패에 멈추지 않고 보다 예민한 실험을 궁리하고 기도했었다. 프레오브라젠스키 교수 또한 자신의 실험으로 대혼란이 벌어졌었음에도, 과학은 동물을 인간으로 변화시키는 방법을 아직 모른다고 답한다: "Наука ещё не знает способов превращать зверей в людей"(Булгаков-2: p.207). 여기서 '아직'이라는 말이 키-포인트이며, '아직'이란 말은 가능성이 있음을 뜻하고, 따라서 모로와 프레오브라젠스키가 가능성이 있음을 믿고 있는 한, 이들의 실험은 앞으로도 계속될 것임을 나타내준다.[98] 그러므로 『개의 심장』에서 다시 개로 돌아온 샤릭은 자신이 처음에 본 것과 비슷한 실험을 아직 계속하고 있는 프레오브라젠스키 교수를 발견한다.

> Руки в скользких перчатках важный человек погружал в сосуд, доставал мозги, -- упорный человек, настойчивый, все чего-то добивался, резал, рассматривал. (Булгаков-2: p.208)
>
> 위엄있는 사람이 미끈미끈한 장갑을 낀 손을 용기 속으로 가라앉히더니 뇌를 꺼냈다. 이 집요한 사람, 끈기있는 사람은 끝내 뭔가를 끄집어내었고 잘랐으며 세심히 살펴보았다. (『개의 심장』: p.192)

98) Bassett, 같은 책, p.44.

그러므로 이와 같은 『개의 심장』에서의 마지막 장면은 앞서의 피날레 부분에서 개로 다시 환원된 개-샤릭이 처음처럼 교수의 아파트를 **천국**으로 여기며, 자신이 누리는 **평안**이 자신의 조상 덕분으로 여길 정도로 행복해 하는 겉모습과 달리, **또 다른 불안감**을 야기시킨다. 즉 **파우스트**와 유사하게 프레오브라젠스키 교수는 그러한 대파탄을 초래하였음에도 불구하고 자신의 실험을 중지할 수가 없는 것이다.[99] 이렇게 볼 때 프레오브라젠스키는 실패를 멈출 줄 모르며 항상 예리한 실험을 궁리하였던 **또 다른 '모로'**였음을 추정할 수 있다.

IV-7. 맺는 글

불가코프는 웰스의 작품을 잘 알고 있었으며 따라서 20년대의 그의 작품들 가운데 『비운의 달걀』에 뒤이어 씌여진 『개의 심장』에는 웰스의 『모로 박사의 섬』과의 유사점을 많이 발견할 수 있다. 두 작품 모두 한 과학자의 기괴한 **생물학적 실험**이 초래하는 파탄과 그 위험성에 대한 이야기를 담고 있다. 하지만 『모로 박사의 섬』에서의 '과학적 실험'이 위험성과 인간의 경솔함에 대한 경고 성격의 **풍자**라고 한다면, 『개의 심장』에서는 **'과학적 실험'** 그 자체가 **'혁명'을 상징**하는 알레고리로서 사용되고 있는 차이점이 있다.

그러므로 두 작품에 등장하는 주인공 모로와 프레오브라젠스키는 겉으로 보기에 같은 유형의 등장인물 같아 보이지만, 추방당한 과학자와 유명한 의사, 낙천주의자와 염세주의자, 테러주의자와 반테러주의자 등으로 **서로 정반대의 성격**을 드러내며, 모로 박사가 '실험'의 무

---

99) Проффер Э., "Предисловие", *Булгаков М. А. Собрание сочинений: в 10 тт*, Ардис, 1983, т.3, с.27.

익함을 전혀 인식하지 못하는 반면에, 프레오브라젠스키는 이를 '실험' 직후 알아차리는 차이점을 발견할 수 있다. 하지만 이들 두 과학자들이 작품 속에서 보여지는 형상은 '창조주'로서 '신'의 모습으로 그려지면서, 자신의 '창조물'에 의해 '신'으로 간주되고 있고, 창조주로서 자신의 고유한 영역을 운영하는 '법'이 유사한 형태로 존재하며, '법'이 파괴되는 시점도 저녁 때이거나 한밤 중이라는 유사성이 있음을 확인할 수 있다.

또한 '실험'의 목적은 서로 상이하였으나 '실험'의 방법은 모두 자연의 진화를 무시하고 급진적이며 혁명적으로 이루어짐으로써, 모로 박사는 고통과 아픔이 없는 '삶'을 추구하다가 오히려 자신의 창조물한테 살해당하는 '죽음'을 맞이하며, 프레오브라젠스키 교수는 자신이 제일 증오하는 프롤레타리아가 행한 방법을 그대로 답습하는 모순에 빠지고 있음을 알 수 있다. 그러므로 두 작품에서 실험 후 '실험-동물'의 생리학적 '인간화'가 진행되면 될수록 '동물-인간'의 도덕적 '비인간화'는 점점 더 심화되는 역설적인 현상이 발생되고 있는 점도 매우 유사하다.

한편, 실험 후 실험-동물을 관리-감독하는 방법에 있어서 모로 박사는 실패한 '동물-인간들'을 자유롭게 방출시켜버리고 더 이상 관심도 가지지 않는 반면에, 프레오브라젠스키는 '개-인간' 샤리코프의 교육과 운명에 적극 개입하는 차이점을 나타내며, 따라서 모로 박사는 자신의 창조물에 의하여 무참히 살해당하지만, 프레오브라젠스키 교수는 자신의 창조물을 원래의 상태로 되돌려놓는데 성공한다.

또한, 웰스와 불가코프의 작품에서 '동물-인간'의 '말하는 능력'이 특히 강조되면서 동물과 인간의 가장 큰 차이점이 '말하는 능력'에 있는 것으로 묘사되다가, 작품의 피날레에 가서는 동물-인간들이 점차 말하는 능력을 상실함으로써, 동물과 인간의 차이점이 반드시 말하는 능력에 있지 않음을 역설적으로 나타내준다. 한편 불가코프는 이러한 '말하는 능력'의 모티브를 변형시켜 당시 1920년대의 시대적-정치적 상황에 대한 강한 **풍자**로서 활용하고 있음을 확인할 수 있다.

이상에서 살펴본 불가코프와 웰스의 작품 텍스트 비교-대조에서 우리는 두 작품의 유사한 점과 차이점을 발견하고 확인할 수 있으며, 불가코프는 웰스에서의 **'과학적 실험'** 자체를 **혁명**을 상징하는 알레고리로 변형시키면서, 당시 시대적 상황에 대한 강한 정치적 **풍자**로 활용하고 있음을 알 수 있다. 따라서 이러한 웰스 작품으로부터의 모방과 **'불가코프적'인 변형**을 보다 확실히 규명하기 위하여는 앞서의 서론에서 제시한 바와 같이, 1920년대의 『비운의 달걀』과 1930년대의 여러 작품들에 나타난 웰스적인 텍스트의 유사성과 차이점도 찾아내어 비교-분석하는 연구가 더 이루어져야 함을 본 논문의 제언으로 남긴다.

V. 불가코프의 작품과 H. G. 웰스 작품 사이의 유사성

– 『비운의 달걀』과 『신들의 양식』을 중심으로 –

불가코프의 『비운의 달걀』은 웰스 작품의 영향을 많이 받았으며 그 중에서도 『신들의 양식』으로부터 가장 많은 영향을 받았다. 그러므로 『비운의 달걀』과 웰스의 여러 작품들 사이에서는 여러 가지 유사한 점을 많이 찾아볼 수 있는데, 특히 주인공의 형상, 실험-발명의 오남용에 있어서 『비운의 달걀』과 『신들의 양식』은 거의 유사하며, 대참사의 발생상황과 발생 후의 사건보도 및 신문전달 모습 그리고 전투에 대한 간접적인 전달수법 등에 있어서도 매우 유사하다. 하지만 두 작품에 공히 나타나는 '암탉의 테마'는 『신들의 양식』에서는 **사회주의 유토피아의 알레고리**를 위한 에피소드로 사용되는데 반해, 『비운의 달걀』에서는 **그 자체가 알레고리**로서 매우 중요한 의미를 지니는 차이점도 발견된다.

한편, 주인공의 비극적인 운명과 죽음에 있어서는 『비운의 달걀』과 『모로 박사의 섬』이 거의 유사하게 묘사되고 있으며, 『비운의 달걀』과 『우주전쟁』의 피날레는 인간들의 무기에 의하지 않고 '자연'의 힘('영하의 날씨', '박테리아')에 의해서 끝난다는 공통점이 있으며, 『비운의 달걀』과 『투명인간』의 피날레에는, 실험-발명('붉은 광선', '투명성')에 대한 비밀의 열쇠는 오로지 한 사람('페르시코프', '그리핀')뿐이라는 공통점이 묘사된다.

V-1. 들어가는 글

1920년대 구소련에서의 환타지아 문학은 거의 초보적 수준이였으며 원시상태나 다름 없었다. 자먀찐의 소설『우리들』(1920)이 검열에 걸려 금지된 상태였고 그 나마도 국내에서는 출판되지도 못했다. 이에 반해 **A. 톨스토이의『아에리타(Аэлита)』**(1922)는 커다란 명성을 얻었다. 이 작품은 화성에 떨어진 미국인에 대한 이야기인 에드거 버로스(Edgar Rice Burroughs)의 소설『화성의 존 카터와 거인(John Carter and the Giant of Mars)』이 나온지 얼마되지 않아 나옴으로써, 그 영향이 이야기되기도 하였다. 그러나『아에리타』의 출현 이후 소비에트 문학에서는 '환상물'에 대한 인기가 치솟기 시작하였다. 물론 아직은 쥘 베른(Jules Verne)과 같은 과학적 환타지아도 아니였고, 웰스(Herbert George Wells)와 같은 사회적 환타지아도 아니였다. 하지만, 본질적으로 소설 속의 장면들이 환상적인 배경 속에서 펼쳐짐으로써 모험적이며 엽기적이라 할 수 있는 환타지아 소설들이 대거 출현하기 시작하였다. 1922년에 샤기냔(M. Шагинян)의『Месс-Менд』와 이찐(В. Итин)의『Страна Гонгури』가 나왔으며, 1923년에는 에렌부르그(И. Эренбург)의『Трест Д. Е.』와 오쿠녜프(Я. Окунев)의『미래의 세계(Грядущий мир)』 그리고 그린(А. Грин)의『빛나는 세계(Блистающий мир)』가 나왔고, 1924년에는 카타예프(В. Катаев)의『에렌도르프 섬(Остров Эрендорф)』과 오브루체프(В. Обручев)의『썰매 제조자들의 땅(Земля Санникова)』 그리고 오쿠녜프의『내일(Завтрашний день)』이 나왔다. 또한 1925년에는 A.톨스토이의『기사 가린의 쌍곡면체(Гиперболоид инженера Гарина)』, 아렐리스키(Н. Арельский)의『화성에 대한 이야기들(Повести о Марсе)』, 오를로프스키(В. Орловский)의『공포의 기계(Машина ужаса)』, 카타예프의『철의 통치자(Повелитель железа)』, 벨랴예프(А. Беляев)

의『도우엘 교수의 머리(Голова профессора Доуэля)』, 등이 나왔으며, 1926년에는 그린의『Бегущая по волнам』, 쉬클로프스키(В. Шкловский)의『이페리트(Иприт)』, 라브레네프(Б. Лавренев)의『Крушение республики Итль』등이 나왔다.

즉 불가코프의『비운의 달걀(Роковые яйца)』은 이러한 배경 속에서 1924년 가을에 씌여졌고, 그 해 겨울 12월에 작가는 처음으로 문학가들의 모임에서 이 소설의 원고를 낭독하였으며, 그 다음해인 1925년 1월 6일에 베를린 신문 〈나날들(Дни)〉은 '러시아 문학소식'이라는 기사 제목으로 이 사실을 처음 소개하였다. 그런데 이 신문기사에서 비평가는『비운의 달걀』의 테마는 경쾌하기는 하지만 웰스의『신들의 양식(**The Food of the Gods**)』의 영향이 감지된다는 짧막한 논평을 냄으로써, 불가코프는 처음으로 웰스와 직접 비교되는 작가가 되었다. 그 후, 1925년 2월에『비운의 달걀』은 문예작품집 〈내부(Недра)〉 제6집에 실렸다.

또한 이처럼『비운의 달걀』이 세상에 나온 것을 알리면서 곧바로 웰스와의 영향을 직접 거론하기 시작한 출판물 가운데는 문학잡지 〈예술의 삶(Жизнь искусства)〉(1928, No 18)이 있었다. 잡지에서 비평가는 불가코프의 중편소설은 복잡하고 무늬만 요란하며 혼란스럽고 환상적인 웰스의 그림과 같다고 평하면서, 솔직히 말해 불가코프의 이 환상적인 그림은 실패하였다고 결론지었다: "Надо прямо и откровенно сказать, фантастический этот рисунок Булгакову не удался."[100] 또한 당시의 비평들 가운데 문학잡지 〈도서 배달인(Книгоноша)〉에는『비운의 달걀』에 대하여 웰스와의 관계를 다음과 같이 평하였다.

100) Меньшой А., "Москва в 1928-м году", *Булгаковский сборник*, Таллинн: Издательство Таллиннского педагогического института, 1998, Вып.3, с.133.

М. Булгаков хочет стать сатириком нашей эпохи. “Роковые яйца” -- это удачная(потому что веселая) попытка развернуть советскую действительность на фантастическом стержне уэллсовского сюжета.[101]

미하일 불가코프는 우리 시대의 풍자가가 되기를 원한다. “비운의 달걀” -- 이 작품은 소비에트 현실을 웰스적인 제재의 환상적인 좌표(座標)에서 펼치려는 성공적인 시도이다(왜냐하면 경쾌한 시도이기 때문에).

이와 같이 1920년대 소비에트 문학에 있어 ‘환타지아 문학의 붐’과도 같은 상황 속에서 나온 불가코프의 환상적 중편소설 『비운의 달걀』은 곧바로 웰스의 작품에 비교되면서 평가절하 되거나 혹은 웰스의 영향 아래 나온 작품으로 쉽게 낙인 찍혀 버렸다.

그런데 이러한 『비운의 달걀』에 대한 혹평과 비판 가운데서도 분명한 동정론과 함께 웰스와 불가코프 작품 사이의 유사성을 검증한 비평도 있었다. 당시의 잡지 〈신세계(Новыймир)〉(1925, No.6)에 보면, 불가코프를 그 누구와도 비교할 수 없는 현 시대 문학에 있어서의 ‘독립된 가옥’과 같은 존재로 평하면서, 그의 작품의 구성요소들, 즉 환상, 펠리에톤, 슈제트 등을 열거하거나 그의 작품의 계보를 추적하기는 어렵지 않으나, 현재 그의 문학적 조상이라 불리는 ‘웰스’라는 이름으로 수없이 열거되는 확실한 기술과 언급들처럼, 불가코프의 문학적 얼굴이 그렇게 명료하거나 분명하지 않다고 이야기한다. 또한 비평가는 웰스가 언제 그렇게 공상의 용감성을 아주 다른 속성과 동시에 병행시켜 나아갔는지를 반문하면서, 웰스와 불가코프 사이의 유사성은 완전히 겉모습 뿐이라고 평하였다.[102]

101) Придорогин А., “〈Недра〉 кн.6”, *Книгоноша*, 1925, No.6, c.18.

102) Л-в, “〈Недра〉--книга шестая”, *Новый мир*, 1925, No.6, c.151. 참조.

하지만 이러한 동정론적인 비평과 달리 1920년대 당시에『비운의 달걀』에 대한 평가는 앞서와 같이 비판적인 비평이 대세를 이루었으며, 그 중에서도 쉬클로프스키의 평론 "시즌의 폐회(Закрытие сезона)"가 가장 큰 반향을 일으키며 중요한 자리를 차지하였다.

> Как пишет Михаил Булгаков? Он берет вещь старого писателя, не изменяя строение и переменяя его тему. 〈…〉 Возьмем один из типичных рассказов Михаила Булгакова "Роковые яйца". Как это сделано? Это сделано из Уэллса. Общая техника романов Уэллса такова: изобретение не находится в руках изобретателя. Машиной владеет неграмотная посредственность. 〈…〉 Змеи, наступающие на Москву, уничтожены морозом. Вероятно, этот мороз возник следующим образом. С одной стороны, он равен бактериям, которые уничтожили марсиан в "**Борьбе миров**". С другой стороны, этот мороз уничтожил **Наполеона**. 〈…〉 Я не хочу сказать, что Михаил Булгаков плагиатор. Нет, он -- способный малый, похищающий "Пищу богов" для малых дел.[103]
>
> 미하일 불가코프는 어떻게 쓰는가? 그는 구조를 바꾸지도 않고 테마를 변형시키면서 예전 작가의 작품을 가져온다. 〈…〉 미하일 불가코프의 전형적인 단편들 가운데 하나인 "비운의 달걀"을 살펴보자. 이것은 어떻게 만들어졌는가? 이것은 웰스로부터 만들어졌다. **웰스** 소설들의 공통적인 수법은 이러하다: 즉 발명품이 발명가의 손 안에 위치해 있지 않는다. 문맹의 평범한 사람이 기계장치를 소유한다. 〈…〉 모스크바를 향해 진격하는 뱀들은 추위에 의해 괴멸된다. 아마도 이 추위는 다음의 형상으로 생겨났다. 한편으로, 추위는 **"우주 전쟁"**에서 화성인들을 괴멸시킨 박테리아들과 동등하다. 다른 한편으로, 이 추위는 **나폴레옹**을 괴멸시켰다. 〈…〉 나는 미하일 불가코프가 표절자라고 말하고 싶지 않다. 아니다, 그는 사소한 일을 위해 **"신들의 양식"**을 훔치는 능력있는 소인배이다.

이처럼 불가코프의『비운의 달걀』은 웰스의 영향을 받았으며 그 중

103) Шкловский В., "〈Закрытие сезона〉 Михаил Булгаков", *Наша газета*, 1926. 30 мая.

에서도 『신들의 양식』의 영향을 받았다는 사실이 공공연해졌다. 그리고 이러한 사실은 실제 작품 속에서 '웰스'라는 작가의 이름과 '신들의 양식'이라는 작품명(作品名)이 직접 거명되고 있다는 점에서도 재차 확인이 가능하다. 즉 『비운의 달걀』에서 페르시코프 교수가 새로운 광선을 발견하였을 때, 그의 조수 이바노프는 페르시코프 교수의 업적을 웰스의 『신의 양식』에 비교하며 흥분을 가라앉히지 못한다. (Булгаков-2, p.56)[104] 이처럼 불가코프가 웰스의 영향을 받았으며 그 중에 불가코프의 『비운의 달걀』은 특히 웰스의 『신들의 양식』에서 영향을 받았다는 사실은 명명백백(明明白白) 해졌다. 또한 불가코프의 작품이 웰스의 작품에 영향을 받았다는 사실과 그에 따른 두 작가의 관계에 대해서도 그동안 많은 문학연구가들의 비교연구가 진행되었고 그에 따라 수많은 논문들이 발표되었다.

그런데 불가코프와 웰스의 관계 및 영향 등에 대한 비교연구와 논문들에 있어서, 웰스의 어느 작품이 불가코프의 어느 작품에 영향을 주었으며, 웰스 작품의 어떠한 부분이 불가코프 작품의 어떤 부분과 유사하며 그 차이점은 무엇인지, 등등에 대한 구체적인 각론으로 들어가면 거의 연구나 분석이 이루어지지 않았다고 보아야 할 것이다. 즉 앞서의 연구와 조사들에서 확인하였듯이 불가코프의 『비운의 달걀』이 웰스의 『신들의 양식』으로부터 영향을 받은 것은 확실한데, 구체적으로 『비운의 달걀』의 어느 부분이 『신들의 양식』의 어느 부분과 유사하며 그 차이점은 무엇인지 등등에 대한 구체적인 추적과 분석은 이루어지지 않은 것이다. 따라서 본 논문에서는 불가코프의 『비운의

104) Булгаков М. А., *Соб. соч. в 5 тт.* Москва: Художественная литература, 1989, т.2, стр. 56. 이하, 이 책과 선집으로부터의 인용은 본문에 (Булгаков-권 수: p.페이지 수)로 약칭한다.

달갼』이 웰스의 작품들로부터 영향을 받았는데『신들의 양식』이외에 다른 작품들의 영향은 없었는지에 대한 조사에서부터 시작하여, 영향을 받았다면 구체적으로『비운의 달갼』의 어떠한 부분이 웰스 작품의 어떤 부분과 유사하며 그 차이점은 무엇인지 등에 대하여 세세하게 고찰해 보고자 한다.

불가코프의『비운의 달갼』과 웰스의『신들의 양식』의 비교에 있어 우선 겉으로 드러나는 커다란 유사점은 두 작품 모두 살아있는 유기체의 성장을 촉진시키며 크기를 증대시키는 발명에 대한 이야기가 진행되고 있다는 것이다. 이 발명품은『비운의 달갼』에서는 **'붉은 광선(красныйлуч)'**이라 불리우고,『신들의 양식』에서는 '헤라클레오포비아'라 불리는 **분말가루**이다. 또한 두 소설들에서 공통적으로 신기한 발명이 이루어지나 결국에는 그 발명의 결과물들과 지상의 인간들 사이에 충돌이 벌어지고 급기야 유혈전투가 발생함으로써 종국에는 대참사로 이어진다는 매우 비슷한 줄거리의 유사성이 있다. 이 밖에 **주인공의 형상, 실험-발명의 오남용, 암탉의 테마, 대참사, 피날레** 등에서 많은 유사성을 발견할 수 있다.

V-2. 주인공의 형상

불가코프와 웰스 작품에서의 주인공들은 매우 유사한 형상으로 출현한다. 우선 작품 속에서의 연구는 항상 **학자**와 **조수**로 이루어진 2명의 주인공들이 맡고 있는 공통점이 있다. 웰스의『모로 박사의 섬』에서 모로 박사와 그의 조수 몽고메리가 출현하듯이, 불가코프의『비운의 달갼』에서도 페르시코프 교수와 그의 조수 이바노프가 출현하며, 그 후『개의 심장』에서도 프레오브라젠스키 교수와 그의 조수 보르멘탈리가 출현한다. 웰스의 『신들의 양식』에서도 2명의 과학자 벤징턴(Бенсингтон)과 레드우드(Редвуд) 교수가 출현하는데, 이들은 학자와 조수의 관계가 아니라, 실험의 공동 참가자이며 동등한 권리를 가진 파트너라는 점에서 약간의 차이는 있다.

하지만 『신들의 양식』의 주인공-학자들과 『비운의 달걀』의 주인공-학자는 매우 비슷한 유형의 **'학자'의 형상**을 지닌다. 즉 이들 과학자들은 외부세계와 접촉하지 않고 오로지 연구에만 몰두함으로써 세상물정에 매우 어두운 모습을 공통적으로 나타낸다.

> во всем, что не касается науки, и Редвуд и Бенсингтон были людьми самыми заурядными. Вот только, пожалуй, сверх меры непрактичными. Но ведь таковы все ученые на свете. (Уэллс-3: p.191)[105]
>
> 과학에 관계되지 않는 한, 모든 면에 있어서 레드우드도 벤징턴도 하나같이 아주 평범한 사람들이었다. 즉 말하자면 정상을 벗어날 정도로 비실용적이었다. 하지만 세상의 모든 학자들은 정말 이러하였다.

이와 같이 자신의 연구와 실험에 대해서만 관심이 있지 그 밖의 것에 대해서는 정상이 아닐 정도로 전혀 무관심한 유형의 인물을 우리는 『비운의 달걀』에서도 다시 찾아볼 수 있다. 즉 주인공 페르시코프 교수는 오로지 자신의 연구에만 몰두한 나머지 아내가 가출해버릴 정도로 정상이 아니다.

> Вне своейобласти, т.е. зоологии, эмбриологии, анатомии, ботаники и географии, профессор Персиков почти никогда не

105) Уэллс Г., *Соб. соч. в* 15 *тт.* т.3, Москва: Правда, 1964. c.191. 이하, 이 책과 선집으로부터의 인용은 본문에 (Уэллс-권 수: p.페이지 수)로 본문에 약칭한다.

говорил. Газет профессор Персиков не читал, в театр не ходил, а жена профессора сбежала от него. (Булгаков-2: pp.45-46)

자신의 분야, 즉 동물학, 발생학, 해부학, 식물학 그리고 지리학 이외에 대해서 페르시코프 교수는 거의 아무 말도 하지 않았다. 페르시코프 교수는 신문도 읽지 않았으며 극장에도 다니지 않았다. 결국 교수의 아내는 그로부터 도망쳐버렸다.[106]

이처럼 실생활에 전혀 도움이 안될 정도로 비실용적인 페르시코프 교수의 어린아이 같은 순진함 내지는 순수함은 취재기자와의 관계에서 다시 잘 드러난다. 교수는 자신의 실험실에 갑자기 쳐들어오듯 예고없이 방문한 기자에게 속수무책이며, 그의 교묘한 유도성 질문에도 아랑곳하지 않고 어린아이처럼 순순히 대답한다. 또한 거리에 숨어서 기다리다가 갑자기 나타나 취재할 정도로 집요하게 따라붙는 기자들의 질문 공세에 교수는 항상 이용당하며 무능하다(Булгаков-2: pp.57-62). 이와 같은 주인공과 기자의 관계 속에서 작가는 대참사의 원인도 바로 기자에게 있음을 강조해 나아간다. 즉 신문에 '생명 방사선'이라는 무식한 기사가 나가는 바람에 교수의 발명에 대하여 크레믈린에서 알게 되었고, 곧이어 이를 국가적 목적을 위해 즉시 사용하라는 명령이 내려진 것이었다. 또한 페르시코프 교수의 파멸과 죽음에 대해서도 상당부분 기자들의 간접적인 책임이 있는 것으로 묘사된다. 즉 신문에 연일 대서특필로 보도되는 기사로 인해 혼란스러워진 군중들은 이 모든 것의 원인이 페르시코프의 발명에 기인한 것처럼 보도된 신문기사를 보고 갑자기 성난 폭도로 돌변하여 교수를 무참히 살해한다(Булгаков-2: pp.103-106, pp.113-114).

그런데 신문기자들의 이러한 낯두꺼울 정도로 뻔뻔스러운 취재 열

106) 『비운의 달걀』, 같은 책, p.8.

기와 필요이상으로 크게 떠벌리는 사건보도 행태는『신들의 양식』에서도 유사하게 묘사된다. 비록『비운의 달걀』에서처럼 학자와 기자들 사이의 교제에 대해 관심을 집중시키고 있지는 않지만, 대참사의 예고자로서의 기자들의 뻰뻰스러움과 자신만만함 등이 다음의 인용문에서 그대로 나타나고 있음을 알 수 있다.

> Время от времени к нему 〈Бенсингтону〉 заявлялись необыкновенно решительные молодые люди, увешанные большущими и, наверно, очень дорогими фотографическими аппаратами; они хозяйничали в доме недолго, но весьму успешно, ослепляли всех вспышками магния, который надолго заполнял квартиру невыносимым зловонием, и быстро исчезали. (Уэллс-3: p.259)
>
> 때때로 벤징턴한테 범상치 않게 결연해 보이는 젊은이들이 나타났는데, 이들은 아마도 아주 값비싼 사진촬영 기기들로 보이는 커다란 장비들을 온몸에 가득 걸고 있었다. 이들은 안에서 잠시동안 주인처럼 행세하였다. 그러나 곧 참기 어려운 악취로 아파트 안을 오래동안 가득채우는 마그네슘의 강한 폭발을 아주 성공적으로 수행함으로써 눈을 부시게 하고 나서는 급히 사라져 버렸다.

그런데 이와 같이 웰스의『신들의 양식』에서 사진기자들이 갑자기 들이닥쳐 카메라 플래쉬를 터트림으로써 주위 사람들이 조명 불빛에 눈이 멀 정도로 눈을 부시게 만드는 유사한 장면을 우리는 불가코프의『비운의 달걀』에서도 찾아볼 수 있다.

> Ослепительнейший фиолетовый луч ударил в глаза профессора, и все кругом вспыхнуло, -- фонарный столб, кусок торцовой мостовой, желтая стена, любопытные лица. (Булгаков-2: p.62)
>
> 가장 강한 광도(光度)의 보랏빛 광선이 번쩍하며 교수의 눈을 강타하자, 주위의 모든 것들, 즉 가로등, 나무 벽돌 포장 도로의 조각, 노란색 벽, 호기심 어린 얼굴

들이 갑자기 활활 타올랐다.[107]

즉 1920년대 당시의 기자들이 사진을 촬영할 때 강한 폭발음과 함께 눈부신 조명 불빛이 번쩍하면서 주위의 모든 사물들과 사람들의 모습을 순간적으로 활활 타오른 것처럼 비추던 모습이 마치 영화의 한 장면처럼 연상된다. 이와 같이 불가코프의 『비운의 달걀』과 웰스의 『신들의 양식』에서 발견물의 정체와 비밀을 알아내어 보도하려는 취재 기자들의 집요하고 뻔뻔스러우며 자신만만한 모습이 매우 유사하며, 이들의 사진촬영 장면도 매우 유사하게 묘사되고 있음을 알 수 있다.

또한 두 작품에서 주인공-학자들이 자신의 발명에 대해 보도한 신문기자들을 바라보는 시각 역시 매우 유사하게 묘사되고 있음을 발견할 수 있다. 즉 『비운의 달걀』에서 페르시코프 교수는 신문 기자들의 보도 행태에 극도로 흥분하여 그들을 모두 총살시켜 버릴 수 없느냐고 당국에 고발한다: “А нельзя ли, чтобы вы репортеров расстреляли?”(Булгаков-2: p.70). 이와 유사하게 『신들의 양식』에서도 비록 학자들의 입을 통해서 나오지는 않지만 역시 기자들을 사살시켜 버릴 수 없느냐는 이야기가 나온다. 즉 코사르(Коссар)는 기자들을 모두 사살시켜 버리고 그 자리에 다른 사람을 앉히고 싶은 속내를 드러낸다.

> Все служащие делали вид, что ничего не знают и ничего не могут разрешить 〈…〉 Жаль, что нельзя их всех перестрелять и нанять других, -- со вздохом пробормотал Коссар. (Уэллс-3: p.238)
>
> 모든 근무자들이 아무 것도 모르며 아무 것도 해결할 수 없는 모습을 보였다.

---

107) 불가코프, 『불가코프 중편선』, 정연호 번역, (서울: 신아사, 2010), p.97.

〈…〉 "그들 모두를 사살시켜 버리고 다른 사람들을 고용할 수 없는 것이 유감이야" 한숨을 쉬며 코사르는 중얼거렸다.

이상에서 살펴본 바와 같이, 불가코프의 『비운의 달걀』과 웰스의 『신들의 양식』에 등장하는 주인공들은 자신이 아는 분야 이외에는 전혀 무관심하며 오로지 자신의 연구와 실험에만 몰두함으로써 현실세계와 동떨어지고 실제 생활에 맞지 않는 **순수한 학자의 유형**으로 유사하게 그려지고 있으며, 따라서 새로운 발명의 비밀을 간직한 순진한 **과학자**들과 이들 발명의 정체와 비밀을 캐내려는 능숙능란한 **취재기자**들의 모습이 대조적으로 그려지고 있음을 알 수 있다. 또한 두 작품 속에서 기자들의 인터뷰와 사진촬영 모습이 매우 유사하게 묘사되고 있으며, 기자들의 무분별한 사건 보도 행태에 대한 불만 또한 극도로 흥분된 격한 표현으로 유사하게 묘사되고 있음을 찾아볼 수 있다.

V-3. '실험-발명'의 오남용

불가코프와 웰스의 주인공-과학자들은 겉으로 드러나는 유사한 유형의 성격 소유자들이지만 자신이 개발한 **실험-발명품**에 대한 태도에 있어서는 서로 **대조적인 모습**을 나타낸다. 웰스의 과학자들 즉, 벤징턴과 레드우드 교수는 자신들의 '발명품'(헤라클레오포비아)을 아주 경솔하게 취급한다. 벤징턴은 잘 알지도 못하는 낯선 농부 부부에게 자신이 발명한 분말가루를 주저없이 넘겨주고는 그들이 이것을 실험-병아리들에게 적용시키면서 관리-감독하고 관찰하도록 전권을 위임해버린다(Уэллс-3: p.201). 한편 레드우드 교수는 이 새로운 음식, '붐푸드(boomfood)'를 사려없이 아예 자신의 아들들에게 복용시킨다(Уэллс-3:

p.209). 그리고는 마침내 거대한 땅벌들이 출현하고 사람들의 소동이 벌어짐으로써 자신들이 개발한 발명품이 무시무시한 부차적 효과를 동반한다는 사실을 확실히 깨달았을 때, 두 과학자는 당혹감을 감추지 못한다(Уэллс-3: pp.235-257, p.290).

이와 같이 '실험-발명'에 대해 경솔하였던 웰스의 주인공과 달리 불가코프의 주인공 페르시코프 교수는 자신이 처음으로 발견한 '붉은 광선(красныйлуч)'이 완전히 연구될 때까지 철저하게 실험실 안에서 보안이 유지되도록 온 힘을 기울인다. 그러나 페르시코프 교수는 자신의 이러한 목적을 달성하는데 결국 실패하고 만다. 앞서 살펴보았듯이 바깥세상에 대해 전혀 문외한인 순진무구한 과학자는 이와 정반대 부류의 취재기자들의 공세를 감당해낼 수 없었으며, 결국은 절대권력의 명령에 의해 '실험-발명'의 보안유지는 실패하고 만다.

즉 불가코프와 웰스의 작품에서 '실험-발명품'에 대한 취급 태도는 서로 대조적으로 달랐으나 결과는 같은 상황으로 나온 것이다. 그런데 여기서 '실험-발명품'이 옮겨진 곳, 맡겨진 관리자, 적용-대상이 모두 같은 것으로 나오고 있음을 새삼 발견할 수 있다. 즉 불가코프의 『비운의 달걀』과 웰스의 『신들의 양식』에서 '실험-발명품'이 옮겨진 곳은 모두 시골 농장이며, '실험-발명품'의 관리-감독을 맡은 책임자 또한 모두 무식한 농부와 농장주 부부이고, '실험-발명품'의 적용 대상 역시 유사하게 '병아리들'과 '달걀들'이다.

『비운의 달걀』에서 페르시코프 교수의 단호한 항의에도 불구하고 록(Рокк)은 실험상자를 연구소에서 스몰렌스크(Смоленск)에 위치한 자신의 농장 〈붉은 광선(Красный луч)〉으로 옮겨간다. 한편 『신들의 양식』에서 벤징턴은 자신이 직접 시골로 내려가 적당한 농장을 물색하다가 게으르고 욕심많은 스키너(Скиннер) 부부에게 미래 암탉들의 보살핌과 관찰을 위탁한다.

그런데 여기서 무식한 위탁-관리자들, 즉 스키너와 록이 '실험-발명품'의 사용과 적용방법에 대하여 자신의 과학자들에게 유사하게 문의하고 있음을 발견할 수 있다. 단지 스키너는 **편지로 문의**하고 록은 직접 **전화**를 걸어 **문의**한다는 차이만 있을 뿐, 이들이 얼마나 무식한지를 여실히 드러내고 있다는 점에서 거의 똑같다고 할 수 있다.

『신들의 양식』에서 스키너는 병아리들이 범상치 않은 속도로 무섭게 성장하는 징후들이 나타나기 시작하자, 벤징턴에게 장문의 조리없는 편지를 쓰면서 다음과 같이 질문한다.

> Какие будут ваши распоряжения, надо ли корм давать прежним манером? Который вы тогда смешали, уже, почитай, весь вышел, а самому мне смешивать неохота. (Уэллс-3, p.204)
>
> 당신의 지시를 어떻게 해야 합니까, 예전의 방식대로 먹이를 계속 주어야만 하는지요? 당신이 그 때 혼합한 사료는 이미 거의 다 떨어졌어요. 하지만 제가 직접 혼합하기는 내키지가 않아요.

한편 『비운의 달걀』에서도 무식한 농장주 록은 배달된 상자에서 성급하게 알들을 꺼내서는 유난히 더러워 보이는 알들을 씻어야 할지 아니면 말아야 할지를 교수에게 전화로 다음과 같이 질문한다.

> -- Мыть ли яйца, профессор?
> -- Что такое? Что? Что вы спрашиваете? -- раздражился Персиков.
> 〈…〉
> -- Так не мыть?
> -- Конечно, не нужно... Вы что, хотите уже заряжать яйцами камеры?

-- Заряжаю. Да, -- ответила трубка.
-- Гм, -- хмыкнул Персиков.
-- Пока, -- цокнула трубка и стихла. (Булгаков-2: pp.88-89)

-- "교수, 달걀을 씻어야 합니까?"
-- "뭐라고요? 뭐라고? 뭘 묻는 겁니까?" 페르시코프가 화를 냈다.
〈…〉
-- "그럼 씻지 말라고요?"
-- "물론, 필요 없어요… 당신 벌써 달걀들을 상자에 장전시키려 하는 겁니까?
-- "그래요 장전하고 있어요."라는 대답이 수화기 안에서 들려왔다.
-- "흠," 하며 페르시코프는 약간 유감 섞인 목소리를 냈다.
-- "그럼 이만" 찰칵하는 수화기 소리가 나더니 잠잠해졌다.[108]

이상에서 살펴본 바와 같이, 두 작품에 나타난 주인공-과학자들의 '실험-발명품'에 대한 취급태도는 서로 정반대로 대조적이었으나 결과는 동일하여, 각각 비슷한 시골 농장의 무식한 관리자에게 맡겨져 비슷한 실험-대상물(병아리와 달걀)을 상대로 적용됨으로써, **'실험-발명'의 '오남용'**이 매우 유사하게 진행되어 나아가는 것을 확인할 수 있으며, '실험-발명품'에 대한 관리자들의 질문 속에서도 유사한 무식함과 함께 그로 인하여 초래될 엄청난 **대참사의 위협성**이 공통적으로 나타나고 있음을 알 수 있다.

V-4. 암탉의 테마

불가코프의 『비운의 달걀』과 웰스의 『신들의 양식』에는 각각 **'거대한 암탉'**과 관련된 이야기들이 진행되어 나아간다. 그런데 이런 거대한 암탉과 관련된 이야기들은 다분히 에피소드적이며 우스꽝스러운

108) 『불가코프 중편선』, 앞의 책, pp.143-144.

삽화적 사건으로 묘사된다. 『신들의 양식』에서는 거대한 몸집의 암탉이 어린아이를 탈취하는 우스꽝스러운 사건이 벌어지며(Уэллс-3: p.219), 『비운의 달걀』에서는 '붉은 광선'을 쬐었으면 벌써 알에서 깨어나 거대한 몸집으로 불어났을 암탉들이 아무데서도 발견되지 않자, 화가난 농장주인이 보초를 섰던 방호원을 심하게 나무르는데, 이에 방호원은 거대한 암탉이 도망간들 자전거를 타고 못 쫓아가겠느냐고 반문하는 우스운 이야기가 전개된다(Булгаков-2: p.96). 또한 『비운의 달걀』에는 말만한 크기의 **거대한 암탉**이 출현하였다는 매우 우스꽝스러운 기사가 〈이즈베스찌야〉 신문에 실린다.

> Грачевка, Смоленской губернии. В уезде появилась курица величиною с лошадь и лягается, как конь. Вместо хвоста у нее буржуазные дамские перья. (Булгаков-2: p.104)
>
> 스몰렌스크 현의 그라체브카. 이 시골마을에 말만한 크기의 암탉이 나타나서 말처럼 닥치는대로 걷어차고 있다. 이 암탉에게는 꼬리 대신에 부르주아 부인네들의 깃털이 달려있다.[109]

그런데 이와 같이 말만한 크기의 **거대한 암탉**이 출현하는 등의 돌발적인 사건에 대한 유사한 이야기를 우리는 웰스의 다른 작품 『에피오르니스의 섬(Остров Эпиорниса)』에서도 찾아볼 수 있다. 즉 주인공은 유사 이전의 **거대한** 새와 자신이 벌인 교전에 대하여 다음과 같이 이야기한다.

> Сперва она наградила меня этим, -- человек показал на свой шрам. -- Потом лягнула меня. Лягнула, как ломовая лошадь.

109) 『불가코프 중편선』, 앞의 책, p.172.

(Уэллс-1: p.460)

"처음에 그 새는 이것으로 나에게 상을 주었어"하며 그 사람은 자신의 상처를 보여주었다. "다음에 그 새는 나를 걷어찼어. 짐 실는 말처럼 걷어 찼지.

이와 같이 불가코프의 작품이나 웰스의 작품에는 **'커다란 암탉'**이 출현하는 우스꽝스러운 사건이 마치 삽화처럼 이야기 사이사이에 유사하게 끼워 넣어져 있음을 알 수 있으며, 특히 '말'만한 크기의 암탉에 대한 이야기는 역시 웰스 작품에 나오는 '말'만한 크기의 '새'에 대한 이야기와 같이 웃음을 자아내는 에피소드로서 매우 유사하게 묘사되고 있음을 발견할 수 있다.

그런데 여기서 우리는 불가코프 작품이나 웰스 작품에 공통적으로 나타나는 '암탉의 테마'에는 **유사점**과 아울러 커다란 **차이점**이 있음을 찾아볼 수 있다. 즉, 웰스에게 있어 '암탉의 테마', 즉 거대한 암탉의 출현은 '붐푸드'를 먹고 몸집이 비대해진 거인(巨人)의 탄생과 비교하기 위해 앞서 벌어지는 사건으로서 그냥 경미하게 지나가는 **에피소드**와 같이 커다란 의미가 부여되어 있지 않지만, 불가코프에게 있어 **'암탉의 테마'**는 **부활**을 상징하는 **'붉은 달걀'**[110]과 연계되면서 매우 중요한 의미를 지닌다. 『신들의 양식』에서 거대한 암탉의 사육이 단순히 실험을 위한 실험기지의 역할이라면, 『비운의 달걀』에서의 암탉의 사육은 **위험한 과학과 무지(無知)한 정권**을 맺어주는 연결고리이며, 러시아 전역으로 번지는 **대참사의 촉매제**로서 매우 중요한 구성요소이다. 즉 '암탉의 테마'와 관련하여 두 작가가 접근하는 방법에는 원칙적으로 각기 다른 각도에서의 추적이 이루어지고 있음을 알 수 있다.

110) Яблоков Е. А., *Художественный мир Михаила Булгакова*, Москва: Языки славянской культуры, 2001, сс.50-52.

다시 말하자면, 웰스는 자신의 작품 『신들의 양식』의 중심사상을 효과적으로 전달하기 위한 수단으로서 '사회주의 유토피아' 즉 '거인의 탄생'을 생각하였다. 그러므로 작가는 독자들의 관심을 '사회주의 유토피아'의 알레고리로서의 '거인의 탄생' 쪽으로 몰아가기 위하여, 이야기 줄거리의 사전 단계로서 '거대한 암탉'의 이야기가 필요한 것이었다. 즉 『신들의 양식』에서의 '암탉의 테마'는 **사회주의 유토피아의 '알레고리'**에 앞서 급히 스쳐 지나가는 **우스꽝스러운 에피소드**에 불과한 것이다.

이에 반해, 불가코프의 경우에는 '알레고리' 자체가 바로 '암탉의 테마' 안에 귀결되어 있다. 즉 '붉은 광선'을 쬐임으로써 암탉의 달걀로부터 거대한 암탉을 부활시키는 '**실험**'은 바로 **사회주의 붉은 '혁명'의 알레고리**이며, 그러므로 그 실험의 운명은 바로 공산주의 유토피아의 운명을 상징하는 것이다.

이상에서 살펴본 바와 같이, 불가코프의 『비운의 달걀』과 웰스의 『신들의 양식』에 나타나는 '암탉의 테마'는 이야기 사이사이에 끼워 넣어진 우스꽝스러운 에피소드와 같이 서로 비슷한 유사성도 지니고 있지만, 그 내부에는 '**암탉의 테마**'를 바라본 두 작가의 각기 다른 시각과 접근 방법이 존재함을 감지할 수 있다. 즉 『신들의 양식』에서의 '암탉의 테마'는 사회주의 유토피아의 알레고리를 위하여 사전에 스쳐 지나가는 에피소드에 불과하지만, 『비운의 달걀』에서의 '암탉의 테마'는 그 자체가 **사회주의 유토피아의 알레고리**로서 매우 중요한 의미를 지니고 있다.

V-5. 대참사

불가코프의 『비운의 달걀』이나 웰스의 『신들의 양식』이나 모두 이야기의 절정은 대량파괴와 살상이 동반된 대참사의 발생이다. 여기서 불가코프는 선배 작가 웰스의 작품에서 거의 그대로 인용문을 따오듯이 웰스의 유사한 줄거리들을 쫒아간다. 대참사가 발생하고 이를 센세이셔널하게 보도한 신문의 호외보를 여기저기 뿌리며 목청껏 소리 높여 외치대는 신문팔이 소년들의 모습은 다음 인용문들의 비교에서 거의 똑같게 묘사되고 있음을 확인할 수 있다.

> Мальчишки-газетчики выкрикивали последнюю сенсацию: -- Жуткая драма в Кенте! Жуткая драма в Кенте! Врача съели крысы! Жуткая драма, жуткая драма!… Крысы! Громадные крысы! Жуткая драма, все подробности! (Уэллс-3: p.235)
>
> 어린 신문팔이 소년들이 최근의 센세이션을 큰소리로 외쳐댔다. "켄트에서의 무서운 드라마! 켄트에서의 무서운 드라마! 쥐들이 의사를 잡아먹었다! 무서운 드라마, 무서운 드라마!… 쥐들! 거대한 쥐들! 무서운 드라마, 매우 상세함!

> Мальчишки-газетчики рычали и выли между колес моторов: -- Кошмарная находка в подземелье! Польша готовится к кошмарнойвойне!! Кошмарные опыты профессора Персикова! (Булгаков-2: p.76)
>
> 어린 신문팔이 소년들이 자동차 바퀴들 사이를 헤집고 다니며 아우성치듯 큰소리로 외쳐댔다. "악몽의 발견은 지하 땅 속으로! 폴란드가 악몽의 전쟁을 준비한다!! 페르시코프 교수의 악몽의 실험![111]

또한 대참사를 전하는 방법에 있어서도 두 작가는 유사한 방법을

---

111) 『불가코프 중편선』, 앞의 책, p.122.

택한다. 즉 실험으로인해 생겨난 실험적 존재들과 인간들 사이에 벌어진 대전투에 대하여 작가들은 직접 묘사하지 않고 간접적인 방법을 통하여 전한다. 불가코프는 『비운의 달걀』에서 신문에 보도된 내용을 인용하는 방식으로 다음과 같이 전투 소식을 전한다.

> Сообщалось, что Отдельная Кавказская кавалерийская дивизия в можайском направлении блистательно выиграла бой со страусовыми стаями, перерубив их всех и уничтожив громадные кладки страусовых яиц. (Булгаков-2: p.112)
>
> 카프카즈 기병 여단이 타조 알의 거대한 산란지를 급습하여 모든 타조들을 남김없이 참살시키고 나서, 모자이스크 방향에서 벌어진 타조 떼와의 일대 전투에서 찬란하게 승리하였다고 전하였다.[112]

이러한 간접 전달 방식은 웰스에게서도 마찬가지였다. 즉 거대한 말벌들, 타조만한 크기의 병아리들, 거대한 쥐들과 사냥꾼들 사이에 벌어진 전투에 대하여, 작가는 직접 묘사하지 않고 마치 한편의 장중한 대서사시를 전하듯이 쓰고 있다(Уэллс-3: pp.235-257).

한편, 이러한 대참사의 와중에서 발생하는 주인공의 비극적 운명에 있어서는 두 작품 사이에 차이가 있음을 알 수 있다. 즉 『신들의 양식』에서 주인공 벤징턴은 몰래 노파로 변장하여 성난 군중들 사이를 무사히 빠져 나가나, 『비운의 달걀』에서 주인공 페르시코프 교수는 성난 군중들을 피하지 않고 스스로 앞에 나가 죽음을 맞이한다.

그런데 이러한 주인공의 비극적인 운명과 죽음에 있어서는 웰스의 또 다른 작품 『모로 박사의 섬』과의 비교에서 더욱 더 많은 유사점을 발견할 수 있다. 즉 주인공들이 비극적인 최후를 맞이하는 것도 유사

112) 『불가코프 중편선』, 앞의 책, p.187.

할 뿐만 아니라, 그 죽음의 형태에 있어서도 모두 '머리'가 산산조각이 나서 죽는 것이다. 『모로 박사의 섬』에서 모로 박사는 자신의 창조물인 퓨마의 송곳니에 물어 뜯겨져 죽임을 당하며, 페르시코프 교수는 원숭이 같이 생긴 사람의 몽둥이에 맞아 죽임을 당한다. 즉 모로 박사는 인간이 아직 덜 된 동물, 즉 퓨마에 의해 죽임을 당하고, 페르시코프 교수는 원숭이 같이 생긴 인간, 즉 동물-인간에 의해 죽임을 당하는 것이다. 다시 말하면 두 과학자의 살해자들은 모두 '동물-인간'들인 것이다.

이와 같이 '동물-인간'들에 의하여 살해당한 과학자들의 죽음의 모습은 특히 '머리'를 강타당하거나 찢겨져 죽은 모습으로 나온다. 『모로 박사의 섬』에서 모로 박사를 찾아 나선 프렌딕(Прендик)은 오랜 수색 끝에 다음과 같은 모습의 시신을 찾아낸다.

> Моро лежал лицом вниз на полянке… **Голова** его была разбита цепями пумы. (Уэллс-1: p.237)
>
> 숲 속 초지에 모로가 얼굴을 아래로 하고 누워있었다…그의 머리는 퓨마의 쇠사슬에 맞아 부숴져 있었다.

이와 같은 모로 박사의 죽음과 유사하게 같은 부위의 머리를 강타당해 죽는 페르시코프 교수의 죽음을 다음의 인용문에서 확인할 수 있다.

> Низкий человек, на обезьяньих кривых ногах 〈…〉 страшным ударом палки раскроил ему **голову**. (Булгаков-2: p.114)
>
> 원숭이의 굽은 다리를 한 낮은 키쟁이가 〈…〉 몽둥이의 무시무시한 일격에 그의 머리는 내리쳐지며 피가 터졌다.[113]

113) 『불가코프 중편선』, 앞의 책, p.191.

이와 같이 두 작가는 과학자들의 죽음의 직접적인 사인(死因)이 '머리' 외상에 있음을 특별히 강조한다. '머리'는 인간의 '이성'이 저장된 용기(用器)이며 저장소이다. 즉 과학자들의 머리 속에 들어 있는 '이성'은 자신들이 발견한 실험-발명의 결과와 그로 인해 빚어질 엄청난 사태를 전혀 예견하거나 예측할 수 없었다. 그러므로 '머리'가 박살난 것은 이러한 '이성'이 박살난 것이며 다시는 그러한 실험이나 발명을 할 수 없게 된 상태를 의미한다고도 볼 수 있다. 그리고 이러한 '이성'은 가장 '감성'적이라 할 수 있는 '동물적 본능'과 맞닥뜨리고 충돌하자마자 '머리'가 박살나듯이 열어 젖혀지며 산산조각나고 만다.

이상에서 살펴본 바와 같이, 불가코프와 웰스의 작품에서는 유사한 모양새의 대참사가 발생하고 있으며, 불가코프는 대참사의 발생상황과 발생 후의 사건보도 및 신문전달 모습 그리고 전투에 대한 간접적인 전달 수법 등에 있어서 웰스의 작품과 아주 유사하게 묘사하고 있음을 확인할 수 있다. 한편, 『모로 박사의 섬』과 『비운의 달걀』에서는 주인공들의 비극적인 최후와 죽음이 매우 유사하게 그려지면서, 특히 '동물-인간'에 의해서 주인공의 '머리'가 강타당하는 죽음이 묘사되고 있는데, 이는 자신의 '실험-발명'의 운명조차 예측하지 못한 '이성'이 가장 감성적인 '동물적 본능'에 의하여 무참하게 산산조각 남으로써, 다시는 그와 같은 '실험-발명'을 할 수 없게 된 상태를 의미한다.

V-6. 피날레

『비운의 달걀』의 피날레는 『신들의 양식』보다 웰스의 다른 소설 『우주전쟁(Война миров)』과 『투명인간(Человек-невидимка)』에서 더 유사점을 찾아볼 수 있다. 즉 『비운의 달걀』에서 발생한 파충류들의 모스크바 진격이나 『우주전쟁』에서 벌어진 화성인들의 침입은 결국 '인간'의 힘이 아닌 '자연'의 힘에 의하여 어느날 갑자기 멈춰진다. 『비운의 달걀』에서 발생한 거대한 뱀, 악어, 타조들은 사람의 손에 의해 괴멸되는 것이 아니라, 어느날 갑자기 불어닥친 영하의 날씨에 의해 모두 다 얼어 죽는다(Булгаков-2: p.115). 『우주전쟁』에서도 화성인들을 괴멸시킨 치명적인 무기는 의외로 평범한 박테리아였음이 밝혀진다.

> Прямо на земле лежали марсиане, окоченелые безмолвные -- мертвые! -- уничтоженные какой-то пагубной бактерией, к борьбе с которой их организм не был приспособлен 〈…〉 после того, как все средства обороны человечества были исчерпаны, пришельцы были истреблены ничтожнейшими тварями, которыми премудрый Господь населил землю. (Уэллс-2: p.147)
>
> 땅 위에 화성인들이 아무 감각없이 조용히 똑바로 누워 있었다. 죽은 시체들! 어떤 매우 유해한 박테리아에 의해 괴멸된 시체들이었다. 그들의 유기체는 박테리아와 싸우기 적합하도록 설비되어 있지 않았다. 〈…〉 인간들의 모든 방어 수단들이 다 소진되어 버리고 난 후에 괴물들은 가장 현명하신 주(主)께서 이 지구상에 살게 한 가장 하찮은 미물들에 의해 박멸되었다.

한편, 『비운의 달걀』의 피날레에서의 마지막 맺음말은 역시 『투명인간』의 피날레에서의 결론적 맺음말과 매우 흡사하다. 소설의 막을 내리며 맺는 이러한 마지막 문장은 두 작품에서 모두 죽은 학자들, 즉 페르시코프와 그리핀(Гриффин)을 떠올리며 기리는 '진혼제'와도 같이 서로 유사하게 묘사되고 있다.

> Луч же этот вновь получить не удалось, хоть иногда изящный джентльмен и ныне ординарный профессор Петр Степанович Иванов и пытался.. Очевидно, для этого нужно было что-то особенное, кроме знания, чем обладал в мире только один

человек -- покойный профессор Владимир Ипатьевич Персиков. (Булгаков-2: p.116)

그 광선을 다시 얻는 것은 성공하지 못했다. 이따금 우아한 신사이며 현재 정교수로 있는 뾰뜨르 스제빠노비치 이바노프가 아무리 애를 써 보았지만… 그것을 얻기 위해서는 지식 이외에 뭔가의 특별한 것이 필요함이 분명했다. 그 특별한 것은 이 세상에서 오로지 한 사람만이 소유했었다. 바로 죽은 블라지미르 이빠찌예비치 뻬르시코프 교수이다.[114]

『투명인간』에서 '투명성'의 비밀은 외견상 선술집 주인 마블(Марвел)이 가지고 있다. 그에게 '투명성'의 비밀이 담겨진 그리핀의 책들이 있는 것이다. 마블은 아무도 모르게 일주일에 한 번씩 자신만의 비밀 장소에서 이 책들을 보며 그리핀에 대하여 회상한다. 하지만 '투명성'의 비밀을 알 수 있는 사람은 이 세상에서 오로지 한 사람, 바로 그리핀뿐이다.

Сколько тут тайн, -- говорит он, -- удивительных тайн… Эх, доискаться бы только! Уж я бы не так сделал, как он. 〈…〉 И, несмотря на все розыски, предпринимаемые неутомимым Кемпом, ни один человек на свете, кроме самого хазяина трактира, не знает, где находятся книги, в которых скрыта тайна невидимости и много других поразительных тайн. И никто этого не узнает до самой его смерти. (Уэллс-3: p.402)

"비밀투성이야." 그가 말을 내뱉었다. "불가사의한 비밀이야…에흐, 내가 그 모든 비밀을 풀 수만 있다면야! 그 자가 범했던 실수를 하지는 않을 텐데. 〈…〉 그리고 지칠 줄 모르는 캠프에 의해 실행된 온갖 수색에도 불구하고, 이 선술집 주인 이외에는 그 누구도 투명성에 대한 불가사의한 비밀과 그 외 다른 놀랄만한 비밀들이 많이 담긴 그 책들이 여기 있다는 것을 알지 못한다. 아마 그가 죽을 때까지 그 누구도 그 비밀을 알지 못할 것이다.

114)『비운의 달걀』, 앞의 책, pp.177-178.

이상에서 살펴본 바와 같이, 『비운의 달걀』에서 어느날 갑자기 불어닥친 **영하의 추운 날씨**에 의해 모든 파충류들이 괴멸되는 것은 『우주전쟁』에서 지구에 쳐들어온 화성인들이 갑자기 **박테리아**에 감염되어 모두 괴멸되는 것과 매우 유사하며, 또한 『비운의 달걀』의 피날레가 이 세상에서 '붉은 광선'을 발명할 수 있는 사람은 오로지 **페르시코프 교수 한 사람 뿐**이라며 끝나는 것은, 『투명인간』의 피날레가 역시 이 세상에서 '투명성'의 비밀을 알 수 있는 사람은 **오로지 그리핀 한 사람 뿐**이라며 끝나는 것과 매우 유사하다.

V-7. 맺는 글

불가코프의 『비운의 달걀』은 웰스 작품의 영향을 많이 받았으며 그 중에서도 『신들의 양식』으로부터 가장 많은 영향을 받았다. 그러므로 『비운의 달걀』과 웰스의 여러 작품들 사이에서는 여러 가지 유사한 점을 많이 찾아볼 수 있다.

우선, 『비운의 달걀』과 『신들의 양식』에 등장하는 주인공-과학자들은 자신의 연구분야 이외에는 아무 것도 모르는 순진한 철부지 '학자'의 형상을 지님으로써, 항상 능수능란한 취재기자들의 위선적 보도에 피해당하는 '희생양'의 모습을 나타내고 있으며, 자신들이 개발한 '실험-발명품'을 유사한 시골 농장의 무식한 관리자에게 맡겨 각각 유사한 실험-대상물을 상대로 한 **'실험-발명'의 오남용**을 방치함으로써, 엄청난 재앙을 초래하는 유사성을 지니고 있다. 한편, 두 작품에는 공통적으로 '암탉의 테마'가 존재하는데, 『신들의 양식』에서는 사회주의 유토피아의 알레고리를 위하여 사전에 스쳐 지나가는 에피소드로서 '암탉의 테마'가 사용되지만, 『비운의 달걀』에서는 '암탉의 테마' 자체가 사회주의 유토피아의 알레고리로 사용됨으로써 매우 중요한 의미를 지닌다. 또한, 두 작품에서 공히 유사한 대참사가 발생하고 있으며, 대참사의 발생상황과 발생 후의 사건보도 및 신문전달 모습 그리고 전투에 대한 간접적인 전달 수법 등에 있어서도 매우 유사한 점을 발견할 수 있다.

하지만, 주인공의 비극적 최후와 죽음에 있어서는 『신들의 양식』보다 『모로 박사의 섬』에서 더 많은 유사점을 발견할 수 있는데, 특히 '동물-인간'에 의해서 주인공의 '머리'가 강타당하는 죽음이 묘사되고 있는 것은, 자신의 '실험-발명'의 운명조차 예측하지 못한 '이성'이 가장 '감성'적인 동물적 본능에 의하여 무참하게 산산조각나는 상황을 그린 것이며, 아울러 다시는 그러한 '실험-발명'을 할 수 없게 된 상태를 의미한다.

한편, 『비운의 달걀』과 『우주전쟁』의 피날레는 인간들의 무기에 의하지 않고 '자연'의 힘('영하의 날씨', '박테리아')에 의해서 끝난다는 공통점이 있으며, 『비운의 달걀』과 『투명인간』의 피날레에는 실험-발명('붉은 광선', '투명성')에 대한 비밀-열쇠는 오로지 한 사람('페르시코프', '그리핀')만이 가지고 있다는 공통점이 묘사되고 있다.

PART **03**

불가코프와 체홉

불가코프(1891-1940)와 체홉(1860-1904)은 여러 면에서 비슷한 점이 많다. 우선 둘 다 작가이며 극작가였다는 점을 들을 수 있으며, 그 보다 먼저 둘은 모두 의사-작가였다는 사실을 또한 간과할 수 없다. 그리고 더 중요하게 여겨야 될 것은 불가코프가 어린 시절부터 체홉을 아주 동경하였으며 그의 작품과 연극을 탐닉하였다는 사실이다. 또한 불가코프는 모스크바 예술극장의 공연 후에 공공연히 '체홉의 후계자'로 불리우기도 하였다. 그러므로 "불가코프와 체홉"에 관한 테마 연구는 그동안 러시아 문학연구에서 다각도로 이루어져 왔다.

불가코프가 극작가로서 한때 '체홉의 후계자'로 불리운 것은 그의 작품들 속에 체홉적인 창작의 유사성이 있기 때문일 것이다. 불가코프의 첫 장편소설 『백위군』은 희곡으로 각색되어 1925년 모스크바 예술극장의 무대 위에 올려졌으며, 이를 관람한 관객들 대부분은 체홉의 연극을 떠올리며 체홉과의 유사성을 생각하였다. 과연 어떠한 유사점이 있기에 불가코프의 희곡을 관람한 관객들 대다수가 체홉의 희곡과 비슷하다고 느꼈을까? 그리고 그 차이점은 무엇인가?

(논문VI) 불가코프 작품에 나타난 체홉적 창작의 유사성 고찰

----- * * * -----

불가코프와 체홉은 의사-작가로서 한때 의사였다. 체홉은 의사와 작가를 동시에 겸직하였지만 불가코프는 의사를 포기하고 전업 작가의 길을 걷는다. 불가코프는 체홉의 단편들을 아주 좋아하였는데, 그 중에서도 특히 단편 『외과 의술』과 『검은 수사』를 좋아하였다. 훗날 '검은 수사'의 영향에 대하여 불가코프는 여러 번 밝히고 있으며, 이러한 전기적 사실은 그의 작품들, 『개의 심장』, 『모르핀』, 『죽은 자의 수기』, 『거장과 마르가리타』에서 **'질병'의 테마**로 나타난다.

(논문VII) 불가코프와 체홉 작품에 나타난 '질병'의 테마

VI. 불가코프 작품에 나타난 체홉적 창작의 유사성 고찰

-- 『백위군』과 『뚜르빈가의 나날들』을 중심으로 --

불가코프는 어린 시절부터 체홉을 좋아하였으며 여러 가지 면에서 체홉과 비슷한 문학적 삶을 살았다. 따라서 그의 작품에는 체홉과 비슷한 **창작의 유사성**이 보이며, 이에 대하여 많은 문학 연구가들의 선행연구가 있어 왔다. 본 논문에서는 불가코프와 체홉의 유사성이 확연하게 어떠한 유사성이며, 그 근거와 차이점은 어디에서 오고 있는지를 구체적으로 살펴보기 위하여, 불가코프가 작가로서 첫 발을 내디딘 1920년대에 썼던 펠리에톤들과 그를 **체홉의 후계자**로 만든 『백위군』과 『뚜르빈가의 나날들』을 중심으로 체홉적인 창작의 유사성을 고찰하였다. 불가코프 작품에 나타난 체홉적인 창작의 유사성은 초기 펠리에톤들에서는 체홉의 단편과 희곡들로부터 제목, 에피그라프, 등장인물의 이름, 유사한 장면 등을 거의 그대로 사용하는 **단순모방적인 성격**을 드러내다가, 첫 장편소설 『백위군』과 이를 각색한 희곡 『뚜르빈가의 나날들』에서는 단순모방적 성격에서 탈피하여 보다 **작품 체계적인 유사성**을 나타내고 있음을 확인할 수 있다.

VI-1. 들어가는 글

불가코프와 체홉은 서로의 작품을 대조하지 않고 작가의 운명만을 놓고 보더라도 유사한 점이 많음을 쉽게 발견할 수 있다. 우선, 두 작가의 주요한 공통점 가운데 하나는 모두 **의사의 직업**을 가졌었다는 것이며, 이런 의사 직업이 작가의 운명과 세계관에 각각 영향을 미쳤다는 것이다. 두 작가가 살았던 시대는 다소 시간적 차이는 있지만 변화와 혼란의 시대로서 외부로부터 행위를 제약받고 강요받던 시대였다. 체홉은 의사 직업과 문학을 겸비할 수 있었지만(Чехов Письма-2: p.326)[115], 불가코프는 의과대학을 졸업 후 약 3년 동안만을 실제 의사로 있었으며 그 후에는 의사직을 포기하고 작가의 길을 걸었다. 당시 내란 기간이였던 의대생 불가코프는 혼란의 와중에서 백위군 진영의 의사로 복무하였고, 이러한 종군의(從軍醫) 경력은 후에 불가코프로 하여금 자신이 의사였었다는 사실을 숨기게 만들며 끝내는 '의사직' 자체를 완전히 포기하게끔 만든다.[116] 하지만 중요한 것은 불가코프는 인텔리겐챠 가정 출신이었으며 이러한 인텔리겐챠들이 체홉의 많은 작품들에서 등장인물의 전형으로 등장하고 있다는 것이다. 불가코프의 부모는 체홉과 같은 세대였으며[117] 체홉이 활동하였던 1890년대 초에

115) 체홉은 의학을 자신의 합법적인 '아내'라고 불렀으며 문학은 '애인'이라 불렀다. "Медицина--моя законная жена, а литература--любовница. Когда надоедает одна, я ночую у другой. Это хотя и беспорядочно, но зато не так скучно, да и к тому же от моего вероломства обе решительно ничего не теряют." // Чехов А. П. *Полное собрание сочненийи писем*: *В* 30 *томах*, *Письма*: *В* 12 *томах*, (Москва: Наука, 1974-1982), т. 2, стр.326. (이하, 이 선집으로부터의 인용은 'Чехов Письма-권 수: p.페이지 수'로 본문에 약칭한다).

116) 내란이 끝나고 소비에트 군사위원회로부터 병역복무 의사로서의 소환령을 받았을 때, 불가코프는 이미 오래전에 의학에 대한 극단적 혐오로 인해 의술 자체를 완전히 포기하였다는 내용의 소견서를 정식문서로 제출한다. Колесникова Е. А., "Обзор биографических материалов М. Булгакова в Пушкинском Доме", *Творчество Михаила Булгакова*: *Исследования. Материалы. Библиография*, *Кн*.3, (СПб.: 1995), с.164. // 정연호, "불가코프 작품에 나타난 '의사'의 형상", 『노어노문학』 제21권 4호, (서울: 한국노어노문학회: 2009), p.594. 참조.

117) 불가코프의 아버지 Афанасий Иванович는 체홉보다 1살이 더 많았다.

서 1900년대의 '체홉의 시대'에는 불가코프는 아직 어린 유소년기였다. 1920년대 초 불가코프가 모스크바에 도착하여 사도바야 거리 10번지에 정착하였는데 우연히도 같은 사도바야 거리 6번지에는 체홉의 집이 있었으며, 체홉은 이 집에서 1886년부터 1890년까지 약 4년간 살았었다. 게다가 모스크바에서 불가코프를 처음 만난 작가 카타예프(В. Катаев)는 불가코프를 처음 보는 순간 그의 외모가 체홉과 매우 흡사하다는 이야기를 하였다고 전해진다.[118] 또한 죽어서도 우연인지 필연인지 불가코프는 체홉과 같은 곳에 가까이 묻혀있다. 즉 모스크바 노보제비치 수도원의 공동묘역에 두 작가의 묘가 나란히 위치해 있는 것이다. 그리고 공교롭게도 두 작가는 나이 50을 넘기지 못한 채 짧은 생을 마감하였다.[119] 불가코프에 대한 회상기에 따르면 불가코프는 체홉을 마치 자신의 친척처럼 생각하였으며, 체홉에 관하여 말하기를 마치 아주 가까운 지인(知人)에 대하여 말하듯이 이야기하였던 것으로 알려진다. 즉 그의 두 번째 아내 벨로제르스카야(Л. Белозерская)가 "어떤 문학작품이 가장 훌륭하느냐?"는 불가코프의 물음에 레르몬토프의 『따만』이라고 대답하자, 불가코프는 즉시 체홉도 그렇게 여기고 있더라고 말하였다는 것이다(Белозерская: pp.142-143).[120]

이처럼 불가코프는 항상 체홉과 관련되어 있었고 아주 비슷한 삶을 살았을 뿐만 아니라, 그리 길지 않은 문학적 운명에 있어서도 '체홉의

118) *Воспоминания о Михаиле Булгакове*, (Москва: Советский писатель, 1988), стр.494.

119) 체홉(1860 1904)은 44세, 불가코프(1891 1940)는 49세를 살았다.

120) Белозерская-Булгакова Л. Е., *Воспоминания*, (Москва: Художественная литература, 1989), сс.142-143. (이하, 이 책으로부터의 인용은 'Белозерская: p.페이지 수'로 본문에 약칭한다.)

극장'이라 할 수 있는 **모스크바 예술극장**(MXAT)과 깊은 관련을 맺었다. 비록 불가코프 살아 생전에는 오로지 『뚜르빈가의 나날들』만이 공연되었지만, 그의 수많은 희곡들이 이 극장과 관련을 맺었으며 불가코프 자신도 몸소 1930년부터 1936년까지 이 예술극장에서 활동하였다. 그러므로 불가코프는 모스크바 예술극장의 초창기 때부터 체홉과 함께 일하며 체홉을 아주 잘 알고 지냈던 스타니슬라프스키(К. Станиславский), 단첸코(В. Немирович-Данченко), 모스크빈(И. Москвин), 카찰로프(В. Качалов), 리토프쩨바(Н. Литовцева), 루즈스키(В. Лужский) 등의 원로세대들과 잘 알고 지냈으며, 이들 원로그룹들은 체홉과 매우 우호적인 친분관계를 유지하였던 사람들이었기에, 불가코프는 이들로부터 작가 체홉에 대하여 자세한 이야기들을 자주 들을 수 있었다. 더구나 극장에는 체홉의 미망인(О. Книппер-Чехова)이 아직 근무하고 있었으며 불가코프는 그녀와도 아주 잘 알고 지냈다.

이와 같은 모스크바 예술극장과 관련된 사람들과의 전후맥락에서 당시 비평가들은 **안톤 체홉과 미하일 불가코프** 사이의 문학적인 교류 및 교감 등에 대하여 예전부터 이야기했었다. 그리고 이러한 테마는 『뚜르빈가의 나날들』의 공연이 이루어진 1926년부터 오늘날까지 약 85년이란 긴 세월이 흐른 셈이다. 하지만 이미 잘 알려졌다시피, 불가코프가 살아있을 동안에 그의 많은 작품들은 세상에 빛을 보지 못했으며 그가 죽은 후에도 오랫동안 알려지지 않은 채로 남아 있었다. 불가코프의 작품들이 출판되기 시작한 것은 오로지 1960년대에 들어와서이며, 그 후 그의 작품들은 비로소 문학 연구가들의 연구대상이 되기 시작하였다. 그리고 불가코프 창작에 대한 폭넓은 연구는 그 보다 훨씬 늦은 1990년대에 들어와서야 비로소 시작되었다. 그러므로 문학 연구에 있어서 '**불가코프와 체홉**'이라는 비교적 오래되고 진부한 테마임에도 불구하고 아직 연구되지 않은 부분이 상당히 남아 있다. 불가코프와 체홉 두 작가의 상관관계에 대한 연구는 1960년대 1970년대에 문학연구가 스멜랸스키(А. Смелянский)에 의하여 시작되었다.[121] 하지만 스멜랸스키는 주로 불가코프와 모스크바 예술극장 사이의 상관관계와 그 역사에 대해서 연구를 집중하였으므로, 1980년대 중반에 나온 그의 책『예술극장에서의 미하일 불가코프(Михаил Булгаков в Художественном театре)』는 문학 연구적이라기 보다는 오히려 극장학 내지는 극장학 연구에 더 가까운 경향을 나타내었다.[122] 그러나 스멜랸스키의 이러한 연구는 다음 세대의 문학 연구가들에게 하나의 동기가 되어 1990년대 2000년대에 체홉의 희곡들과 불가코프의『뚜르빈가의 나날들』사이의 **창작적 상관관계**를 다룬 학위논문들이 연이어 발표되었다.[123] 또한 최근 10년에 사이에도 불가코프와 체홉의 상관관계에 대한 문제들은 여러 번에 걸쳐 연구되었다. 그러나 이러한 연구들이 **'불가코**

121) Альтшулер А. М., "А. П. Чехов и М. А. Булгаков", *Ученые записки Ленинградского педагогического института им.Герцена, Серия языка и литературы*, (Ленинград: 1972, No.4). // Альтшулер А. М., "А. П. Чехов и М. А. Булгаков: Сравнительная характеристика драматургической поэтики Чехова и 〈Дней Турбиных〉 Булгакова", XXV *Герценовские чтения. Литературоведение*, (Ленинград: Ленинградский государственный педагогический институт им. А. И. Герцена, 1972). 참조.

122) Смелянский А., *Михаил Булгаков в Художественном театре*, (Москва: Искусство, 1986), 참조.

123) Титкова Н. Е., *Проблема русской литературной традиции в драматургии М. А. Булгакова*, Диссертация кандидата филологических наук, (Н. Новгород: Нижегородский государственный университет, 2000). // Долматова О. А., *Драматургия М. А. Булгакова: формы взаимодействия с русской литературной традицией*, Диссертация кандидата фило логических наук, (Москва: МПГУ, 2001).

프와 체홉'이라는 테마의 문제들을 모두 해결하였다고 보기에는 아직 충분치 않으며, 단지 커다란 연구분야에 있어서의 한 부분으로 보는 것이 합당할 것이다. 즉 불가코프와 체홉, 두 작가의 모든 작품들을 총망라하는 측면에서 '불가코프와 체홉'이라는 테마를 총체적으로 다루었다기 보다는, 다른 작가들과 함께 병행하여 다루거나 또는 각각의 개별적 관점에서 테마를 다루었다. 예를들면 바레니첸코(Вариниче-нко)와 니키뻬로바(Никипелова)의 공동연구에서는 작가의 편지들에 나타난 예술적 형상을 비교하였으며,[124] 쉬쩨이만(Штейман)은 두 작가의 '의학적' 단편들에 나타난 예술적 형상들을 서로 대조시켰다.[125] 또한 루바쉬킨(Рубашкин)은 체홉의『개를 데리고 다니는 부인(Дама с собачкой)』과 불가코프의『거장과 마르가리따』의 상관관계 및 유사성을 분석하였으며,[126] 이바니쉬바(Иваньшива)는 불가코프의 몇몇 희곡들에 나타난 체홉 희곡의 모티브와 그 변형들을 추적하였다.[127] 한편 이러한 연구들에 비해 '불가코프와 체홉'이라는 테마를 보다 폭넓게 다룬 연구는 비렌스키(Виленский)의 단행본『의사 불가코프(Доктор Булгаков)』[128]라고 본

124) Варениченко Т. В., Никипелова Н. А., "Чехов и Булгаков: эпистолярная фор-ма повествования", *Чеховские чтения в Ялте*: 〈*Чехов и XX век*〉, (Москва: Наследие, 1997, Вып. 9), сс.37-44. 참조.

125) Штейман М. С., "Цикл 〈Записок юного врача〉 М. А. Булгакова и традиции русской классики", *Художественный текст и культура*, (Владимир: Владимирский государственный педагогический университет, 1999, Вып.3), сс.211-212. 참조.

126) Рубашкин Д., "Чехов и Булгаков -- Исследование творческого метода", *Вопросы литературы*, (1982, No.1), сс.269-271. 참조.

127) Иваньшива Е. А., *Метаморфозы культурной памяти в творчестве Михаила Булгакова*, (Воронеж: Научная книга, 2010). сс.162-164, 314-315. 참조.

128) Виленский Ю. Г., *Доктор Булгаков*, (Киев: Здоровья, 1991).

다. 하지만 이 단행본은 철학적 성격이 아닌 역사적-자서전적 성격을 띠면서 의사 직업을 포함한 두 작가의 운명적 삶과 그 유사성에 관심을 집중시켜 나아갔으며, 주로 불가코프의 작가적-개인적 관점에 대하여 초점을 맞추어 나아갔다. 이와 같이 '불가코프와 체홉'이라는 테마와 직간접으로 연관된 연구들과 자료들은 다양하며 그 폭도 상당히 넓다고 본다. 한 문학연구가는 체홉 작품의 1/3 이상이 불가코프 작품들에서 상호교감적인 상관관계를 나타내고 있다고 말한다.[129] 이러한 논지에 비추어 보면 불가코프와 체홉의 상관관계 및 영향 등에 관한 연구를 최종적이거나 결정적이라고 말하는 것은 아직 이른 것이다. 그러므로 본 논문에서는 '불가코프와 체홉'이라는 테마의 한 부분을 보다 심도있게 다루기 위하여, 두 작가의 작품들에 나타난 텍스트들을 면밀히 검토해 봄으로써 불가코프 작품에 나타난 체홉적인 텍스트와 체홉적인 창작의 유사성을 탐색해 보고자 한다. 단순히 같거나 비슷한 인용문들을 찾아내는 작업에서부터 시작하여 작품들에 나타난 작품의 체계적인 유사성과 여러 가지 모티브의 유사성, 그리고 유사한 예술적 창작 방법 등에 대하여 면밀히 검토해 보고자 한다. 연구대상을 1920년대의 펠리에톤들과 『백위군』 및 『뚜르빈가의 하루』에 국한시킨 것은, 앞서 살펴본 바와 같이 광범위한 '불가코프와 체홉'의 테마 가운데 한 부분을 보다 심도있게 다루기 위해서일 뿐만 아니라, 모스크바 예술극장에서 『뚜르빈가의 하루』의 공연이 있은 후 불가코프의 연극을 체홉의 연극과 거의 동일시하면서 불가코프를 가리켜 체홉의 추종자 내지는 후계자로 여기게 된 근거들은 어디에 있는지를 보다 명확히 밝혀내기 위해서이다. 또한 수없이 많은 펠리에톤들에 나타

129) Яблоков Е. А., "Михаил Булгаков и мировая культура", *Словарь-тезаурус*, (СПб.: Дмитрий Буланин, 2011), сс.228-237.

난 체홉 작품의 단순모방적인 유사성과 『백위군』 및 『뚜르빈가의 나날들』에 나타난 작품 체계적인 유사성과의 차이점을 보다 확연히 드러나게 비교-제시함으로써, 불가코프 작품에 나타난 체홉적 창작의 유사성을 보다 심도있게 고찰해 보기 위함이다.

VI-2. 체홉과의 개인적-전기적 관계

불가코프 작품에서 체홉 작품으로부터의 인용문이나 체홉을 연상시키는 문구등을 자주 발견할 수 있는 것은 무엇보다도 불가코프가 체홉을 아주 잘 알고 있었기 때문이다. 불가코프의 누이 젬스카야(Земская)의 회상에 따르면, 불가코프는 체홉의 작품을 읽고 또 읽고 여러번 인용하면서 자신이 직접 쓴 단막으로된 희곡에 점수를 메기도록 부탁하였고, 체홉 작품에 나오는 한 등장인물에 대한 아주 원숙한 연기로써 주위를 깜짝 놀라게 하곤 하였다고 전한다.[130] 이처럼 불가코프는 체홉의 희곡을 자주 읽고 애호하였을 뿐만 아니라 체홉의 연극을 자주 관람하기도 하였다. 즉 1898년부터 키예프 극장들에서는 체홉의 『바냐 아저씨』가 상연되기 시작하였고, 1901년 '솔로브쪼프(Соловцов)극장'에서는 체홉의 연극 『세자매』의 공연이 있었다. 그러므로 비렌스키는 바로 이 작품들로부터 중학생 불가코프와 작가 체홉의 만남이 시작되었다고 말한다. 극단주(劇團主)이자 감독이였던 솔로브쪼프는 중학생들에게 자신의 극장을 무료로 관람할 수 있도록 허용하였으며, 그러므로 누구보다도 불가코프는 극장으로 연극을 보러 자주 다녔다. 그리고 1904년 이 극장에서는 체홉의 희극 『벚꽃 동산』의 공연도 이루어

130) Земская Е. А., *Михаил Булгаков и его родные*, (Москва: Языки славянской культуры, 2004), стр.85.

졌다. 이외에도 키예프에서는 '체홉의 밤'이 개최되어 솔로브쪼프 극장 출신의 배우 스쿠라토프(Л. Скуратов)가 출연하였는데, 그는 또한 여름에 극장들에서 콘서트를 조직하여 "체홉의 예전 이야기들과 새로운 이야기들"이라는 프로그램을 운영하였다. 그러므로 중학생 불가코프는 예외없이 또한 이들을 찾아다녔다. 따라서 훗날 1920년에 불가코프가 블라디카프카즈에서 '문학연맹(ЛИТО)'[131]지부(支部)의 책임자로 있을 때, 그는 바로 이런 스쿠라토프 콘서트의 추억을 회상하여 블라디카프카즈 지방 인민연극 스튜디오 안에서 '체홉의 밤'을 열었다. 1920년 10월 14일에 열린 이 '체홉의 밤'의 안내 팜플렛을 보면, 제1부에 불가코프가 출연하여 '체홉의 유머'라는 제목으로 오픈닝 멘트를 낭독하며, 이어 미닌(Минин), 악세노프(Аксенов), 뽈리(Поль), 지보프(Дивов) 등의 배우들이 출연하여 단편 『긴급구조(Скорая помощь)』, 『카멜레온(Хамелеон)』, 『외과의술(Хирургия)』, 『외교관(Дипломат)』을 연기하였고, 제2부에서는 '유리 스레즈킨(Юрий Слезкин)'이 출연하여 '우리들 회상 속에서의 체홉'이라는 제목으로 주제 발표를 하고, 이어서 1부에 출연하였던 배우들이 다시 출연하여 『가면(Маска)』, 『길 잃은 사람들(Заблудшие)』, 『연설가(Оратор)』, 『어느 관리의 죽음(Смерть чиновника)』, 『말의 성(Лошадиная фамилия)』 등의 단편들을 낭독하였다.[132] 불가코프의 이러한 이력(履歷)들은 후에 중편 『소맷동 위의 수기(Записки на манжетах)』에 그대로 반영되어 나타난다. 즉 저자는 자신이 '체홉의 밤' 개막에서 낭독한 '체홉의 유머'에 대하여 회의적으로 평가하면서, 다행히 뒤이어 출연한 배우들이 체홉 작품들을 아주 훌륭히 낭독해 주는 바람에 간신히 비난

131) ЛИТО : ЛИТературное Объединение Главполитпросвета Наркомпроса РСФСР.

132) Файман Г., "〈Местный литератор〉 Михаил Булгаков", *Театр*, 1987, No.6, с. 159.

을 벗어날 수 있었고 상황이 호전되었음을 묘사하고 있다.

> Я забился в свой любимый угол, темный угол за реквизиторской. И слышал, как из зала понесся гул. Ура! Смеются. Молодцы актеры. "Хирургия" выручила... (Булгаков-1: p.485)[133]
>
> 나는 내가 좋아하는 구석인 소도구실 뒤 어두컴컴한 구석으로 숨었다. 그리고는 관람석 안으로부터 사람들의 왁자지껄하는 소리가 들려왔다. 만세! 사람들이 웃고 있다. 배우들이 잘했다. "외과의술"이 구해 주었다.

그러므로 이러한 체홉의 단편 『외과의술』은 불가코프가 어릴 때부터 잘 알고 있었던 작품으로서, 그 후에도 불가코프의 여러 작품들에서 유사한 제재들로 사용된다. 하나 특징적인 예로서 1920년대 중반에 쓰인 단편 『사라진 눈(Пропавший глаз)』에 보면 젊은 의사가 치아를 뽑는 장면이 나오는데, 그는 마치 자신이 체홉 작품의 등장인물인 것처럼 느끼면서 의술을 시행한다.

> Щурясь с мудрым выражением и озабоченно покрякивая, я наложил щипцы на зуб, причем, однако, мне отчетливо вспомнился всем известный рассказ Чехова... (Булгаков-1: p.128)
>
> 지혜로운 표정을 지으며 눈을 지긋이 감고 걱정스럽게 목구멍을 울리면서 나는 집게를 치아에 올려 놓았다. 그러나 또, 내게는 모두에게 유명한 <u>체홉의 단편소설</u>이 분명히 떠오르고 있었다.

그리고 이러한 '의학적'인 테마와 관련된 유사한 묘사는 불가코프의

---

133) Булгаков М. А., *Собрание сочинений В 5 томах*, Москва: Художественная литература, 1989-1990, т.1, с.485. (이하 이 선집으로부터의 인용은 'Булгаков-권수: p.페이지 수'로 본문에 약칭한다).

『소맷동 위의 수기』와 체홉의『티푸스(Тиф)』에서 다시 찾아볼 수 있다. 즉『소맷동 위의 수기』의 주인공이 목소리에 이상징후가 있다가 다시 회복되는 에피소드에서 목소리 상태에 대한 묘사가 체홉의 작품에서와 같이 매우 유사하게 묘사된다.

> Что же теперь будет с нами? -- спросил я и не узнал своего голоса. После второго приступа он был слаб, тонок и надтреснут. (Булгаков-1: p.476)
>
> "우리는 이제 어떻게 되는 겁니까?"하고 나는 물었으며 내 자신의 목소리도 알지 못하였다. 두 번째 발작 후에 목소리는 약해지고 가늘어졌으며 살짝 금이 가 있었다.

> он испугался своего голоса. Этот голос был до того сух, слаб и певуч, что его нельзя было узнать. (Чехов-6: p.133)[134]
>
> 그는 자신의 목소리에 깜짝 놀랐다. 그 목소리는 소리 자체를 알아듣는 것이 불가능할 정도로 메마르고 약하며 노랫소리처럼 가벼워져 있었다.

한편, 불가코프는 1920년 블라디카프카즈에 있을 때 향후『백위군』과『뚜르빈가의 나날들』의 원형(原型)이 되는 희곡『뚜르빈의 형제들(Братья Турбины)』을 쓴 것으로 알려진다. 이 희곡은 지금까지 전해져 오지 않기 때문에 그것의 줄거리는 알려지지 않고 있으나 희곡 공연에 대한 비평은 보존되고 있다.[135] 즉 블라디카프카즈 제1소비에트 극장에서『뚜르빈의 형제들』의 공연이 있었으며, 이에 대한 평론이 1920년

---

134) Чехов А. П., *Полное собрание сочиненийи писем: В 30 томах, Сочинения в 18 томах*, Москва: Наука, 1974-1983, т. 6, с. 133. (이하, 이 선집으로부터의 인용은 'Чехов-권 수: p.페이지 수'로 본문에 약칭한다.)

135) 등장인물 목록만이 나오는 연극 프로그램이 존재한다. Земская, там же, cc.128-129. 참조.

12월 4일자 지역신문 〈공산주의자〉에 게재된 것이다. 그런데 신문기사 가운데는 "희곡의 저자가 제1막에서 상대역의 입을 빌어 **천민들**(черни)과 **벼락부자-부농들**(чумазые)에 대하여 경멸적으로 조소하고 있으며…" 라는 내용이 나온다. 그런데 이러한 '천민들(черни)'와 '부농들(чумазые)'에 대한 유사한 인용문을 우리는 체홉의 단편 『В усадьбе』에서도 발견할 수 있다: "Не чумазый же, не кухаркин сын, дал нам литературу, науку, искусства, право, понятия о чести, долге…"(Чехов-8: p.335). 즉 불가코프는 희곡 『뚜르빈의 형제들』에서 등장인물의 대사 가운데 한 부분을 **체홉의 단편으로부터 인용**하였음을 알 수 있으며, 당시 소비에트 시대에 이러한 견해는 '반혁명적'으로 인식되기에 충분한 것이었다. 그러므로 비평가는 신문기사에서 희곡과 희곡의 저자에 대하여 아주 부정적으로 기술하였으며, 이와 같은 작품에 대한 부정적 평가는 6년 후 연극 『뚜르빈가의 나날들』이 공연되었을 때도 계속 이어져, 마침내 작가 불가코프는 과거의 이상화에 빠진 **백위군 찬양주의자**로 낙인 찍히면서 반혁명적인 금지작가의 대상이 되었다.

한편 불가코프는 새로운 작품을 구상할 때 항상 체홉의 작품에 대하여 생각하였음을 알 수 있다. 벨로제르스카야의 회상에 따르면, 그녀가 남편과 공동작업을 하던 시절인 1920년대 중반에 한번은 불가코프가 자신에게 "**하얀색 점토**(Белая глина)"라는 제목의 희곡을 함께 쓰자고 제안하였다는 것이다. 그런데 이 '하얀색 점토'는 체홉의 『벚꽃동산』에 나오는 이야기였다(Чехов-13: p.249).

> Я очень удивилась и спросила, что это такое "**белая глина**", зачем она нужна и что из неё делают. --Молсов из неё делают, --смеясь ответил он. Эту фразу потом говорило одно из действующих лиц пьесы. Много позже, перечитывая чеховский

"Вишневый сад", я натолкнулась на рассказ Симеонова-Пищика о том, что англичане нашли у него в саду **белую глину**. (Белозерская: pp.90-91)

나는 아주 놀랐으며 **"하얀색 점토"**가 무엇이며 무엇을 위해 그게 필요하고 그것으로 무엇을 하는지를 물었다. 그는 웃으면서 "그것으로 애완견들을 만들지"라고 대답하였다. 이 말을 나중에 희곡의 등장인물들 가운데 한 사람이 말하였다. 한참 뒤늦게 체홉의 "벚꽃동산"을 다시 읽으면서 나는 우연히 시메오노프-삐시치크의 대사를 발견하게 되었는데, 그것은 바로 그의 정원에서 영국인들이 **하얀색 점토**를 찾아냈다는 내용이었다.

한편 아직 불가코프가 모스크바 예술극장과 관계를 맺지 않았을 때인 1925년 여름에 불가코프는 우연히 시인 볼로쉰(M. Волошин)과 알고 지내는 사이가 되었는데, 그는 개인적으로 체홉을 아주 잘 아는 사람이었다. 그러므로 볼로쉰의 영향으로 불가코프는 아내와 함께 1925년 8월 7일, 체홉의 '집-박물관'이 있는 얄타에 가게 되며, 이 때의 기록은 그의 수상기 『크림으로의 여행(Путешествие по Крыму)』에 소상히 남겨진다. 수상기 속의 "У Антона Павловича Чехова"의 장(章)에서 불가코프는 체홉 박물관 방문에 대한 소감을 한 마디로 "**Как странно здесь**"라고 쓰고 있다(Булгаков-2: p.577). 즉 체홉의 집은 박물관 같지 않으며 마치 체홉이 자신의 서재에서 당장이라도 뛰어나올 것 같이 아주 생생하였다는 것이다. 불가코프가 이처럼 느끼게 된 것은 특히 그 박물관에는 체홉이 살아있을 때와 똑같이 체홉의 누이동생인 마리야 빠블로브나(Мария Павловна)가 그대로 살고 있었기 때문이었다. 그 후 불가코프는 자신이 좋아하는 작가 체홉의 누이동생인 그녀와 아주 친근한 관계를 계속 유지해 나아갔다. 수상기 『크림으로의 여행』에는 체홉 희곡에 나오는 유명한 대사들이 그대로 회상되고 있음을 다음 인용문에서 발견할 수 있다.

Здесь свечи под зеленым колпаком и стоит толстый красный шкаф--мать подарила Чехову. Его в семье назвали насмешливо "**наш многоуважаемый шкаф**", а потом он стал "многоуважаемый" в "**Вишневом саду**". (Булгаков-2: p.578)

여기에 푸른색 원추형의 갓이 씌워진 촛불들이 켜져있고 어머니가 체홉에게 선물한 빨간색의 묵직한 책장이 놓여져 있다. 책장은 집안에서 "**우리들의 대단히 존경스러운 책장**"으로 조롱되며 불리웠었다. 그런데 훗날 그 책장은 "벚꽃 동산"에서 진짜로 "**대단히 존경스러운 책장**"이 되었다.

이것은 체홉의 희극『벚꽃 동산』에서 등장인물 가예프(Гаев)가 100년 묵은 책장을 가리켜 "Дорогой, многоуважаемый шкаф!"(Чехов-13: p.206) 라고 말한 것을 염두해 둔 회상인 것이다. 그리고 이러한 얄타의 방문은 그 후 1927년에도 다시 이루어진다. 이에 대해 벨로제르스카야는 체홉의 누이동생 마리야가 역시 따뜻하게 맞이해주었으며, 이번에는 그 집에 살고 있던 체홉의 첫 번째 전기 작가이자 남동생인 미하일 빠블로비치(Михаил Павлович)도 만났다고 회상한다(Белозерская: p.142). 또한 마리야는 불가코프에게 일반 방문객의 방명록이 아닌 친구들을 위한 특별 방명록에 글을 남기도록 제안하였으며, 이에 불가코프는 다음과 같은 기록을 남긴다.

Напрасно Вы надеетесь, дорогая Мария Павловна, что я "умру по дороге"! Я не умру и вернусь в Ялту **за обещанным Вами письмом Антона Павловича!** М. Булгаков.[136]

존경하는 마리야 빠블로브나, 당신은 내가 오는 도중에 죽기를 헛되이 바라셨습니다! 하지만 나는 죽지 않고 **당신이 약속한 안톤 빠블로비치의 편지**를 위해 얄타로 돌아왔습니다! 미하일 불가코프.

136) Виленский, там же, с.201.

이러한 반농담조의 비망록으로 볼 때, 마리야는 자신의 오빠 체홉으로부터 받은 편지들 가운데 하나를 불가코프에게 선물하려고 하였음을 알 수 있다. 이처럼 불가코프 부부와 체홉의 누이동생 마리야와의 친밀한 관계는 계속이어져, 그녀가 모스크바에 잠시 체류할 때는 어김없이 불가코프의 집을 손님으로 방문하였다(Белозерская: p.14 3). 한편 체홉의 미망인과는 불가코프가 『백위군』 그리고 나중에 개칭된 『뚜르빈가의 나날들』의 상연을 위해 모스크바 예술극장과 관련을 맺을 때인 1920년대 중반에 알고 지내기 시작하였으며, 그 후 그녀와의 관계도 계속 돈독해져 1929년 말, 불가코프의 아파트에서 열린 희곡 『몰리에르(Мольер)』의 한 낭독회에 미망인이 참가하는가 하면(Белозерская: p.177), 1935년 12월 1일의 『알렉산드르 푸쉬킨(Александр Пушкин)』 낭독회에도 미망인이 참가하였다.[137] 이같은 체홉의 미망인과 불가코프와의 관계는 작가로서의 불가코프의 삶 내내 지속되어졌으며, 불가코프가 죽기 두 달전에도 그녀는 불가코프에게 전화를 걸어 왔었다.[138]

이상에서 살펴보듯이, 불가코프는 어린시절부터 작가로서 안톤 체홉을 좋아하고 동경하여 체홉의 연극을 자주 관람하였고, 본격적으로 작가의 길을 걷기 전인 블라디카프카즈 시절에도 어린시절의 추억을 회상하여 '체홉의 밤'을 조직할 정도로 체홉에 심취해 있었으며, 그 후 작가의 길을 걷기 시작하여 마지막 임종할 때까지 체홉의 가족들과 체홉 주변의 인물들, 그리고 체홉의 예술극장과 돈독한 관계를 유지하였음을 알 수 있다.

137) *Дневник Елены Булгаковой*, Москва: Издательство 〈Книжная палата〉, 1990, с.109.

138) *Дневник Елены Булгаковой*, там же, с.287.

VI-3. 체홉적 창작의 유사성

1920년대 불가코프가 쓴 펠리에톤(фельетон)들에는 체홉 작품의 텍스트들이 제목이나 또는 에피그라프로서 그대로 인용되고 있는 것을 발견할 수 있다. 예를 들면, "Они хочуть свою образованность показать …" 라는 펠리에톤의 제목과 에피그라프("…и всегда говорят о непонятном!")는 체홉 작품에 있는 문장 하나를 둘로 쪼개어 그대로 인용한 것이다(Булгаков-2: p.520). 즉 이 인용문은 체홉의 보드빌[139] 『결혼(**Свадьба**)』에 나오는 문장 하나가 각각 앞부분은 제목으로서 뒷부분은 에피그라프로서 그대로 차용되었다. (Чехов-12: p.113). 또한 펠리에톤 『Банан и Сидараф』에는 "Какое правление в Турции? Э…э…турецкое! 〈Экзамен на чин〉 -- рассказ А. П. Чехова"라는 에피그라프가 나오는데(Булгаков-2: p.499), 이것 또한 체홉의 단편 『관리시험(Экзамен на чин)』에서 그대로 차용된 것임을 알 수 있다(Чехов-3: p.38). 또한 펠리에톤 『다이너마이트(Динамит!!!)』에서 기숙사 출입구에 걸려져 있는 공고문에 "Иванов седьмой"라는 서명이 나오는데(Булгаков--2: p.59 7), 이러한 내용 또한 체홉의 단편 『불편 접수부(Жалобная книга)』를 연상시킨다: "Прошу в жалобной книге не писать посторонних вещей. За начальника станции Иванов 7-й. Хоть ты и седьмой, а дурак."(Чехов-2: p.359). 같은 예로서, 불가코프의 펠리에톤 『적자색 섬(Багровый остров)』의 소제목으로 "Роман тов. Жюля Верна. С французского на эзоповский перевел Михаил А. Булгаков"(Булгаков-2: p.411)라는 내용이 나오는데, 체홉의 단편 『Летающие острова』에도 같은 내용의 소제목이 나온다: "Соч. Жюля Верна. Перевод А. Чехонте"(Чехов-1: p.208). 또한 불가코프의 펠

139) 보드빌(водевиль): 간간히 노래가 섞인 통속적 소극(笑劇)

리에톤 『Белобрысова книжка』에 나오는 "Яша на тахте играл на гитаре -- что мне до шумного света, что нам друзья и враги!"(Булгаков-2: p.407)와 거의 똑같은 상황의 문장을 우리는 체홉의 『벚꽃 동산』에서도 발견할 수 있다: "Епиходов(играет на гитаре и поет). Что мне до шумного света, что мне друзья и враги…"(Чехов-13: p.215).

이와 같이 20년대 초 불가코프의 펠리에톤들에는 체홉 작품에 쓰인 어귀와 문장들이 그대로 차용되고 있는 예들을 수없이 발견할 수 있다. 하지만 펠리에톤에서 좀 벗어나 볼륨있는 작품들로 들어가면, 체홉적인 창작이 단순히 인용문으로 차용되는 것이 아니라 **보다 체계적인 성격**을 띠며 나타나고 있음을 발견한다. 먼저 20년대 작품으로 『백위군』과 『뚜르빈가의 나날들』을 살펴보면, 이들 작품에 나타난 제재들은 모두 인텔리겐챠 가정의 운명과 관련을 맺고 있으며, 작품의 근저에는 사라져가는 시대의 가치와 새로운 시대의 가치가 충돌하는 체홉적인 분위기가 깔려져 있다. 이러한 구시대와 새시대 사이의 충돌과 마찰은 체홉의 거의 모든 작품에 기반을 두고 있으며, 특히 희극 『세 자매』와 『벚꽃 동산』에서의 **끊어진 현악기 소리**는 이러한 갈등으로 인하여 붕괴된 구시대와 새시대의 관계를 상징한다(Чехов-13: p.224, p.254). 그런데 이러한 시대적 갈등과 관련하여 체홉 작품에서의 주인공들은 단지 앞으로 도래할 획기적인 사건들과 급격한 변화들을 미리 예감하는 정도이지만, 불가코프의 작품에서는 이미 대파탄이 도래함으로써 주인공들이 그 격변의 소용돌이 한 가운데에 서 있다는 차이점이 있다고 볼 수 있다.

한편 체홉의 작품은 『백위군』에 등장하는 등장인물들의 세계관을 구성하는 한 부분으로 쓰인다. 즉 뚜르빈의 집에 나타난 등장인물들은 거의 모두 체홉의 작품을 탐닉한 **애독자(愛讀者)**들로서, 이들은 때때로 체홉의 작품들을 인용해 가며 말한다. 그 한 예로서 뚜르빈 집의 뻬치카 벽면에는 체홉의 단편 『불편 접수부』를 회상시키는 낙서들이 쭉 적혀져 있다.

> Под этим нарисована рожица с длинным носом и рожками. Под рожицей написано: “Ты картина, я портрет, ты скотина, а я нет. Я--морда твоя.” (Чехов-2: p.358)
>
> 그 밑에 긴 코와 뿔이 달린 낯짝이 그려져 있다. 낯짝 밑에는 다음과 같이 쓰여져 있다: “너는 그림, 나는 초상화, 너는 가축, 하지만 나는 아니지. 나는 너의 추한 얼굴이야.

> Замечательная печь на своей ослепительной поверхности несла следующие исторические записи и рисунки 〈…〉: Если тебе скажут, что союзники спешат к нам на выручку, -- не верь. Союзники -- сволочи. Он сочувствует большевикам. Рисунок: рожа Момуса. Подпись: Улан Леонид Юрьевич. (Бул гаков-1, p.183)
>
> 이 주목할 만한 뻬치카의 번들거리는 표면에는 다음과 같은 역사적 문구와 그림들이 새겨져 있었는데 〈…〉 만일 동맹군이 우리들을 구출하기 위해 오고 있다고 사람들이 말하거든 믿지 마시오. 동맹군은 상놈들이니까. 그놈들은 볼세비키와 한통속 이라오. 모모스[140]의 추한 얼굴 그림 밑에는 창기병 레오니드 유리예비치라는 싸인이 있다.

이와 같은 예로서 불가코프의 주인공들은 **의식적으로 체홉 작품의 텍스트를 모방**하고 있음을 발견할 수 있다. 즉 앞서 살펴본 체홉의 단편 『불편 접수부』에서 ‘Иванов 7-й’가 쓸데없는 불만을 쓰지 말라는 것을: “Прошу в жалобной книге **не писать посторонних вещей**.”(Чех

140) 모모스(Момус): 조롱, 비난의 신.

ов-2: p.358), 『백위군』에서 니콜카는 뻬치카에 쓸데없는 말을 쓰지 말라는 것으로 변형시키고 있다: "Я таки приказываю **посторонних вещей на печке не писать**."(Булгаков-1: p.184).

한편, 체홉과 유사하게 불가코프도 안락한 보금자리로서의 '집(дом)'[141]의 파멸이 반드시 외부적인 요인에만 있지 않음을 묘사한다. 즉 예전의 관습과 생활방식 그리고 제도들이 하루아침에 붕괴되어 버린 데에는 갑자기 밀어닥친 외부의 파괴적인 힘 때문만은 아니라는 것이다. 현실 생활과 담을 쌓고 살거나 일정한 거리를 두고 살았던 인텔리겐챠 자신들에게도 상당한 책임이 있으며, 특히 외부세력이 위협적으로 다가오는 징후도 알아차리지 못한 채, 이에 대항하여 적극적으로 싸우려 하지도 않은 책임 또한 크다는 것이다. 그러므로 두 작가는 자신의 주인공들을 긍정도 부정도 아닌 긍정과 부정이 아이러니하게 혼합된 감정으로 묘사한다. 예를 들면, 『백위군』에서의 의사 뚜르빈의 형상과 『바냐 아저씨』에서의 의사 아스트로프의 형상은 두 작가에 의해 매우 유사하게 묘사되면서, 긍정적이지도 부정적이지도 않은 인물로 묘사된다. 하지만 체홉의 주인공 아스트로프가 '별'을 가리키는 '성(姓)'을 지니고 있는 반면에,[142] 불가코프의 주인공 뚜르빈은 본래 '용기 없는 사람(человек-тряпка)'으로 묘사되며, 보다 더 부정적으로 묘사된다고 볼 수 있다: "старший потому, что был человек-тряпка."(Булгаков-1: p.199). 뚜르빈은 학교 다닐 때 우주과학 과목에서 낙제점을 받은 적이 있으며 그 이후로 그는 천문학을 영원히 증오하게 된다: "кол по кос-

141) '집(Дом)'은 혁명 전의 세력과 혁명 후의 세력이 충돌하는 중심 센터이다. Edythe C. Haber, "Dwellings and devils in early Bulgakov", SEEJ, Vol.37, No.3, Fall, 1993, p.327. 참조.

142) 아스트로프(Астров): 라틴어에서 'astra'는 '별(звезда)'을 나타낸다.

мографии и вечная ненависть к астрономии со дня этого кола."(Булгаков-1: p.252).

하지만, 뚜르빈은 성병전문의로서 '별'과 '직업적'으로 관련을 맺는다.[143] 즉 성병환자 루사코프의 가슴에 난 매독 발진 증세가 '별로 가득차 있는 발진(звездная сыпь)'으로 묘사되고 있는 것이다. (Булгаков-1: p.290). 이와 같이 '별'의 형상이 나타내는 암시적 의미를 고려해 볼 때, 불가코프의 『백위군』에서는 체홉의 희곡에서와 같이 '별'이 한 가지 의미를 나타내지 않고 이중적이며, 그 안에는 '고상한' 의미와 '저급한' 의미가 합성되어 있음을 알 수 있다.[144] 이러한 이중적이고 암시적인 묘사는 뚜르빈이 환자 루사코프의 가슴에 물음표를 그릴 때도 나타난다. 즉 뚜르빈이 루사코프의 가슴에 물음표를 그리자 물음표의 색깔이 처음에 흰색이었다가 점차로 붉은색으로 변해간다[145]: "Турбин нарисовал 〈…〉 у больного знак вопроса. Белый знак превратился в красный."(Булгаков-1: p.415). 또한 '별'과 관련된 암시적 묘사는 모자위에 새겨진 '별'의 모양으로도 나타난다. 즉 쉐르빈스키는 모자에 '별' 모양의 모표가 붙어있는 자들이 바로 뻬뜨류라군 임을 암시해 준다: "Маленькие, как кокарды, пятиконечные, -- рассказывал Шервински, -- на папахах."(Булгаков-1: p.418).

한편, 『백위군』에서 뚜르빈의 아래층 이웃으로 나오는 바실리사(Василиса)는 욕심 많은 이기주의자이고 다른 사람들 심지어 국가에 대해

---

143) Яблоков Е. А., *Художественный мир Михаила Булгакова*, Москва: Языки славянской культуры, 2001, сс.327-328.

144) 매독환자의 저질스러운 질환 상태가 고상한 이미지의 '별'의 모양으로 표시된다.

145) 물음표의 색깔이 흰색에서 붉은색으로 변해가는 것은 '백군'의 패퇴와 '적군'의 승리를 암시한다.

서도 최소한의 책임도 느끼지 않는 속물근성적인 인물이다. 그러므로 그는 소설 속에서 주위의 어떤 등장인물에게도 동정심을 불러 일으키지 않는다. 이러한 바실리사는 체홉 작품에서 단편 『Ионыч』의 주인공 **'Ионыч'**를 연상시키는데, 작품에서 그려지는 그의 형상은 체홉 작품에 등장하는 수많은 **속물근성적인 등장인물**의 형상과 매우 유사하다. 다음의 인용물들에서 우리는 바실리사가 채소밭을 얻고 행복해 하는 꿈 장면과 체홉의 단편 『구즈베리(Крыжовник)』에서 푸른 구즈베리로 가득찬 소유지의 꿈을 이룬 이야기가 유사함을 발견할 수 있다.

> Сомниетльное, зыбкое **счастье** наплывало на Василису. Будто бы лето и вот Василиса купил огород. Моментально выросли на нем овощи. Грядки покрылись веселыми завитками, и зелеными шишами в них выглядывали огурцы. Василиса в парусиновых брюках стоял и глядел на милое, заходящее солнышко, почесывая живот. (Булгаков-1: p.423)
>
> 의심쩍으며 미덥지 못한 **행복감**이 바실리사를 향해 **밀려오고 있었다**. 여름이었는데, 바실리사는 어떤 채소밭을 막 샀다. 일순간에 그 곳에서 야채들이 자라났다. 밭 이랑은 신나게 뻗은 덩굴손들로 뒤덮였고, 덩굴손의 푸른 이파리 사이로 오이들이 보이고 있었다. 바실리사는 몸배 바지를 입고 서서는 배를 긁적이며 떠오르는 사랑스런 작은 태양을 바라보고 있었다.

> Я видел **счастливого** человека, заветная мечта которого осуществилась так очевидно, который достиг цели в жизни, получил то, что хотел, который был доволен своею судьбой, самим собой. (Чехов-10: p.61)
>
> 나는 **행복한 사람을 보았다**. 그의 진정어린 염원이 분명히 달성되었고, 그는 삶의 목적을 이루었으며 원했던 것을 얻었다. 그는 자신의 운명에 만족했으며 스스로 자기자신에게도 만족했다.

그런데 이러한 염원을 달성하기 위하여 체홉의 등장인물은 자신의 외모가 '돼지'로 바뀌는 댓가를 치루는데, 이와 유사하게 불가코프의 작품에서도 바실리사의 채소밭은 '돼지떼'들의 습격으로 쑥대밭이 되고 만다.

> он сидит в постели, колени покрыты одеялом; постарел, располнел, обрюзг; щеки, нос и губы тянутся вперед, -- того и гляди, **хрюкнет** в одеяло. (Чехов-10: p.60)
>
> 그는 침대에 앉아서 무릎을 모포로 덮고 있다. 그는 좀 더 늙었고 살이 쪘으며 피부는 늘어져 있었다. 볼과 코 그리고 입술이 앞으로 튀어나온 것이 당장이라도 모포 속에서 **돼지처럼** 꿀꿀거릴 것만 같다.

이처럼 얼굴 모습이 돼지로 바뀌는 '돼지'에 관한 모티브는 불가코프 작품에서 새끼 돼지들이 늑대와 같이 돌변하여 바실리사의 채소밭을 쑥대밭으로 만들어버리는 유사한 모티브로 변화된다. (Булгаков-1: p.423)[146]

한편, 불가코프의 『백위군』에서 체홉 작품의 차용과 영향을 직접적으로 느낄 수 있는 것은 소설의 피날레에서 묘사되는 '별'에 관한 형상이다.

---

146) 불가코프는 '돼지'를 지옥의 악마적인 동물로 묘사하면서 혼란, 해체, 파괴 등의 상징으로서 나타낸다. 『백위군』에서 바실리사의 꿈에 나타난 돼지는 그의 채소밭을 날카로운 송곳니로 마구 파헤치며 파괴시킨다. 이러한 모티브는 '악령'이 돼지떼 속으로 들어가는 성경의 이야기(누가복음 8장 32절 33절)가 차용된 것이다. 바실리사의 꿈에 나타난 '돼지'는 날카로운 송곳니를 가짐으로써 '돼지'와 '늑대'의 혼합을 나타낸다. // 정연호, "불가코프 작품에 나타난 '동물'의 형상", 『노어노문학』 제23권 제3호(서울: 한국노어노문학회, 2011), p.259. 참조.

Последняя ночь расцвела. Во второй половине ее вся тяжелая синева, занавес бога, облекающий мир, покрылась звездами. Похоже было, что в неизмеримой высоте за этим синим пологом у царских врат служили всенощную. В алтаре зажигали огоньки, и они проступали на завесе целыми крестами, кустами и квадратами. (Булгаков-1: p.427)

그 밤은 계속 흘러갔다. 밤이 새벽을 향해 다가갈 즈음에는 하느님께서 전세계를 덮어 놓았던 하늘의 푸른 장막 위에 별들이 촘촘히 떠있었다. 그것은 마치 천국의 문 주위에 쳐놓은 휘장 너머 아주 높은 곳에서 자정미사를 드리고 있는 것과 같은 광경이었다. 제대 위에 조그만 불빛들이 타오르고, 그 불빛들은 십자가형으로, 때로는 관목 모양으로, 그리고 사각형으로 휘장 위에 내비치고 있었다.

이러한 '별'에 관한 모티브는 체홉의 작품, 『바냐 아저씨』와 『벚꽃 동산』에서 찾아볼 수 있는데, 이들 두 작품에서 나타나는 '별'의 이미지는 서로 대조적이며 상반된 의미의 '별'을 가리킨다. 즉 『바냐 아저씨』의 피날레에서 소냐(Соня)는 밤하늘에 촘촘히 떠있는 '별'의 이미지를 통하여 영원히 변치않는 '영원성'에 대해 이야기한다.

Мы отдохнем! Мы услышим ангелов, мы увидим все небо в алмазах, мы увидмим, как все зло земное, все наши страдания лотонут в милосердии. (Чехов-13: p.116)

우리는 쉬게 될 거예요! 우리는 천사들의 소리를 듣게 될 거예요. 그리고 하늘이 온통 번쩍번쩍이는 다이아몬드로 가득찬 것을 보게 될 거예요. 그래서 마침내 이 세상의 모든 악과 우리들의 모든 고통이 자비 속으로 사라지는 것을 보게 될 거예요.

이처럼 소냐의 독백에서 이야기되는 '별'은 '천상적' 세계를 의미하는 반면에, 『벚꽃 동산』에서 뻬쨔(Петя)는 아냐(Аня)에게 자신의 이상주의를 피력하며 지상에서의 '별'을 가리킨다: "Вперед! мы идем неудержимо к яркой звезде, которая горит там вдали! ; 전진! 저 멀리 활활

타오르는 저 밝은 별을 향해 주저없이 가는 거야!"(Чехов-13: p.227). 즉 『벚꽃 동산』에서 이상주의자인 뻬쨔의 이야기가 유토피아적이어서, '별'이 의미하는 것이 목표' 내지는 '목적'을 가리키기는 것이기는 하지만, 그것은 어디까지나 지상세계에서의 목표 또는 목적을 의미하는 것이며, 『바냐 아저씨』에서 묘사되는 '천상적' 세계에 비하면 대조적으로 '지상적'이라 말할 수 있다. 이와 같이 체홉의 작품에서 '별'의 이미지가 '천상적' 또는 '지상적'으로 즉, 어느 한 가지의 의미로 해석된다고 보았을 때, 불가코프의 작품에서의 '별'은 한 가지 의미만을 나타내거나 어느 한쪽으로만 해석되지 않는다.

> звезды останутся, когда и тени наших тел и дел не останет ся на земле. Нет ни одного человека, который бы этого не знал. Так почему же мы не хотим обратить свой взгляд на них? Почему? (Булгаков-1: p.428)
>
> 별들은 우리의 존재와 우리 행위의 그림자가 이 땅에서 사라질 때에도 여전히 남아 있을 것이다. 그것을 모르는 사람은 아무도 없을 것이다. 그런데 왜 우리는 별을 향해 눈을 돌리지 않는 것일까? 왜?

그런데, 상기 인용문과 같은 피날레를 우리는 체홉의 작품에서 다시 찾아볼 수 있다. 즉 체홉의 단편 『성미 급한 사람의 수기에서(Из записок вспыльчивого человека)』의 피날레 또한 이와 유사하게 끝을 맺는다: "Но почему хорошие идеи приходят так поздно? Почему?"(Чехов-6: p.302). 이로써 불가코프의 피날레에서의 '별'에 관한 모티브는 체홉의 창작에서 온 것임을 알 수 있으며, 불가코프는 여기에 감동적인 뉘앙스를 아이러니컬하게 첨가시킴으로써 '별'의 형상에 대하여 양면적인 해석이 가능하도록 만들고 있다.

한편, 모스크바 예술극장에서 불가코프의 『뚜르빈가의 나날들』이 공연된 이후 많은 비평가들은 이구동성(異口同聲)으로 불가코프를 가리켜 체홉의 '추종자' 또는 '후계자'라 불렀다. 하지만 이러한 평가에는 부정적 의미가 더 많았음을 고려하여야 한다. 1920년대 당시, '체홉적인 전통'으로 불리는 것은 이미 '비현실적'인 것으로 여겨지고 있었으며, 체홉 작품에 등장하는 소극적인 주인공들 또한 구시대적이며 혁명시대에 부합되지 않는 인물로 간주되고 있었다. 하지만 소설에서 희곡으로 각색되면서 **의사**에서 **대령**으로 바뀐 '알렉세이 뚜르빈(Алексей Турбин)'은 이미 '체홉적'인 유형의 소극적인 인물이 아니었다. 뚜르빈 대령은 전혀 우유부단한 인물이 아니며 자기 스스로 결정을 내리고 자기자신에 대해 스스로 책임을 질 줄 아는 인물이다. 이에 대해 '돌마토바(Долматова)'는 자신의 논문에서, 불가코프는 등장인물의 형상을 창조하는데 있어서 체홉과 다른 방법들을 사용하고 있으며, 주인공과 사건을 연관시키는 것, 주인공을 극적 장면에 직접 참가시킴으로써 주인공의 성격을 묘사하는 방법, 희곡에서 사건 없는 구성을 거부하는 것 등은 극작가 체홉의 예술적 체계에 대한 불가코프 자신의 논쟁을 증명하여 주는 것이라고 말한다.[147] 그러나 이러한 단호한 결론을 내리기에는 아직 그 근거가 다소 희박하다고 본다. 여기서 문제는 '새로운' 알렉세이 뚜르빈을 창조하는데 있어 저자 불가코프의 의도가 어느 정도 개입되었는지를 확신있게 정의내릴 수 없다는데 있다. 즉 당시 '뚜르빈' 배역의 성격을 '혁신'시키는 일은 저자가 아닌 **모스크바 예술극장의 영향** 하에 있었으며, 극장은 등장인물의 형상을 보다 명백히 하는데 모든 노력을 기울이고 있었기 때문이다. 오히려 희곡의 저자 불가코프는 **'체홉적'인 창작**을 숨기려 하지 않았을 뿐만 아니

147) Долматова О. А., Там же, с.56.

라, 때로는 그것을 강조하기까지 하였다. 그 예로 뚜르빈의 집에 도착하는 라리오시크(Лариосик)는 트렁크 속에 아예 **체홉 작품 전집**을 모두 가지고 나타난다. (Булгаков-3: p.15). 이에 대해 알리트쉴레르(Альтшулер)는 희곡에 라리오시크가 등장한 이후로 연극은 아이러니하게 양식화된 체홉적인 세계 속으로 들어갔다고 말한다.[148] 불가코프의 '**라리오시크**'는 체홉의 『벚꽃 동산』에서 사무원으로 등장하는 예삐호도프(Епиходов) 뿐만 아니라, "**대단히 존경스러운** 책장(многоуважаемый шкаф!)"이라는 표현을 쓰는 '**가예프**(Гаев)'와도 비교된다. 그러므로 『뚜르빈가의 나날들』에서 므이슐라예프스키(Мышлаевкий)는 라리오시크를 가리켜 "대단히 존경스러운 장화"처럼 말한다고 이야기한다: "Симпатичный ты парень, Ларион, но речи произносишь, как многоуважаемый сапог."(Булгаков-3: p.25). 그런데 이러한 말을 하는 **므이슐라예프스키** 자신도 자신에 대하여 말할 때 또한 체홉 작품에 나오는 등장인물과 같은 말투로 이야기하고 있음을 발견할 수 있다.

> Я, по преимуществу, человек холостой и военный. Люблю, чтобы дома было уютно, **без женщин и без детей**, как в казарме. (Булгаков-3: p.73)
>
> 나는 주로 독신이며 군인이오. 고로 나는 병영에서처럼 **여자도 아이들도** 없이 집에 쾌적하게 있는 것을 좋아합니다.

므이슐라예프스키의 이러한 말투는 체홉의 『무명 인간의 이야기(**Рассказ неизвестного человека**)』의 낱말과 문구를 바꾸어 말한 것임을 다음의 인용문에서 확인할 수 있다.

148) Альтшулер А. М., "А. П. Чехов и М. А. Булгаков", Там же, с.58.

…в квартире порядочного, чисто плотного человека, как на военном корабле, не должно быть ничего лишнего -- **ни женщин, ни детей**, ни тряпок, ни кухонной посуды. (Чехов-8: pp.154-155)

예절바르고 청결한 사람의 아파트에는 군함에서처럼 쓸데없는 것은 아무것도 없어야 한다. 즉 **여자들도, 어린아이들도**, 걸레도, 주방용 식기들도 없어야 한다.

1920년대 모스크바 예술극장에서 공연된 연극 『뚜르빈가의 나날들』에 대해 많은 사람들은 이 연극이 예술극장에서 그전에 공연되었던 체홉의 연극들과 일맥상통하며 같은 부류의 유사한 연극으로 평가하였다. 그러므로 불가코프 희곡에서 만들어진 무대장면들은 마치 체홉의 도장에 의해서 찍어내진 것처럼 여겨졌고, 『뚜르빈가의 나날들』은 체홉에서 군장교들이 많이 등장하는 『세자매』와 비교되어졌으며, 연극에 등장하는 패기만만한 젊은 생도들은 『벚꽃 동산』의 젊은 대학생 '트로피모프(Трофимов)'와 '아냐(Аня)' 같은 등장인물들의 '연장선'으로 보았다. 또한 예술극장 배우들은 극장과 자신들의 운명에 있어서 희곡 『뚜르빈가의 나날들』의 공연이 갖는 의미를 예전에 체홉의 『갈매기』의 공연이 가졌던 의미와 거의 동일하게 보았다. 그러나 락쉰(Лакшин)은 극장의 역사가 아닌 희곡 자체만을 놓고 본다면 **『뚜르빈가의 나날들』**과 『갈매기』 사이의 상호 유사점은 거의 없으며, 그 보다는 **『세자매』**의 영향을 더 많이 발견할 수 있다고 말한다. 즉 『뚜르빈가의 나날들』의 제1막과 제4막의 분위기는 마치 『세자매』에서 이미 보았던 것처럼 전개된다는 것이다. 손님들을 위해 항상 집의 대문이 열려져 있는 거며, 젊은 장교들이 대거 등장하고, 남녀의 쉽게 빠지는 가벼운 사랑, 그리고 기타 연주와 명명축일 파티 등의 분위기가 매우 유사하다고 말한다. 또한 좀 우스꽝스럽고 어벙벙하며 실수가 잦은 등장인물 **라리오시크**는 영락없는 『세자매』의 **페도찌크**(Федотик)이며, 둘은 모두 같은 고향

'쥐또미르(житомир)'에서 온 것으로 묘사되고 있으며, 라리오시크가 사진기가 아닌 카나리아 새를 가지고 나타난 것만이 차이가 난다는 것이다.[149]

그런데 여기서 우리는 불가코프의 '라리오시크'가 체홉의 우스꽝스러운 등장인물들, 즉 페도찌크, 예삐호도프, 가예프와 다른 면모를 발견할 수 있다. 즉 **'라리오시크'**라는 등장인물이 오로지 당시의 상황을 풍자하는 모습을 보여주기 위해 쓰이지 않았다는 것이다. 다시 말하면, 그가 뚜르빈의 집에 당도하여 옐레나(Елена)의 따뜻한 영접과 쾌적한 집안 분위기에 고무되어 크림색 커튼 너머의 살벌한 외부세계와 안락한 내부세계를 비교할 때도 반드시 당시의 시대적-정치적 상황을 **'풍자'**하기 위한 것만은 아니었다. 라리오시크는 므이슐라예프스키의 질문에 자신은 '시'를 좀 쓴다고 대답하는 것이다. 라리오시크가 내부세계와 외부세계의 경계를 이루는 크림색 커튼에 대하여 말할 때, 그의 어눌한 독백에는 바깥세계에 대한 '풍자'와 더불어 '서정시'를 쓰는 듯한 어투가 흘러나온다. 1920년대 당시, 소위 '새로운' 문학이란 혁명과 전쟁에 대한 세계적인 문제, 심지어 우주적인 문제에 이르기까지 실로 원대하고 육중한 문제들을 다루는 것을 일컬었으며, 가정의 안락함이나 오래동안 보존되어온 생활관습, 세태풍속 등을 서정적으로 노래하는 것과는 거리가 멀었다. 이와 같이 혁명적인 거창한 주제의 '시'들이 진정한 새로운 문학인 것처럼 치장되어 가던 당시에, 라리오시크는 **'서정시'를 쓰는 듯한 어눌한 어투**로 바깥세상을 **풍자**하고 있는 것이다. 즉 어눌하게 우스꽝스러우면서도 체홉의 등장인물과 달리 '서정시'를 쓰듯이 말하는 **라리오시크**를 통해 작가는 당시 '혁명적 시'

---

149) Лакшин В. Я., "Мир Михаила Булгакова", *Булгаков М. А. Собр. соч.: В 5 томах*, т.1, Москва: Художественная литература, 1989, с.30. 참조.

들에서 무시해 버리는 '영원한 가치'의 중요성을 강조한다. 그러므로 이러한 시대적 배경 속에서의 『뚜르빈가의 나날들』은 인간미와 인간성에 대한 독특한 '선언서'와도 같은 것이었으며, 따라서 라쁘(Рапп)[150]의 비평가들은 불가코프가 작품에서 가정과 가족의 가치를 주장한 것을 두고, 그를 혁명 전으로 회귀하려는 수구적 반혁명세력 내지는 속물근성적 평민 아류들 가운데 하나로 매도하며 맹비난하였다. 하지만 작가 불가코프에게 있어 그러한 가치는 영원히 변하지 않는 '불변성'의 상징이며, 선(善)과 사랑, 진실의 법칙에 따라서 주어지는 평안한 삶과 아늑한 보금자리의 상징이었다.[151] 『백위군』에 등장하는 '카나리아 새'와 『뚜르빈가의 나날들』에서의 '크리스마스 트리'는 작가 불가코프의 이러한 영원한 가치 추구를 상징적으로 나타내 주고 있다.

하지만 이러한 안락한 보금자리와 단란한 가정의 형상이 '향수적'으로 그려지고 있을 뿐만 아니라 '비극적' 음향과 함께 여운을 남기며 끝을 맺는다. 러시아의 급변하는 소용돌이 속에서 안락한 보금자리로서의 '집(дом)'과 그 안에서의 단란한 '가정'이 신성불가침의 영역처럼 온전하게 보존되는 것은 애초 불가능하였다. 그러므로 『뚜르빈가의 나날들』의 피날레 또한 『바냐 아저씨』의 피날레와 매우 유사하게 끝을

150) 라쁘(РАПП): Российская Ассоциация Пролетарских Писателей(러시아 프롤레타리아 작가 동맹)의 약자.

151) 급박하게 돌아가는 카오스적인 바깥세계와 달리 뚜르빈의 집 안에서는 시간이 천천히 흘러가며, 옛 것에 대한 향수가 느껴질 정도로 안락한 보금자리로서의 역할을 한다. Фиалкова Л. Л., "Пространство и время в романе М. А. Булгакова 『Белая гвардия』", *Жанр и композиция литературного произведения*, Петрозаводск : Изд. Петрозаводского гос. университета, 1986, с.154. // 정연호, "불가코프 초기 작품에 나타난 '도시'의 형상", 『노어노문학』 제13권 제1호(서울: 한국노어노문학회, 2001), pp.192-193, 참조.

맺는다. 즉 『바냐 아저씨』의 피날레에서 소냐가 "우리는 쉬게 될 거예요(Мы отдохнем!)"라고 외치는 것과 똑같이, 『뚜르빈가의 나날들』의 피날레에서도 라리오시크는 "우리는 쉬게 될 거예요, 우리는 쉬게 될 거예요"라고 외치며, 이에 므이슐라예프스키는 포성소리가 잠지 멈추자 역시 빈정거리며 똑같이 말한다: "Так! Отдохнули!"(Булгаков-3: p.76). 이와 같이 피날레에서의 유사한 무대장면은 체홉의 또 다른 희곡에서의 피날레를 연상시킨다. 즉 『세자매』에서 군악대 연주가 울려퍼지는 가운데 올가(Ольга)는 다음과 같이 말한다.

> Музыка играет так весело, так радостно, и, кажется, еще немного, и мы узнаем, зачем мы живём, зачем страдаем… Если бы знать, если бы знать! (Чехов-13: p.188)
>
> 음악은 저렇게 즐겁게, 저토록 기쁜 듯이 연주되고 있어, 저 소리를 들으니 조금만 더 지나면 무엇 때문에 우리가 살고 있는지, 무엇 때문에 괴로워하고 있는지 알 수 있을 것 같은 기분이야…그것만 알 수 있다면, 그것만 알 수 있다면!

이와 같은 올가의 독백과 더불어 음악소리는 점점 더 약해져 간다. 그런데 이처럼 음악소리가 점점 멀어져 가는 피날레 장면은 불가코프에게서도 찾아볼 수 있다. 즉 『뚜르빈가의 나날들』의 피날레에서도 공허한 음악소리가 저멀리 들려오면서: "Далёкая глухая музыка"(Булгаков-3: p.76), 뿌연 안개 속과 같은 불확실한 미래를 상징해 준다.

VI-4. 맺는 글

불가코프는 어린 시절부터 체홉을 좋아하고 동경하였으며 체홉의 작품에 심취했었다. 따라서 그의 작품들에서 체홉적인 작풍이나 창작의 유사성이 발견되는 것은 당연하다 할 것이다. 하지만 불가코프와 체홉의 유사성이 확연하게 어떠한 유사성이며 그 근거와 차이점은 어디에서 오고 있는지를 구체적으로 살펴보았다. 우선 **전기적 사실**의 고찰에서 불가코프는 본격적으로 작가의 길을 걷기 전부터 그리고 작가의 길을 걷기 시작하여 죽을 때까지 작가로서의 일생동안 내내 체홉의 주위에 있었으며 체홉의 가족 및 주변인물들과 돈독한 관계를 유지하였다. 1920년대 불가코프의 작품에 나타난 체홉적인 창작의 유사성은 수많은 펠리에톤들에 나타난 단순모방적인 유사성과 『백위군』 및 『뚜르빈가의 나날들』에 나타난 작품 체계적인 유사성으로 그 특징이 나누어짐을 발견할 수 있다. 불가코프는 20년대 초에 씌여진 수많은 펠리에톤들에서 체홉의 단편과 희곡들로부터 **제목, 에피그라프, 등장인물의 이름, 유사한 장면** 등을 거의 그대로 따오고 있었다.

하지만 작가 불가코프의 첫 장편소설 『백위군』과 이를 각색한 희곡 『뚜르빈가의 나날들』에서는 단순모방적 성격에서 탈피하여 작품 체계적인 유사성을 나타내 준다. 우선 『백위군』에서도 체홉의 희극들에서와 같이 구시대의 가치와 새시대의 새로운 가치가 충돌하는 가운데 수십년간 보존되어온 인텔리겐챠의 전통이 붕괴되어가는 과정과 그 운명을 그리고 있다. 『백위군』에 등장하는 등장인물들은 체홉 작품에 등장하는 등장인물의 대사와 말투를 모방하면서 유사한 상황과 장면을 연출하고 있으며, 특히 주인공 알렉세이 **뚜르빈의 형상**은 『바냐 아저씨』의 **아스트로프의 형상**과 매우 유사하고, 등장인물 바실리사와 연관된 '돼지' 모티브는 체홉의 단편『구즈베리』에서의 모티브와 유사하다. 『백위군』의 피날레에 등장하는 **'별'의 모티브**는 불가코프가 체홉의 『바냐 아저씨』와 『벚꽃 동산』의 피날레에 각각 나타난 천상적인 별과 지상적인 별의 이미지를 합성하고, 단편 『성미 급한 사람의 수기에서』의 마지막 장면을 모방하여 감동적인 뉘앙스를 아이러니컬하게 첨가시킴으로써 '별'의 형상에 대하여 양면적인 해석이 가능하도록 만들고 있음을 알 수 있다.

한편, 『백위군』을 각색한 『뚜르빈가의 나날들』에서 등장인물 배역의 성격을 혁신시키는 일은 모스크바 예술극장의 주도하에 이루어졌으므로 작가의 충분한 의도로 보기 어려우며, 오히려 불가코프는 원작에서 체홉과 관련된 부분을 더 강조하고 있었음을 확인할 수 있다. 그 예증으로서 라리오시크가 체홉의 작품 전집을 가지고 나타나며, 그가 체홉의 등장인물과 유사한 말투로 이야기하고, 또한 그에게 체홉의 등장인물과 유사하게 말한다고 이야기하는 므이슐라예프스키 자신도 체홉의 등장인물과 유사하게 말하고 있는 것에서 찾아볼 수 있다. 1920년대 모스크바 예술극장에서의 『뚜르빈가의 나날들』의 공연이 한때 체홉의 『갈매기』의 공연에 비유되기도 하였으나, 『뚜르빈가의 나날들』 작품 자체만을 놓고 보면 『갈매기』 보다 『세자매』와의 유사성이 더 큰 것을 알 수 있으며, 『뚜르빈가의 나날들』에 등장하는 라리오시크는 어눌하게 우스꽝스러우면서도 체홉의 등장인물과 다르게 '서정시'를 쓰듯이 말하는데, 이는 당시 혁명적인 시들에서 무시해버리는 '영원성'에 대한 작가 자신의 가치 추구를 나타낸 것임을 알 수 있다. 『뚜르빈가의 나날들』의 피날레 또한 『바냐 아저씨』의 피날레와 『세자매』에서의 피날레와 매우 유사하게 끝을 맺는다.

Ⅶ. 불가코프와 체홉 작품에 나타난 ‘질병’의 테마

불가코프와 체홉은 ‘의사-작가’라는 공통점이 있다. 그러므로 두 작가의 작품에는 ‘의사’라는 전기적 사실로부터 유추되는 ‘의학’ 관련 제재 및 모티프들이 자주 눈에 띄인다. 특히 불가코프는 작가 초년 시절에 『젊은 의사의 수기』를 집필하였으며, 그 후에도 『개의 심장』, 『모르핀』, 『죽은 자의 수기』, 『거장과 마르가리타』 등의 작품들에서 ‘질병 기록부’ 형식의 기술을 하는가 하면, ‘정신분열증’과 같은 ‘질병’에 관하여 서술하였다. 그러므로 불가코프의 이러한 **‘질병’에 관한 테마**는 그가 동경하며 좋아하였던 선배 의사-작가 **체홉**으로부터 온 것임을 유추해 볼 수 있다. 불가코프는 체홉의 작품 『검은 수사』의 **‘historia morbi**(질병의 역사)’를 유사하게 모방하여 『개의 심장』, 『모르핀』, 『죽은 자의 수기』 등의 작품들에서 일기 형식의 **‘История болезни**(질병 이력서)’로 변형시켜 묘사하고 있음을 발견할 수 있다.

『검은 수사』에서 묘사되는 ‘**질병**’은 신체적 질병이 아닌 정신적 질병으로서 주인공은 현실의 세계와 환상의 세계를 의도적으로 오가며, 현실이 아닌 **환상** 속에서 오히려 기쁨과 행복을 느끼면서, 눈에 보이지 않는 **유령과 대화**를 나누는데, 이러한 ‘질병’의 모습이 주인공의 **환상적인 출현 장면**과 함께 『모르핀』, 『죽은 자의 수기』, 『질주』 등의 작품들에서 매우 유사하게 묘사된다. 그리고 이러한 체홉의 ‘**검은 수사**’는 불가코프의 작품들에서 ‘**노파**’, ‘**수녀**’ 등으로 변형되면서 항상 ‘악(惡)’의 힘과 연관되어 **부정적 형상**을 나타낸다.

한편, 『검은 수사』의 주인공이 ‘**질병**’의 상태에 있을 때 기쁨과 행복을 느끼며 '질병'이 치료되어 현실로 돌아오면 **'환상'**이 깨져 오히려 불행해지듯이, 『거장과 마르가리타』의 주인공 또한 **'정신분열증'**의 상태에 있을 때만이 자신이 겪은 **'진리'**의 순간을 기억해 내며, **'꿈'**에서 깨어나면 곧 현실세계로 돌아와 '진리'의 순간과 멀어진다.

Ⅶ-1. 들어가는 글

불가코프는 체홉 좋아하기를 단순히 문학 애호가 혹은 문학 연구가로서가 아니라 마치 자신이 아주 잘 알고 지내는 '이웃집 형님'처럼 여기며 좋아하였던 것으로 알려진다. 불가코프의 체홉 좋아하기가 어느 정도였었는지는 그의 아내 벨로제르스카야의 다음 회상에서도 다시 확인할 수 있다.

> Булгаков любил Чехова, но не фанатичной любовью, свойственной некоторым чеховедам, а какой-то ласковой, как любят **хорошего**, умного **старшего брата**. Он особенно восторгался его записными книжками. Иногда цитировал -- всегда неожиданно.[152]
>
> 불가코프는 체홉을 사랑했어요. 그러나 어떤 체홉 연구가로서의 광적인 사랑이 아니라, 현명한 **좋은 형님 한 분**을 사랑하는 것 같은 정다운 사랑이었어요. 그는 특히 체홉의 수첩들에 열광했어요. 이따금 인용하기도 했는데 항상 예기치 않게 갑자기였어요.

이처럼 불가코프는 체홉을 아주 좋아하였으며, 따라서 불가코프 작품에서 체홉 작품으로부터의 인용이나 체홉을 연상시키는 문구 등을

---

152) Белозерская-Булгакова Л. Е., *Воспоминания*, (Москва: Художественная литература, 1989), сс.142-143.

자주 발견할 수 있다. 그동안 "**불가코프와 체홉**"에 관한 많은 연구들이 이루어져 왔다. 그런데 그동안의 많은 연구들에서, 불가코프 작품에 나타난 체홉적인 창작의 유사성 및 영향 등을 추적함에 있어, 두 작가에게서 공통적으로 추출되는 공통분모 가운데 하나는, 두 작가가 공히 '**의사-작가**'였다는 것이다. 그리고 이러한 '의사'였다는 전기적 사실에서 쉽게 유추되는 테마 가운데 하나는 '**질병**'에 관한 테마이다.

불가코프는 일찍이 『젊은 의사의 수기(Записки юного врача)』의 여러 단편들을 통하여 여러 가지 의학적인 체험들을 전하고 있을 뿐만 아니라, 그의 작품들에는 그가 의사였었다는 전기적 사실을 연상시키는 여러 가지 의학적이며 의료적인 용어들과 함께 '**질병**'에 관한 이야기들이 서술되고 있다. 그러므로 본 논문에서는 체홉과 불가코프가 공히 '**의사**'였다는 사실에 주안점을 두고, **체홉 작품**에 나타난 의학적인 기술이나 '**질병**'에 관한 이야기들이 불가코프 작품에서는 어떻게 유사하게 전개되어 나아갔는가를 추적해 보고자 한다.

VII-2. 본론

불가코프는 어린 시절부터 체홉의 많은 단편들을 좋아하였는데 그 중에서도 특히 체홉의 『외과 의술』(Хирургия)이란 단편을 좋아하였던 것으로 알려진다.[153] 불가코프는 자신의 작품 속에서 '**의학적'인 테마**와 관련하여 항상 체홉의 작품들을 염두해 두고 있었으며, 체홉의 작품에서와 같이 매우 유사하게 묘사하고 있음을 알 수 있다. 이에 대한

153) 정연호, "불가코프 작품에 나타난 체홉적 창작의 유사성 고찰", 『슬라브 연구』 제27권 제4호, (서울: 한국외국어대학교 국제지역연구센타 러시아연구소, 2011), pp.187-215. 참조.

예증(例證)으로, 불가코프의 『백위군』과 체홉의 단편 『Попрыгунья』를 비교해 볼 수 있다. 즉 두 작품에서 묘사되는 **3**명의 '의사'들에 대한 서술기법이 매우 유사함을 다음의 비교에서 확인할 수 있다.

> Это был тот золотоглазый медведь, другой, молодой, бритый и стройный, больше похожий на гвардейца, чем на врача, и, наконец, третий, седой профессор. (МБ-1: с.408)[154]
>
> 한 사람은 금테 **안경을 쓴 곰같이 생긴 사람**이었고, 또 다른 사람은 젊고 말끔하게 면도를 한 얼굴에 균형잡힌 체구가 의사보다는 기병 장교에 더 가까웠으며, 세 번째 사람은 백발의 교수였다.[155]

> Приходил маленький, рыженький, с длинным носом и с еврейским акцентом, потом высокий, сутулый, лохматый, похожий на протодьякона, потом молодой, очень полный, с красным лицом и в очках. Это врачи приходили дежурить около своего товарища. (Чехов-8: сс.27-28)[156]
>
> 작은 키에 불그스레한 머리와 긴 코를 하고 유태인의 액센트를 지닌 사람이 들어왔으며, 다음에 큰 키에 새우등을 하고 수석 보제(補祭)와 비슷하게 털북숭이인 사람이 들어왔고, 다음에는 젊고 아주 **뚱뚱하며** 붉은 얼굴에 **안경을 쓴 사람**이 들어왔다. 이들 의사들은 자신의 친구 주위에서 당직근무를 하러 온 것이었다.

한편 불가코프가 작가 초년 시절에 쓴 펠리에톤 『붉은 관(Красная корона)』을 보면 부제(副題)가 'Historia morbi(질병의 역사)'라고 적혀 있는데,

---

154) М. А. Булгаков, *Собрание сочинений в 5 томах*, том 1(Москва: Художественная литература, 1989-1990), с.408. 이하, 이 선집으로부터의 인용은 본문에(МБ-권 수: с.쪽 수)로 표시함.

155) 미하일 불가코프, 『백위군』, 유승만 옮김, (서울: 열린책들, 1996), p.364.

156) А. П. Чехов, *Полное собрание сочиненийи писем в 30 томах*, *Сочинения в 18 томах*, том 8(Москва: Наука, 1974-1983), сс.27-28. 이하, 이 선집으로부터의 인용은 본문에(Чехов-권 수: с.쪽 수)로 표기함.

이 'Historia morbi'라는 라틴어는 체홉이 메니쉬코프(М. Меньшиков)에게 보낸 편지 속에서 자신의 단편소설 『검은 수사(Чёрный монах)』에 대하여 이야기할 때 쓰인 의료적인 용어임이 밝혀진다.

Это рассказ медицинский, **historia morbi**.[157]

이처럼 체홉의 단편 『검은 수사』와 연관되거나 유사한 점을 우리는 또한 불가코프의 다른 여러 작품들에서도 발견할 수 있는데, 추다코바(Чудакова)는 불가코프의 『모르핀(Морфий)』도 체홉의 『검은 수사』에서 영향 받았음을 밝히고 있다.[158] 또한 불가코프 자신도 포포프(П. Попов)에게 보낸 편지에서 체홉의 단편소설 『검은 수사』가 항상 머리 속에 맴돌고 있었음을 이야기하였다.[159]

체홉이 자신의 소설 『검은 수사』에 대하여 'historia morbi'라는 의료용어를 언급하고 불가코프 또한 자신의 단편 『붉은 관』의 소제목을 'historia morbi'라고 붙인 것은, 향후 소설의 이야기가 주인공의 일기 고백 형식으로 이루어져 나아가는 것에 대한 비유적 표현이라고 볼 수 있다. 그런데 이처럼 불가코프 작품에서 '일기'와 'historia morbi(질병의 역사)'를 동일시하는 것은 불가코프 작품들에 나타난 특징 가운데 하나이다. 예를 들면 『개의 심장』에서 조수 보르멘탈리가 개-샤릭을 관찰하며 기록한 일기 형식의 노트 표지에는 'История болезни(질병의

157) А. П. Чехов, *Полное собрание сочнений и писем в 30 томах*, *Письма в 12 томах*, т.5, Москва: Наука, 1974-1983, с.262.

158) Чудакова М. О., "Комментарии", *Булгаков М. А., Собр. соч. : В 5 тт.* т.1, Москва: Художественная литература, 1989, с.562.

159) Булгаков М. А., *Собр. соч. : В 5 тт.* т.5, Москва: Художественная литература, 1989, с.476.

역사)'라는 제목이 적혀져 있으며(МБ-2: c.158), 그 안에는 미래의 샤리코프가 '개-인간'으로 변화해가는 과정, 즉 샤리코프의 신체가 변화해가는 이력들이 역시 일기 형식으로 적혀진 'История болезни профессора ф. Ф. Преображенского(프레오브라젠스키 교수의 질병의 역사)'가 포함되어 있다(МБ-2: c.160). 또한 단편 『모르핀』에서도 같은 일기 형식으로 적혀진 'История болезни(질병 이력서)'[160]가 출현한다. 의사 폴랴코프(Поляков)는 자신의 병의 이력을 적은 일기를 친구 의사 봄가르드(Бомгард)에게 전하고나서 숨을 거둔다. 친구이며 동료 의사인 봄가르드는 친구로서는 일기의 '출판자'가 되며 의사로서는 일기의 '해설자'가 된다. 하지만 진작 폴랴코프는 자신의 일기 속에서 이것은 '일기'가 아니라 '질병 이력서'라고 말한다.

> По сути дела, это не **дневник**, а **история болезни**, и у меня, очевидно, профессиональное тяготение к моему единственному другу в мире. (МБ-1: c.164)
>
> 사실 이것은 **일기**가 아니라 **질병 이력서**이다. 그리고 분명히 나에게는 이 세상에서 유일한 내 친구에 대한 직업적 기대치가 있다.

이처럼 폴랴코프가 자신의 일기를 일기가 아니라 '질병 이력서'라고 말한 것은, 그가 의사이면서 동시에 마약중독자로서 환자이기 때문이며, 질병에 대해서는 자신이 '관찰자'임과 동시에 아울러 관찰되어지는 '관찰 대상자'이기 때문이다. 이처럼 『모르핀』에서와 같이 죽은 친구의 '일기' 또는 '수기'를 대신 출판해 주는 유사한 이야기 구조를 가

---

160) 'История болезни'를 직역하면 '질병의 역사' 또는 '질병의 이야기'로 번역할 수 있으나, 질병에 대한 관찰 내용을 일기 형식으로 기록한 '질병관찰기록부' 또는 '진료기록일지'의 성격이 강하다는 측면에서 '질병 이력서'로 의역이 가능하다고 본다.

진 불가코프 작품으로서 우리는『죽은 자의 수기(Записки покойника)』를 또한 찾아볼 수 있다.『죽은 자의 수기』에서도 주인공 막수도프(Максудов)는 '우울증(меланхолия)'이라는 '질병'을 앓은 것으로 나오며,『모르핀』에서 폴랴코프가 '마약 중독'과 싸워 나아간 이야기를 일기 형식으로 적었듯이, 막수도프 또한 자신을 죽음으로까지 몰고간 '극장'과의 싸움과 그로 인해 벌어진 이야기들을 순서대로 적었다.

> В бандероли оказались эти записки, а письмо было удивительного содержания 〈…〉 Таким образом, записки Максудова представляют собою плод его фантазии, и фантазии, увы, больной. Сергей Леонтьевич страдал болезнью, носящей весьма неприятное название -- **меланхолия**. (МБ-4: с.401)
>
> 봉투 안에서 이 수기가 나왔으나 편지 사연은 참으로 놀라운 것이었다. 〈…〉 그러므로 막수도프의 수기는 그의 공상의 산물에 불과하지만, 아아 이 얼마나 기막힌 환상이며 환자인가. 세르게이 레온찌예비치는 **우울증**이라는 아주 좋지 않은 이름의 병에 괴로워하고 있었다.

즉, '우울증'을 앓고 있는 환자 막수도프가 자살하기 전까지 '극장'과 싸운 이야기들을 발생 순서대로 기록한 '고백'이며, '극장'과의 갈등으로인한 '우울증'이 자살의 원인이 되었다는 측면에서『죽은 자의 수기』또한 'История болезни'라고 볼 수 있다.

이와 같이 불가코프는 체홉이 자신의 작품『검은 수사』에 대하여 정의한 **'historia morbi(질병의 역사)'**를 유사하게 모방하여『개의 심장』,『모르핀』,『죽은 자의 수기』등의 작품들에서 일기 형식의 'История болезни(질병 이력서)'로 변형시키고 있음을 발견할 수 있다.

그런데『개의 심장』을 제외하고『모르핀』과『죽은 자의 수기』에서 묘사되는 '질병'은『검은 수사』에서와 같이 신체적 질병이 아닌 정신적 질병이다. 즉 작품 속에서 이야기되는 '질병'은 일반적인 신체적 질병이 아니라 정신적 질병을 가리키며 심리불안이나 정신혼란과 같은 정신이상 증세의 질병을 나타낸다. 그리고 이러한 '질병'은 불가코프의 다른 작품들 즉 『질주』나 『거장과 마르가리타』 등의 작품들에서도 유사하게 나타난다. 이와 같은 정신질환 즉 '이성 상실'의 테마는 불가코프 예술 세계에 있어서 항상 변화하지 않고 등장하는 요소 가운데 하나인데, 체홉의 작품에서와 같이 불가코프 작품들에서도 종종 이성을 상실한 채 환각 상태에 빠지는 주인공들이 등장한다.

그런데 이와 같이 체홉의 작품이나 불가코프 작품에 등장하는 이성 상실의 등장인물은 완전히 이성을 상실하고 항상 환각 상태에 빠져있는 것으로만 묘사되지 않는 공통점이 있다. 즉 불가코프는 자신의 작품들에서 주인공을 완전히 이성이 상실된 상태의 인물로만 묘사하지 않는 것이다. 불가코프의 등장인물은 체홉의 『검은 수사』의 주인공과 같이 자기 자신에 대하여 깊이 사색함으로써 환각에 빠지지만 스스로 자신의 상태를 진단할 수 있는 인물로 묘사된다.

『검은 수사』의 주인공 코브린(Коврин)은 자기 자신에 대하여 깊이 사색한 나머지 자신이 '비범한 인간'이라는 환상에 빠진다. 하지만 그가 항상 환각상태에 빠져 있는 것이 아니라, 오로지 '검은 수사'를 만나 대화를 나눌 때만 그러한 상태에 빠지는 것이다. 그리고 그는 환각 상태가 정신착란의 징후라는 것을 알면서도 자신이 그러한 상태에 빠져드는 것에 대해 전혀 거부 반응을 느끼지 않는다.

> Но ведь мне хорошо, и я никому не делаю зла; значит, в моих галлюцинациях нет ничего дурного. (Чехов-8: с.238)
>
> 그러나 정말로 나는 좋다. 그리고 나는 아무에게도 나쁜 짓을 하지 않는다. 말하자면, 나의 환각들 속에는 나쁜 것이라곤 전혀 없다는 말이다.

이처럼 코브린은 불안정하고 병적으로 들뜬 상태에 빠져들면서도 거부 반응을 느끼지 않으며 오히려 검은 수사와의 대화를 통해 내면으로부터 **기쁨과 행복을 느낀다**. 이와 같이 환각 상태에 빠져드는 것에 대해 전혀 부정적이지 않으면서 오히려 현실세계에서 보다 더 흥미를 느끼는 경우를 우리는 불가코프 작품에서도 찾아볼 수 있다. 즉 『모르핀』에서 의사 폴랴코프는 현실 보다 더 흥미로운 **환상**의 세계 속으로 점점 더 깊숙이 빠져드는 자기 자신을 느끼면서 다음과 같이 스스로를 안심시킨다.

> Вредны ли эти сны? О нет. После них я встаю сильным и бодрым. И работаю хорошо. У меня даже появился интерес, а раньше его не было. 〈…〉 и ручаюсь моим врачебным словом, что мой морфинизм вреда моим пациентам не причинил. (МБ-1: с.161, с.164)
>
> 이런 꿈들이 유해한가? 오 아니다. 이런 꿈들을 꾼 후에 나는 강하고 건강해진다. 일도 더 잘한다. 심지어 난 전에 없던 호기심도 생겼다. 〈…〉 그리고 의사의 이름으로 내 모르핀 중독은 나의 환자들에게 해가 되지 않았다고 확신한다.

이처럼 두 작가의 작품에서 주인공은 항상 환각상태에 빠져 있는 것이 아니라, **관념의 세계와 현실세계를 오가는 유사한 형상**으로 그려지고 있으며, 주인공 자신들도 환각 상태에 빠져드는 것에 대해 전혀 거부 반응을 느끼지 않을 뿐만 아니라, 오히려 내면으로부터 기쁨과 행복을 느끼는 것으로 묘사되고 있음을 알 수 있다. 또한 두 작품 속에서 주인공들은 현실에서 관념의 세계로 빠져드는 모습에 있어서도 유사한 장면을 연출한다. 즉 『검은 수사』에서 모든 문제의 근원이 되는 '검은 수사'의 첫 출현 장면이 『모르핀』에서 매우 유사하게 변형되고 있음을 발견할 수 있다. 『검은 수사』의 '검은 수사'가 『모르핀』에서는 '노파'로 바뀌었을 뿐, **출현할 때의 모습**이 매우 유사하게 묘사되고 있음을 다음의 비교에서 확인할 수 있다.

> Монах в ченрой одежде, с седою головой и черными бровями, скрестив на груди руки, пронесся мимо… Босые ноги его **не касались земли**. (Чехов-8: с.234)
>
> 백발 머리에 검은 눈썹을 한 검은 옷의 **수사**가 팔짱을 끼고 나서 옆을 급히 지나갔다… **그의 맨발들은 공중**에 떠 있었다.

> И вот вижу, от речки по склону летит ко мне быстро 〈…〉 старушонка с желтыми волосами…〈…〉 А потом вдруг пот холодный потек у меня по спине -- понял! Старушонка не бежит, а именно **летит, не касаясь земли**. (МБ-1: с.170)
>
> 그 때 노란색 머리를 한 **노파**가 실개천에서 비탈을 따라 내게 빠르게 날아오는 것이 보인다. 〈…〉 그런데 갑자기 내 등 뒤에서 식은 땀이 흘러 내렸다. 이제야 알았다! 노파는 뛰는 것이 아니라 바로 **공중부양으로 날아오는 것이었다**.

이와 같이 체홉의 『검은 수사』와의 유사한 점은 불가코프의 희곡 『질주』에서도 발견할 수 있다. 불가코프의 『질주』에서 '환각'의 모티프는 항상 '속죄'의 테마를 동반한다. 즉, 흘루도프(Хлудов) 장군은 자신이 저지른 과오로 인해 끊임없이 자신을 괴롭히는 '환각' 상태에 빠져들며, 억울하게 교수형을 당한 전령 크라필린(Крапилин)은 유령이 되어 항상 흘루도프의 주위를 따라다닌다. 크라필린은 마치 흘루도프 장군의 동반자처럼 장군이 어디를 가나 항상 그와 함께 붙어 있다. 그러므로 장군은 방 안에 홀로 있어도 항상 누군가와 이야기를 나눈다: "один в комнате, сидит на полу, на ковре, поджав ноги по-турецки, и разговаривает с кем-то."(МБ-3: с.273). 그런데 **이와 같이 홀로 누군가와 대화를 나누는 유사한 장면을** 우리는 체홉의 『검은 수사』에서도 똑같이 찾아볼 수 있다.

Таня между тем проснулась и с изумлением и ужасом смотрела на мужа. Он говорил, обращаясь к креслу, жестикулировал и смеялся: глаза его блестели, и в смехе было что-то странное. -- Андрюша, **с кем ты говоришь**? -- спросила она, хватая его за руку, которую он протянул к монаху. -- Андрюша! С кем? -- А? С кем? -- смутился Коврин. -- Вот с ним… Вот он сидит, -- сказал он, указывая на черного монаха. -- Никого здесь нет… никого! Андрюша, **ты болен!** (Чехов-8: сс.248-249)

타냐는 그 사이 잠에서 깼다. 그리고는 놀라움과 두려움으로 남편을 쳐다 보았다. 남편은 안락의자를 향해 뭔가 말을 하고 있었고 손짓을 하며 웃고 있었다. 그의 눈은 반짝반짝 빛났으며 그의 웃음 속에는 뭔가 이상야릇함이 있었다. "안드류샤, **당신 누구와 말하는 거예요?**" 수사를 향해 내민 그의 손을 잡으면서 그녀가 물었다. "안드류샤! 누구예요?" "어? 누구냐고?" 코브린은 순간 움찔하였다. "여기 그와 함께… 그가 저기 앉아 있어." 그가 검은 수사를 가리키며 말하였다. "여기에는 아무도 없어요… 아무도! 안드류샤, **당신은 아픈 거라구요**!"

이와 같이 체홉의 단편『검은 수사』에서 주인공 코브린이 가상의 '검은 수사'와 대화하는 것과 유사한 장면을 불가코프의 희곡『질주』에서도 찾아 비교해 볼 수 있다.

Серафима : Что, Роман Валерьянович, опять?

Хлудов : Что такое?

Серафима : **С кем вы говорили**? Что я вам велела? Кто в комнате кроме вас?

Хлудов : Никого нет. Вам послышалось. А впрочем, у меня есть манера разговаривать с самим собою. Надею сь, что она никому не мешает.

Серафима(садится на ковер против Хлудова) : Роман Валерьянович, **вы тяжко больны**. (МБ-3: р.273).

세라피마 : 로만 발레리야노비치, 또 뭐예요?

흘루도프 : 무슨 말입니까?

세라피마 : **당신 누구와 말한 거예요?** 내가 당신한테 뭘 명령했어요? 방 안에 당신말고 누가 있어요?

흘루도프 : 아무도 없소. 당신이 들었군. 그렇지만, 나 한테는 혼자서 이야기하는 습관이 있소. 그런 습관이 아무도 방해하지 않기를 바라고 있소.

세라피마(흘루도프 맞은편 까펫에 앉는다) : 로만 발레리야노비치, **당신 심하게 아프군요**.

이처럼 불가코프의 희곡 『질주』에 나타난 '질병'의 테마가 체홉의 단편 『검은 수사』에 나타난 '질병'의 테마와 매우 유사하며 그 영향을 받았음은 『질주』의 첫 번째 완성원고에 나타난 '신비스런 수사(таинственный монах)'라는 말에서 다시 확실하게 추정해 볼 수 있다. 즉 불가코프는 희곡 『질주』의 첫 번째 완성원고에서 '수사(монах)'라는 단어를 직접 사용하면서 체홉의 『검은 수사』에서 직접 인용된 것으로 추정할 수 있는 매우 유사한 무대지시서를 작성하고 있음을 다음의 인용문에서 확인할 수 있다.

По переулку, как судьба, прошел **таинственный монах** в хламиде, с тонзурою.[161]

옛날 그리스 시대의 긴 망토를 걸치고 삭발 머리를 한 **신비스런 수사**가 운명처럼 골목을 따라 지나갔다.

이와 같이 체홉의 단편 『검은 수사』가 불가코프 작품들에 영향을 미쳤음을 여러 작품들에서 확인할 수 있으며, '검은 수사'가 『모르핀』에서 무시무시한 노파로 바뀌는 것처럼 체홉의 '검은 수사'는 불가코프

161) Булгаков М. А. *Собрание сочинений*: *В* 8 *тт*., т.4, Москва: Астрель, 2007-2011, с.343.

작품들에서 이미지가 부정적으로 바뀌면서 마치 비극적 운명의 화신처럼 변형되고 있음을 알 수 있다. 또한 체홉의 '검은 수사'는 『모르핀』에서 날아 다니는 '노파'의 '여성'으로 변형되듯이 희곡 『위선자들의 밀교』에서도 같은 '여성'인 '수녀(монашка)'로 변형된다. 『위선자들의 밀교』의 수녀 역시 처음에는 평범한 세탁부로서 출현하지만 희곡의 피날레에 가서는 '악(惡)'의 화신으로 변하여 몰리에르의 무대 의상을 모두 가지고 사라져 버린다. 즉 그녀는 몰리에르가 배우로서 연기하였던 모든 역할들의 흔적을 없애버림으로써, 이 세상에서의 그의 형상과 기억들을 모두 파괴시키는 '악'의 화신으로 등장하는 것이다.

> (В ответ на удар литавр в уборной Мольера вырастает **страшная Монашка**.)
> Монашка(гнусаво) : Где его костюмы?(Быстро собирает все костюмы Мольера и исчезает с ними). (МБ-3: с.323).
>
> (요란한 케틀 드럼 소리에 맞춰 몰리에르의 분장실에 **무시무시한 수녀**가 나타난다)
> 수녀(콧소리로) : 그의 옷들은 어디 있어요?(몰리에르의 모든 옷들을 급히 모으더니 그것들을 가지고 사라진다)

이처럼 '검은 수사'의 변형으로서 '검은 수녀'가 등장하는 『위선자들의 밀교』를 집필하고 약 1년 후인 1930년 12월 28일에 불가코프는 'Funerailles(장례식)'이라는 시(詩)의 초안을 스케치한다. 그런데 자신에 대한 참회와 고백의 성격이 짙은 이 시(詩)의 초고에서 불가코프는 "Меня обнимет монах(수사가 나를 포옹할거야)"라는 시귀절을 포함시키고 있다.[162] 분명히, 이런 시귀절은 불길한 소식을 전하거나 상서롭지

162) Чудакова М. О., *Жизнеописание Михаила Булгакова*, Москва: Книга, 1988,

못한 징조를 알리는 것을 상징한다고 볼 수 있다. 후에 불가코프는 '수사'에 대한 이러한 부정적 형상이나 불길한 예감 등과 관련하여 포포프(П. Попов)에게 보낸 편지(1932년 4월 14-21일자)에서 다음과 같이 이야기한다.

> Совсем недавно один близкий мне человеку утешил меня предсказанием, что когда я вскоре буду умирать и позову, то никто не придет ко мне, кроме **Черного Монаха**. Представьте, какое совпадение. Еще до этого предсказания засел у меня в голове этот рассказ. И страшновато как-то все-таки, если уж никто не придет. Но что же поделаешь, сложила сь жизнь моя так. Теперь уже всякую ночь я смотрю не вперед, а назад, потому что в будущем для себя я ничего не вижу. В прошлом же я совершил пять роковых ошибок. Не будь их, не было бы **разговора о Монахе**. (МБ-5: pp.475-476)
>
> 최근에 내 가까운 지인이 내게 말하기를, 내가 곧 죽어서 누군가를 초대하게 되면 검은 수사 외에는 아무도 내게 오지 않을 것이라는 예언으로 나를 즐겁게 해주었습니다. 이 얼마나 기막힌 일치인지 상상해 보시오. 이 예언을 듣기 전에도 내 머리 속에서 그 단편소설은 늘 떠나지 않고 있었습니다. 그리고 만일 진짜 아무도 오지 않는다면 이 역시 얼마나 무시무시한 일입니까. 그러나 나의 삶이 그렇게 이루어진 것을 또 어떻게 하겠습니까. 요즈음 나는 매일 밤 앞이 아니라 뒤만을 바라봅니다. 왜냐하면 내 자신을 위한 미래에서 나는 아무 것도 보지 못하기 때문입니다. 과거에 나는 5가지의 엄청난 운명적 실수를 하였습니다. 앞으로 그런 실수는 없어야 하고, 수사에 대한 대화도 없었어야 했는데 말입니다.

이처럼 '검은 수사'에 대한 해설처럼 보이는 이 편지 속에서 불가코프는 항상 체홉의 단편소설『검은 수사』를 생각하고 있었음을 밝히고 있으며, 따라서 그의 작품들 속에서 '검은 수사'는 '노파', '수녀' 등으로 변형되면서 항상 '악(惡)'의 힘과 연관되며 부정적 형상을 나타내고 있

---

c.450.

음을 알 수 있다.

한편, 체홉의 『검은 수사』와 연관하여 유사한 점은 불가코프의 대작 『거장과 마르가리타』에서도 찾아볼 수 있다. 『검은 수사』에서 주인공 코브린의 '질병'은 자신이 '비범한 인간'이라는 착각 속에 빠져 있는 것이며, 이러한 환각 속에 빠져 있을 때 코브린은 기쁨과 행복감에 가득 차 있다. 즉 그는 일상의 단조로움과 평범함 속에서 사느니, 환상과 환각 속에서 미쳐가더라도 기쁨과 행복감을 맛보길 원한다.

> То немногое, что сказал ему **черный монах**, льстило не самолюбию, а всей душе, всему существу его. Быть избранником, служить вечной правде, стоять в ряду тех, которые на несколько тысяч лет раньше сделают человечество достойным царствия божия, то есть избавят людей от нескольких лишних тысяч лет борьбы, греха и страданий, отдать идее все -- молодость, силы, здоровье, быть готовым умереть для общего блага, -- **какой высокий, какой счастливый удел!** (Чехов-8: p.243)
>
> **검은 수사**가 그에게 한 적지 않은 말이 그의 자부심을 치켜세우지는 못했지만, 그의 모든 영혼, 그의 전(全)존재를 들뜨게는 만들었다. 선택받은 자가 된다는 것, 영원한 진리를 섬긴다는 것, 수 천년을 앞당겨 신의 제국에서 인류를 가치 있게 만드는 자의 대열에 선다는 것, 그럼으로써 인간을 불필요한 투쟁, 죄와 고통으로부터 수천 년을 앞당겨 구원한다는 것, 하나의 사상에 모든 것을 -- 젊음, 힘, 건강을 -- 바친다는 것, 일반적인 선(善)을 위하여 죽을 준비가 되어 있다는 것, **그것은 얼마나 고상하고도, 얼마나 행복한 운명이겠는가!**

이와 같이 코브린의 내면에서 일어나는 기쁨과 행복은 불안정하고 '병적으로 들뜬 상태'이지만 검은 수사와의 대화 속에서 생겨난다.[163]

163) 강명수, 『체호프 문학의 몇 가지 쟁점』, (서울: 보고사, 2009), pp.54-55. 참조.

반면에 그가 일상의 삶에서 건강해져서 심신의 상태가 안정되면 삶의 기쁨과 행복은 사라지게 된다. 즉, 코브린에게 있어서 '질병'의 치료는 오히려 그를 불행하게 만드는 것이며, 그에게서 삶의 의미를 상실시키는 것과 같다. 이와 유사하게 『거장과 마르가리타』에서도 등장인물들은 '질병'을 앓고 있을 때가 가장 '진리'에 근접해 있을 때이며, '질병'이 치료되어 정상의 상태로 돌아오면 곧 꿈에서 깨듯이 '진리'에서 멀어진다.[164] 그러므로 이반 베즈돔느이는 정신분열증이 재발하여 이름 그대로 '베즈돔느이(бездомный)'[165] 상태가 되었을 때만이 예전에 자신이 겪었던 볼란드와 거장과의 사건들을 회상해 내고 그 때의 영감을 떠올릴 수 있다.

> Иван Николаевич беспокоен, нервничает, теряет аппетит и сон, дожидается, пока созреет луна. И когда наступает полнолуние, ничто не удержит Ивана Николаевича дома. 〈…〉 После укола все меняется перед спящим. От постели к окну протягивается широкая лунная дорога. (МБ-5: сс.381-383)

> 이반 니콜라예비치는 안정을 잃고 신경질적으로 되며 식욕을 잃은데다 밤에 잠도 자지 못하게 되어 만월이 되기만을 기다린다. 그리하여 마침내 만월이 되면 그 어

164) '진리'는 인간의 시간적-공간적 영역 밖에 있으므로 인간이 '언어'로 표현할 수도 없으며 인간의 이성으로 이해할 수도 없다. 따라서 인간이 영역 밖에 있는 '진리'에 가까이 다가가면 갈수록 인간은 '언어'와 '이성'을 상실하게 되며 끝내는 '정신분열증'의 의식 상태를 나타내게 된다. 즉 인간이 '진리'에 가장 근접한 순간은 인간이 '언어'와 '이성'을 상실한 정신착란의 상태가 되는 것이다. // 정연호, "『사탄의 일기』와 『거장과 마르가리타』에 나타난 진리와 언어", 『노어노문학』 제23권 제2호, (서울: 한국노어노문학회, 2011), pp.177-197. 참조.

165) 베즈돔느이(бездомный): 직역을 하면 '집 없는' 또는 '영혼 없는', '정신 없는'의 뜻이 된다. 불가코프 문학에서 'дом'은 '영혼의 안식처' 또는 '안락한 보금자리'를 상징하기도 한다.

떤 것도 이반 니콜라예비치를 집에 잡아두지 못하게 된다. 〈…〉 주사를 맞은 뒤 잠을 자고 있는 사람 앞에 나타나는 것은 모두 일변한다. 침대에서 창문으로 널따란 **달빛의 길**이 난다.[166]

이처럼 평범한 의식 상태에서 접근할 수 없었던 '**진리**'의 세계를 '이성상실'의 의식 상태에서 가까이 접근해 가는 것이다. 이와 같이 체홉과 불가코프의 작품들에서 묘사되는 '**질병**'은 정신 및 심리 불안, 이상 등의 환각 상태를 나타내는 '정신병' 또는 '**정신분열증**'을 가리키며, 이러한 환상과 환각 속에 빠지는 것은 높은 이상의 세계나 혹은 진리의 세계 속으로 접근해 가는 것을 의미하고, 반면에 '질병'의 치료와 회복은 이상의 세계 혹은 진리의 세계에서 멀어져 정상적인 현실의 세계로 돌아오는 것을 뜻한다.

VII-3 맺는 글

불가코프는 어린 시절부터 체홉을 동경하였으며 의사에서 작가로 전업한 후에도 항상 체홉과의 직간접적 관계를 유지해 나아갔다. 그러므로 불가코프 작품들에서는 여러 가지 측면에서의 체홉적인 유사성과 직간접의 영향들을 발견할 수 있다. 그동안 많은 문학연구가들에 의해서 체홉과 불가코프 사이의 유사성 및 영향 등에 대하여 여러 가지 문학적 관점에서의 분석과 고찰이 이루어져 왔다. 본 논문에서는 '의사-작가'인 불가코프의 여러 작품들에 나타나는 '**질병**'에 관한

---

166) 인간이 '진리'에 가장 근접한 순간은 인간이 '언어'와 '이성'을 상실한 정신착란의 상태가 되는 것이다. 그리고 이러한 '진리' 추구의 과정은 『거장과 마르가리타』에 나타난 '**달빛 길**'과도 같이 **영원히 끝나지 않는** '**미완성**'의 길이다. // 정연호, 앞의 글, pp.187-194. 참조.

이야기가 역시 '의사-작가'였던 체홉의 어느 작품에서 비롯되었으며 어떻게 유사하게 변형되고 있는지를 중점적으로 살펴보았다. 그 결과 두 작가의 작품들에는 '의학적'인 테마와 관련하여 서로 유사한 묘사와 서술기법이 존재함을 작품들(『외과의술』--『사라진 눈』, 『티푸스』--『소맷동위의 수기』 등)의 비교를 통하여 확인할 수 있었으며, '질병'의 테마와 관련하여 특히 체홉의 단편 『검은 수사』가 불가코프의 작품들에 많은 영향을 미쳤음을 발견할 수 있었다.

불가코프는 '질병'의 테마와 관련하여 항상 『검은 수사』를 생각하고 있었으며, 소설 속에서 묘사되는 '일기' 형식의 이야기 전개 및 유사한 '질병' 등에 대하여 관심을 집중하였다. 따라서 불가코프 작품 속에서 '질병'에 대한 '일기' 형식의 기록들인 '질병 이력서'들을 여러 곳에서 찾아볼 수 있으며, 이러한 유사한 질병 즉 정신병에 관한 이야기에 있어서 여러 가지의 유사점들을 발견할 수 있다. 불가코프는 체홉이 자신의 작품 『검은 수사』에 대하여 정의한 'historia morbi(질병의 역사)'를 유사하게 모방하여 『개의 심장』, 『모르핀』, 『죽은 자의 수기』 등의 작품들에서 일기 형식의 'История болезни(질병 이력서)'로 변형시키고 있으며, 『검은 수사』와 유사하게 불가코프 작품에서도 주인공이 완전히 이성을 상실하고 항상 환각 상태에 빠져있는 것이 아니라 관념의 세계와 현실세계를 오가는 형상으로 그려지고, 주인공 자신도 환각 상태에 빠져드는 것에 대해 전혀 거부 반응을 느끼지 않을 뿐만 아니라 오히려 내면으로부터 기쁨과 행복을 느끼는 것으로 묘사되고 있다. 또한 현실세계에서 관념의 세계로 빠져드는 모습에 있어서도 유사한 장면을 연출하여, 『검은 수사』의 '검은 수사'가 『모르핀』에서는 '노파'로 바뀌었을 뿐, 출현할 때의 모습은 매우 유사함을 발견할 수 있다.

또한 『검은 수사』에서 주인공 코브린이 혼자서 가상의 '검은 수사'와 대화하는 장면은 『질주』에서 흘루도프 장군이 홀로 누군가와 대화하는 장면, 즉 죽은 크라필린의 유령과 대화하는 장면과 매우 흡사한 데, 이것은 희곡 『질주』의 첫 번째 완성원고에서 불가코프가 '수사(монах)'라는 단어를 직접 사용하면서 '검은 수사'의 등장 모습과 매우 유사하게 무대지시서를 작성하였던 사실에서도 그 유사함과 영향을 추정할 수 있다.

한편, 체홉의 '검은 수사'는 불가코프의 『모르핀』과 『위선자들의 밀교』에서 각각 여성인 '노파'와 '수녀'로 변형되면서 항상 '악(惡)'의 힘과 연관된 부정적 형상을 나타내는데, 이는 불가코프가 'Funerailles(장례식)'이라는 시(詩)의 초안과 친구에게 보낸 편지에서 '검은 수사'에 대하여 불길한 예감이나 또는 나쁜 소식의 전달자와 같은 매우 부정적인 형상으로 나타내고 있는 것과 같은 맥락이다.

또한 체홉의 『검은 수사』는 불가코프의 『거장과 마르가리타』와도 유사하여, 코브린이 '검은 수사'와의 대화를 통해 '병적으로 들뜬 상태'가 되었을 때만이 기쁨과 행복을 느끼듯이, 이반 베즈돔느이 또한 만월이 되어 기분이 들뜨고 정신분열증이 재발하여 이름 그대로 '베즈돔느이(бездомный)' 상태가 되었을 때만이 예전에 자신이 겪었던 무시무시한 사건들을 회상해낼 수 있다.

이상에서 불가코프는 '의학적'인 테마와 관련해서 항상 선배 의사-작가 체홉의 작품에 나오는 여러 가지 유사한 서술들을 따름으로써 두 작가의 작품들 사이에서 많은 유사점을 찾아볼 수 있으며, 특히 체홉의 『검은 수사』에 나오는 '질병'의 테마는 불가코프의 『모르핀』, 『죽은 자의 수기』, 『질주』, 『거장과 마르가리타』 등의 작품들에 영향을 미침으로써 많은 유사성을 발견할 수 있다. 이들 작품들에서 유사하게 묘사되는 '질병'은 일반적인 신체적 질병이 아니라 정신 및 심리 불안,

이상 등의 환각 상태를 나타내는 '정신분열증'을 가리키며, 환각 상태에서 아무 거부 반응없이 빠져든 주인공들은 가상의 유령과 대화를 나눔으로써 내면으로부터 기쁨과 행복을 느끼며, 현실세계와 관념의 세계를 오가면서 현실 보다 높은 이상의 세계와 진리의 세계 속으로 접근해간다. 즉 추악하고 폭력적인 현실에서 탈피하여 아름답고 비폭력적인 비현실의 세계를 향해 접근해 가는 것이며, 제한되고 억압된 예술의 세계에서 과감히 탈피하여 예술가의 무한한 창조적 상상력이 보장되는 자유로운 영감의 세계를 향해 접근해 가는 것이다. 그러므로 '질병'의 치료는 이러한 이상의 세계 또는 진리의 세계에서 멀어져 정상적인 현실의 세계로 돌아오는 것을 뜻하는 유사성을 지니게 된다.

PART 04

'꿈'의 테마

불가코프 작품들에는 '꿈'의 테마가 존재한다. 불가코프의 '꿈'의 테마는 어느 정도 작가의 전기적 사실과 관련이 있다. 작가의 의사 시절의 경험이 서려있는『젊은 의사의 수기』에 보면, 격무에 시달린 나머지 비몽사몽 간에 '꿈' 속에 빠져드는 '풋내기 의사'가 출현하며, 작가가 직접 보고 겪은 혁명과 내란의 참혹한 실상은 희곡『질주』에서 8개의 '악몽'으로 포장되어 생생히 전해진다. 또한 작가의 창작품에 대한 상연금지, 가택수색, 검열제도의 억압, 기성 문학계-극장계의 무시, 냉대 등은 오히려 꿈 속에서 마음껏 '창작의 자유'를 누리는 작가의 출현으로 나타난다. 이처럼 불가코프는 자신이 겪었던 경험, 체험, 실상 등을 '꿈'의 서술을 통하여 나타내기도 하고, 자신이 작가로서 '현실'에서 이룰 수 없었던 꿈을 '작품'에서 '꿈'을 통하여 이룬다.

그런데 이러한 불가코프 작품에 나타난 '꿈'의 특징 가운데 하나는 '꿈'과 '현실'의 경계가 애매모호하게 그려지며 '환상적'으로 묘사된다는 것이다. '꿈'과 '현실'의 경계를 '삶'과 '죽음'의 경계로 보았을 때, '꿈' - '현실'은 **3가지의 형상**을 나타냄을 확인할 수 있다.

(논문VIII) 불가코프 작품에 나타난 '꿈' - '현실'의 형상

----- * * * -----

불가코프 작품들에 나타난 꿈들 가운데는 불가코프가 살아 생전에 현실 속에서 이룰 수 없었던 '자유로운 창작'에 대한 꿈을, '꿈' 속에서 마음껏 누리는 **작가의 꿈**이 존재한다. 이들 작가의 꿈들 가운데『죽은 자의 수기』에 나오는 극작가 **'막수도프'**의 **꿈**과『거장과 마르가리타』에 나오는 작가 **'이반'**의 **꿈**을 비교해 볼 수 있다.

(논문IX) 불가코프 작품의 '꿈'에 나타난 '창작'의 테마
('막수도프'의 꿈과 '이반'의 꿈을 중심으로)

VIII. 불가코프 작품에 나타난 '꿈' - '현실'의 형상

불가코프 작품에 나타난 '꿈'들은 '꿈'과 '현실'의 경계를 '내세'와 '속세'의 경계로 보았을 때, 세 가지 유형의 형상을 지닌다. 1920년대 초기 단편들에 나타난 '꿈'들에는 '꿈'과 '현실'의 경계가 거의 없는 '수면부족' 상태에서의 '꿈'으로서, '꿈'과 '현실'의 경계선 상에 위치한 **'경계적' - '혼합적' 형상의 꿈**이 묘사되는데, 이런 '꿈'들은 '현실'로부터의 '탈출구'로서 주인공에게 달콤한 휴식의 공간을 제공하면서 매우 긍정적인 의미로 해석된다. 아울러, 작가는 이러한 '꿈'과 '현실'의 '혼합적' 형상을 통하여 1920년대 당시 **마치 꿈을 꾸는 것 같이 믿기지 않던 시대적 상황**과 '대혼란'상을 간접적으로 전한다.

『백위군』에서의 '꿈'은 '내세'와 '속세'의 경계에서 '내세' 쪽으로 탈출된 '신'의 세계이며 따라서 **'내세적' - '신의적' 형상**을 지니면서 당시의 시대적 상황을 보다 확연히 보이게 하는 **'예언적' 기능**을 수행한다. 아울러 '꿈'에서 그려지는 '천국'을 통하여 작가는 자신의 '시대관'과 철학적 견지를 드러내고 있다.

『질주』에서의 '꿈'은 '내세'와 '속세'의 경계에서 '속세' 쪽으로 탈출된 '악마'의 세계이고 '지옥'의 세계이며 따라서 **'속세적' - '악몽적' 형상**을 지니면서 항상 '어둠'의 장막 속에 가려져 있다. 하지만, 작품에서 그려지는 '꿈 이야기'들은 꿈 속의 '어둠'을 뚫고 밖으로 표출된 잠재의식의 선명한 그림들로서 **실제의 '현실' 보다도 더 생생한 '현실성'**을 드러낸다. '꿈 이야기'라는 부제(副題)를 붙여 '현실'을 '악몽'으로 표현함으로써 당시 **혁명과 내란의 시대적 상황**을 보다 생생히 전하려 하였던 작가의 의도와 역사적 견지를 읽을 수 있다.

VIII-1. 들어가는 글

문학에서 '꿈'에 관한 모티프들을 이용하는 것은 문학이 존재한 이래로 계속되어 왔다. 여러 나라의 문화 속에서 '꿈'은 일시적인 죽음과도 같이 저승세계와의 접촉으로 인식되어,[167] 예술작품 속에서 '꿈'이나 혹은 '꿈'과 유사한 의식상태는 자주 환상적이며 비합리적인 이야기들의 기초가 되곤 하였다. 전통적으로 러시아 문학 속에서 '꿈'을 이용한 예(例)들은 수없이 찾아볼 수 있다. 『이고리 원정기』에 나오는 '스뱌토슬라프의 꿈'을 비롯하여, 푸쉬킨의 『루슬란과 류드밀라』에서의 '루슬란의 꿈', 『두브롭스키』에서의 '마리야 가브릴로브나와 그리녜프의 꿈들', 『보리스 고두노프』의 '오트렐리예프의 꿈'과 『예프게니 오녜긴』에서의 '타치야나의 꿈', 그리고 『스페이드의 여왕』의 '게르만의 꿈' 등이 있으며, 또한 곤차로프의 『오블로모프』에서의 '오블로모프의 꿈', 도스토예프스키의 『죄와 벌』에 나오는 '라스콜리니코프의 꿈들과 헛소리',

167) 슬라브 문화에 있어서 '꿈'은 다양하게 해석된다. '꿈'은 현실 또는 일상적 삶과의 대조로 해석되고, '꿈'은 전도된 현실 또는 보통 보이지 않는 평행한 삶의 가시적 조각으로도 해석되며, 또한 '꿈'은 '죽음'과 같은 것으로서, '죽음'은 민속적 관념에 따르면 삶의 끝이 아니라 삶의 다른 상태로의 전이에 불과한 것이므로, '꿈'은 평행하는 삶의 다른 상태로의 일시적인 전이로도 해석된다. 또한, '꿈'은 저승세계의 방문과 같은 것으로서 이승과 저승 사이의 경계를 여는 것이며, 따라서 '꿈'은 현재, 과거, 미래 사이의 경계를 여는 것과 같은 것으로 해석되기도 한다. Толстой Н. И., "Славянские народные толкования снов и их мифологическая основа", Сон - семиотическое окно, Москва: ГМИИ имени А. С. Пушкина, Фонд Антонио Мадзотта, 1993. с.91. 참조.

톨스토이의『전쟁과 평화』에서의 '페쟈와 피에르의 꿈들'과 '안드레이의 환영', 그리고 체르늬쉐프스키의『무엇을 할 것인가?』에서의 '베라 파블로브나의 꿈' 등 실로 수없이 많은 '꿈'들을 찾아볼 수 있다. 또한 많은 작가들의 작품에서 관찰되는 '꿈'의 근본적 기능은 꿈을 꾸는 등장인물에 대한 심리적 성격이나 특징 묘사가 주를 이루고 있음도 발견할 수 있다. 즉, 많은 경우에 있어서 '꿈'은 인식적인 의미를 지니고 있어 '꿈'을 통해 주인공 내부 심연 깊숙이 존재하는 고유한 개성이 밝혀지거나 예언적인 '꿈'을 통해 주인공의 미래가 예견되기도 한다.

불가코프 작품에 있어서 '꿈'은 그가 과학적 교육을 받은 의사였기에 어느 한편으로 특별한 의미를 지닌다고 볼 수 있다. 또한 불가코프의 거의 모든 작품들에 있어서 '꿈'에 관한 모티프들은 아주 중요한 위치를 차지하고 있다. 그러므로 불가코프 연구가들은 그의 장편들 대부분에 나타난 '꿈'에 관하여 여러 번에 걸쳐 연구를 집중해 왔다.

추다코바(Чудакова)는 불가코프 예술세계 속의 '꿈'의 의미에 대해 언급하면서, 그의 '꿈' 속에는 현실과 꿈 사이의 '불안정'이 있으며 항상 이야기 줄거리를 이어주는 '연결고리'가 있음을 강조한다: "болезнь - сон - воображаемая ситуация".[168] 한편 야노프스카야(Яновская)는『백위군』에 나타난 '꿈'의 내용적 관점에 중점을 두어 작가적 견지를 이해하기 위한 꿈 내용의 중요성을 연구하였고,[169] 조로투스스키(Золотусский)는『백위군』을 분석하면서 오로지 이데올로기적 관점에서만 꿈들을 고찰하였으며,[170]

168) Чудакова М. О., "Комментарии", *Булгаков М. А. Собрание сочинений: В 5 тт.* Москва: Художественная литература, 1989. Т.1, с.609.

169) Яновская Л. М., *Творческий путь Михаила Булгакова*, Москва: Советский писатель, 1983, сс.137-138.

170) Золотусский И., "Заметки о двух романах Булгакова(〈Белая гвардия〉 и

벨리카야(Великая)는 『백위군』에서의 꿈의 근본적 기능으로서 미래에 대한 통찰과 예고를 들었다. 그녀는 알렉세이 투르빈(Алексей Турбин)의 꿈에 나타난 다층적 구조에 대하여 언급하면서, 화자의 서술이 초시간적, 철학적 견지로 옮겨가는 소설의 피날레에서 꿈과 현실이 서로 융합하는 상호관계에 대하여 분석하였다.[171]

한편, 스펜젤(Спендель де Варда)은 불가코프 작품에서의 '꿈'을 내부적 논리의 한 요소로서 파악하고 다양한 모든 가능성을 반영하고 있는 꿈의 여러 가지 상황들을 각각 분리하고 구별하였다. 즉, 악몽의 꿈, 예고 또는 경고성의 꿈, 희망과 바람이 담긴 꿈, 그로테스크적인 꿈, 미지의 미래를 보는 것 같은 꿈, 일관성이 없고 조리가 맞지 않는 이야기의 서술을 위한 문학적 수법으로서의 꿈, 거의 천국에 가까운 자유로운 존재의 다른 문맥을 도입하는 것과 같은 꿈, 창조적인 영감이 담긴 꿈, 그리고 초자연적 세계의 징후로 바뀌는 꿈 등으로 세세히 분리하였다.[172] 또한 그녀의 견해에 따르면, 『거장과 마르가리타』에서 '꿈'은 불가코프의 다른 어느 작품에서 보다도 더 현저한 역할을 한다. 즉, 『거장과 마르가리타』에서 작가는 몽환적 공간에 의해 허용된 서술적인 무대와 서술적인 어조를 교대로 교체시킴으로써 여러 장면들을 결합시킬 수 있었으며, 독자에게 작가 자신의 다양한 삶의 경험들을 응

〈Мастер и Маргарита〉)", *Литературная учеба*, 1991, No.2, сс.147-165.

171) Великая Н. И., "〈Белая гвардия〉 М. Булгакова: Пространственно-временная структура произведения, её концептуальный смысл", *Творчество М. Булгакова*, Томск: Издательство Томского университета, 1991, с.98.

172) Спендель де Варда Дж., "Сон как элемент внутренней логики в произведениях М. Булгакова", *М. А. Булгаков-драматург и художественная культура его времени*, Москва: Союз театральных деятелей РСФСР, 1988, с.306, 310.

축하여 전달할 수 있었다.[173]

한편, 히미츠(Химич)는 자신의 저서에서 불가코프 작품에서의 꿈에 관련된 부분에 많은 관심을 기울이면서 불가코프 꿈의 일정한 진화과정을 추적하였다. 즉, 그녀에 의하면, 불가코프는 1920년대 초에 일상적 도시 생활의 환상적이며 무의미한 이야기에 합당한 언어들을 찾는 과정에서 꿈들을 이용하였으나, 점차로 꿈에 관련된 요소가 주인공의 지대에서 저자의 의식의 지대로 이전하였다는 것이다.[174] 또한, 그녀는 꿈이 사회적 또는 심리적으로 특색을 나타내는 수단으로서의 역할을 위해 단순히 이용되는 것이 아니라, 꿈 자체가 모든 상식으로부터 현실을 이탈시키기 위한 방법에 초점이 맞추어져 있으며, 불가코프의 예술체계에 있어서 '꿈'의 형태는 그로테스크의 징후 아래에 존재하므로 그 안에서의 현실과 초현실의 혼합은 논하는 바를 자주 무의미하게 만들어 버린다고 쓰고 있다.[175]

본 논문에서는 불가코프 작품에서의 꿈 자체가 모든 상식으로부터 현실을 이탈시키기 위한 방법에 초점이 맞추어져 있다는 '히미츠'의 주장에 전적으로 동의하면서, 과연 **'현실'에서 이탈된 '꿈'**은 작품 속에서 어떠한 형상으로 그려지고 있는지를 '꿈'과 '현실'의 관계에서 추적함으로써, 그 이면에 내재된 **작가의 의도와 철학적 견지**는 무엇인지를 규명해 보고자 한다. 이를 위해, '꿈'과 '현실'의 관계에서 '경계적' 위치에 있는 1920년대 초기 단편들에 나타난 꿈들에 대하여 살펴보며, **'꿈'과 '현실'의 경계**를 **'속세'와 '내세'의 경계**로 보았을 때, '꿈' 속

173) Там же, с.311.

174) Химич В. В., *Странный реализм М. Булгакова*, Екатеринбург: Издательство Уральского университета, 1995, сс.97-98, 110.

175) Там же, с.121.

에서 그려지는 형상이 '내세적'으로 그려지는 『백위군』에서의 꿈들과, 반대로, '속세적'으로 그려지는 『질주』에서의 꿈들을 비교하여 그 대조되는 형상을 나타내 보이고자 한다.

VIII-2. '꿈' - '현실'의 경계적 · 혼합적 형상

불가코프는 본래 의사로서 '꿈'에 관하여 관심이 많았다. 『모르핀』에서 의사 봄가르드(Бомгард)는 '꿈'의 메카니즘에 대하여 다음과 같이 심사숙고한다.

> В чем механизм сна?.. Читал в физиологии… но история темная… не понимаю, что значит сон… как засыпают мозговые клетки?! 〈…〉 Да почему-то уверен, что и сам составитель физиологии тоже не очень твердо уверен… (1: p.153)[176]
>
> 꿈의 정체는 무엇일까? 난 생리학 책을 읽었는데… 그러나 난해한 내용만 있고… 꿈이 무엇을 의미하는지 모르겠다… 뇌세포는 어떻게 잠이 드는 것일까?! 〈…〉 어떤 이유에서인지 생리학의 창시자 자신도 완전히 확신하고 있지 않다는 사실을 확신하게 된다.

위의 인용문에서 우리는 자신의 예술작품에서 '꿈'의 비밀을 풀어보려 하였던 의사-작가 불가코프의 깊은 관심을 엿볼 수 있다. 그런데 이러한 관심은 그의 1920년대 초기 단편들에서 한 지방 병원의 풋내기 의사가 격무에 시달리면서 항상 '수면부족'의 상태에서 비몽사몽간에 꾸는 '꿈'으로 시작된다. 『의사의 이상한 모험들』에서 의사 N은

---

176) Булгаков М. А., *Собрание сочинений*: *В* 5 *т*. Москва: Художественная литература, 1989-1990, Т.1, с.153. 이하, 이 선집으로부터의 인용은 본문에(권 수: p.페이지 수)로 약칭한다.

엄청난 사건의 소용돌이 속에 휘말려 살아간다. 그는 하루 종일 밤낮으로 이어진 전투가 끝난 후, 비인간적일 정도로 지친 극도의 피로감과 눈꺼풀이 올라가지 않을 정도로 쏟아지는 잠 속에 빠져든 자신의 특별한 상황을 전한다: “Усталость нечеловеческая. Уж и на чеченцев наплевать. Век не поднимешь - свинец”(1: p.437). 이러한 수면부족의 상태는『젊은 의사의 수기』의 주인공-의사에게 있어 항상 지속되는 상황이다. 즉 **수면부족**으로 인하여 젊은 풋내기 의사의 시간은 항상 **‘꿈’과 ‘현실’의 경계**에 위치해 있다. 단편『강철로 된 목(Стальное горло)』에서 주인공은 수술을 끝내고 집으로 걸어갈 때 조차도 한 가지 유일한 바람은 바로 잠을 자는 것임을 나타낸다: “И я, когда шел, хотел одного - спать”(1: p.99). 이처럼 ‘수면부족’의 상태에서 주인공이 잠깐 잠들었다가 깨는 ‘꿈’에 관한 이야기가 작품 전체를 차지하기도 한다.『칠흑 같은 어둠(Тьма египетская)』과『눈보라(Вьюга)』에서 묘사되는 세계는 꿈에서 발생해서 꿈 속으로 빠져드는 것으로 끝을 맺는다. (1: pp.104-105, p.117).

그런데 이와 같이 수면부족의 상태에서 잠깐 잠들었다 깨는 ‘꿈’이지만 시간적으로나 **공간적으로 무한히 확대되는 속성**을 지닌다.『의사의 이상한 모험들』의 제8장에서 꿈을 꾸는 사람은 한칼리스키(Ханкальский) 골짜기에 위치해 있으면서, 꿈 속에서 1000 베르스타나 더 떨어진 집으로 옮겨가며, 그 다음에 그의 잠재의식은 현재에서 과거로 질주하였다가 다시 되돌아온다(1: pp.436-437). 의사-작가 불가코프는 인간이 잠이 드는 상태로 빠져드는 메카니즘을 무한대로 확장되는 ‘공간’과 무한대로 질주하는 ‘시간’의 상태와 연관지어 탐구하였다.

한편 이처럼 무한히 확장되는 시간과 공간이지만 **‘현실’과 ‘꿈’의 ‘경계’**는 백지장 하나 보다도 더 적은 **‘투명 여과지’** 한 장을 겨우 올려놓은 것처럼 거의 없다시피 한 것으로 묘사된다. 『주현절의 태아 회전술』에는 낮의 의식 상태로 회귀하는 순간과 더불어 점차로 꿈에 빠져드는 과정이 세세히 기록되는데, 이 때 '현실'과 '꿈'의 만남은 찰나의 순간에 스쳐지나가듯이 지나가는 것으로 묘사되고 있다.

> Не успел я коснуться подушки, как передо мной в сонной мгле всплыло лицо Анны Прохоровой, семнадцати лет, из деревни Торопово. 〈…〉 Проплыл бесшумно фельдшер Демьян Лукич с блестящими щипцами в руках. Я вспомнил, как он говорит "таковой" вместо "такой" - из любви к высокому стилю, усмехнулся и заснул. (1: p.83)
>
> 베개에 머리를 대기 전 몽롱한 상태에서 나는 토로포보 마을의 열일곱 살 소녀 안나 프로호로바의 얼굴을 떠올렸다. 〈…〉 의사보 데미얀 루키치가 번쩍거리는 펜치를 손에 들고 조용히 지나갔다. 나는 그가 고상한 문체를 좋아해서 '그런' 대신 '그와 같은'이라고 말하는 것이 생각나서 조용히 웃고는 잠이 들었다.

이처럼 현실에서 순간적으로 이동되는 꿈의 상태, 즉 현실과 꿈 사이의 '경계'에 위치해 있는 의식상태는 반대로 잠에서 순간적으로 깨어나는 가능성에 의해 재차 강조된다. 즉 잠재의식 상태에서 언제든지 순식간에 현실의식 상태로 되돌아올 수 있는 것이다.

> Однако не позже чем через полчаса я вдруг проснулся, слово кто-то дернул меня. (1: pp.83-84).
>
> 그러나 30분도 채 안 돼서 누군가 나를 잡아당기기라도 한 듯 갑자기 잠을 깼다.

이와 같이 주인공이 순간적으로 한 가지 의식상태에서 다른 의식상태로 이동하였다가 다시 되돌아오는 현상은 『칠흑 같은 어둠』에서도 관찰된다: "И заснул. / …И проснулся"(1: p.119). 여기서 '꿈'은 '달콤한 꿈'과 같이 매우 **긍정적**인 판정을 얻어낸다. 즉, '꿈'은 물리적인 '휴식'이며, 꿈 속의 형상들이 형성되어지는 '공간'이다. 그리고 이 때의 '공간'은 주인공이 완전히 꿈 속에 잠긴 상태를 나타내듯이 캄캄한 '어두운 장막'처럼 묘사된다.

> …сладкий сон после трудной ночи охватил меня. Потянулась пеленою тьма египетская…(1: p.121)
>
> 고단한 밤을 보내고 달콤한 꿈을 꾸었다. 칠흑 같은 어둠이 장막처럼 길게 누워 있었고…

이와 같이, 극도의 피곤함과 수면부족 상태에서 칠흑 같이 어두운 장막 속으로 잠시 빠져드는 '꿈'은 **'현실'을 벗어나는** 일종의 **'출구'**로서 주인공에게 달콤한 휴식을 제공한다. 그러므로 초기 단편들에서 묘사되는 꿈들은 대부분 **'긍정적'**으로 **평가**되고 있음을 발견할 수 있다. 즉, 『주현절의 태아 회전술(Крещение поворотом)』에서의 "평화로운 꿈(мирный сон)"(1: p.83), 『칠흑 같은 어둠』에서 "꿈은 행복한 농담이다(Сон - хорошая штука!..)", 『사라진 눈(Пропавший глаз)』에서 "모든 고통으로부터 날 구원해 줄 달콤한 꿈(сон, избавитель от всех мучений…)"(1: p.127), 그리고 『모르핀』에서의 "1년 반 동안 꾸지 못하다 꾼 꿈(сон, после бессонных полутора лет…)"(1: p.149) 등의 예(例)들을 찾아볼 수 있다.

그런데 이와 같이 '긍정적'으로 평가되는 꿈 속에서도 주인공이 안고 살아가는 **심리적 긴장감**은 계속된다. 즉, 꿈 속에서 현실과 잠재의식 속의 활동이 계속되며, 잠을 자고 있는 주인공은 마치 자기 자신을 여러 방향에서 비추어 보듯이 긴장감을 늦추지 않는다. 예를 들면, 『눈보라』의 피날레에서 주인공은 다음과 같이 자기 자신의 잠재의식과 대화를 나눈다.

Озолотите меня, -- задремывая, пробурчал я, -- но больше я не по… -- Поедешь… ан поедешь… -- насмешливо засвистала вьюга. 〈…〉 -- Поедешь… по-е-де-те… -- стучали часы, но глуше, глуше… И ничего. Тишина. Сон. (1: p.111)

"수고비를 왕창 주셔야 합니다." 졸면서 나는 중얼거렸다. "하지만 더 이상…" "갈 수… 아니, 갈 수가…" 눈보라가 조소하듯 윙윙 소리를 냈다. 〈…〉 "갑시다… 출-발-해-요." 시계 소리가 났다. 그러나 소리가 점점 작아진다. 아무것도 들리지 않는다. 정적. 꿈.

이처럼 잠을 자고 있을 때 조차도 주인공 개성 속의 어느 한 부분은 잠자지 않고 한시도 방심하지 않으면서 자기 자신을 **제3자의 입장에서 관찰**하고 있음을 보여준다. 그런데 이와 유사한 상황을 우리는 『모르핀』에서도 찾아볼 수 있다. 봄가르드(Бомгард)는 잠자는 상태로 있으면서도 자기 자신을 제3자의 입장에서 감독하고 통제한다.

Вон стоит Сережка Поляков в зеленой тужурке с золотыми пуговицами над цинковым столом, а на столе труп… Хм, да… ну это сон… (1: p.153)

저기 세르게이 폴랴코프가 금단추를 한 녹색 재킷을 입고 아연으로 도금한 테이블 위에 서 있다. 테이블 위에 시체가 있다. 음, 그래… 이건 꿈이야.

불가코프는 꿈을 꾸는 등장인물을 묘사하면서 자주 그 인물을 보통이 아닌 **특별한 상황** 속으로 밀어 넣는다. 즉 특별한 상황 속에서의 정신적, **심리적 긴장감**이 등장인물을 현실에서나 꿈 속에서나 그대로 내버려두지 않음으로써, '현실'과 '꿈' 사이의 '경계'가 허물어지고 마침내는 **현실**이 **몽환적인 특성**을 갖게 된다. 『칠흑 같은 어둠』에서 주인공은 의사로서의 의무와 사명에 대하여 골똘히 생각한 나머지 그대로 상징적인 꿈을 꾸게 되는데, 꿈 속에서 주인공과 그의 조력자들은 마치 그리스도교 신앙과 사명으로 불타는 **십자군 원정대**를 연상시킨다.

> И сладкий сон после трудной ночи охватил меня. Потянулась пеленою тьма египетская… и в ней будто бы я… не то с мечом, не то со стетоскопом. Иду… борюсь… В глуши. Но не один. А идет моя рать. (1: p.121)
>
> 고단한 밤을 보내고 달콤한 꿈을 꾸었다. 칠흑 같은 어둠이 장막처럼 길게 누워 있었고, 그 속에서 나는… 메스도 청진기도 없이 어디론가 간다. 싸운다… 촌구석에서. 하지만 혼자가 아니다. 나의 군대가 진군한다.

이처럼 주인공인 젊은 의사는 꿈 속에서 '신성한' 원정대 행렬에 참가한 자기 자신을 마치 **제3자의 입장**에서 바라보듯이 보고 있다. 즉, 제3자가 바라보는 것과 같은 꿈의 서술을 통하여 불가코프는 **'꿈'과 '현실'이 '혼합된' 상태**를 보여준다. 또한 묘사되는 '현실'도 사실적이 아닌 환상적인 규칙에 따라 움직여 나아가므로, 현실이 '현실적' 모습이 아닌 '몽환적' 모습을 띠게 된다. 예를 들면, 『의사의 이상한 모험들』에서 발생한 모든 사실들이 주인공에게는 때때로 **'꿈'처럼 여겨지고**: "Временами мне кажется, что все это сон"(1: p.435), **꿈 속에서나 있을 법한 황당무계한** 일이 현실에서 얼마든지 발생하며: "Скандал! Я потерял свой отряд. Как это могло произойти? Вопрос глупый, здесь все может произойти. Что угодно."(1: p.438), 기차 역이 불에 타는 등의 **혼란상태가 환상적으로** 펼쳐진다: "Хаос. Станция горела. Потом несся в поезде. 〈…〉 Безумие какое-то."(1: p.441).

한편, 불가코프 초기 작품들에서의 몽환적 모티프들은 '꿈'에 관련된 정신적, 심리적 과정들에 대하여 '의사'로서 불가코프가 갖는 특유의 관심을 나타내준다. '질병의 역사(Historia morbi)'라는 부제(副題)가 붙은『붉은 관』에서 반수상태(半睡狀態) 아래 자유로이 해방되어 있던 주인공의 잠재의식이 불시에 의식상태로 되돌아오는가 하면, 갑자기 주인공 앞에 여러 가지의 환영들이 나타난다. 주인공은 자신의 이러한 의식상태를 '광기(狂氣)' 상태의 특징으로 해석한다: "만일 죽은 사람이 다가와서 말을 한다면 그건 내가 미쳤다는 걸 의미한다: если убитый приходит и говорит, значит - я сошел с ума."(1: p.447). 또한『모르핀』에서도 이와 유사하게 세르게이 폴랴코프(Сергей Поляков)의 현실은 점차로 환영들로 대치되어 가며, 이 때의 환영들은 악몽과도 유사하게 묘사된다. 이처럼 불가코프의 주인공들은 비교적 '평화로운' 환경에 속해 있을 때에도 항상 위험스러운 심리적 상태 속에 빠져든다. 즉, 불가코프의 주인공들은 비록 현실과 초현실 사이의 차이를 느낄지라도, 그들은 모두 초현실의 위력으로부터 스스로 해방되지 못한다. 그러므로『붉은 관』에서 항상 환각을 일으키는 주인공은 자신을 단 1초라도 그대로 자유롭게 내버려두지 않는 죄의 압박과 굴레 아래서 다음과 같이 신음하듯 살아간다.

> О нет, я ее не боюсь. Я сам застрелюсь, и это будет скоро, потому что Коля доведет меня до отчаяния. (1: p.444)
>
> 오, 아니다. 나는 죽음이 두렵지 않다. 나는 총으로 자살할 것이고, 이 일은 조만간 일어날 것이다. 왜냐하면 콜랴가 나를 절망에 빠뜨렸기 때문이다.

이처럼 위험한 심리상태에서 환각을 일으키는 주인공은 항상 '광기'와 '정상' 사이의 한계, 그리고 '꿈'과 '현실' 사이의 '경계'에 위치해 있다. 사실상, 주인공이 잠을 잘 가능성은 없다. 왜냐하면 그의 꿈 속에서도 항상 현실에서 그를 괴롭혔던 온갖 상념과 회상들이 계속되기

때문이다.[177]

> в ту же ночь, чтобы усилить мою адову муку, все ж таки пришел, неслышно ступая, всадник в боевом снаряжении и сказал, как решил говорить мне вечно. (1: p.447)
>
> 같은 날 밤, 끔찍한 고통을 부추기기 위해 전투복 차림의 기마병이 소리 없이 내게 다가왔다. 그리고 끊임없이 내게 이야기하겠다고 말했다.

이상에서 살펴본 바와 같이, 1920년대 불가코프의 초기 산문들에 나타난 '꿈'들은 **꿈과 현실 사이의 '경계'**가 거의 없어, 의식 상태에서 잠재의식 상태로 또는 그 반대로의 이행 과정이 순식간에 일어나는 특징이 있다. 즉 항상 **'수면부족'**에 시달리는 주인공에게 있어 현실과 꿈의 경계는 거의 없으며, 꿈은 **현실의 탈출구**이자 **달콤한 휴식의 공간**으로서, 주인공은 꿈 속에서 꿈 속에 비춰진 자기 자신을 제3자의 입장에서 관찰하고 서로 대화를 나눔으로써, 꿈과 현실의 경계가 '혼합된' 상태의 꿈이 매우 긍정적인 의미로 해석되고 있음을 발견할 수 있다. 아울러 이러한 **꿈과 현실의 '혼합상태'**를 통하여 작가는 1920년대 당시 마치 꿈을 꾸는 것 같이 믿기지 않던 시대적 상황과 대혼란상을 간접적으로 전하고 있음도 알 수 있다. 한편, 1920년대 초 불가코프의 산문들에는 불가코프가 의사-작가의 견지에서 '꿈'의 정체를 밝혀보려는 의지와 더불어, 꿈을 무한대의 시간적, 공간적 차원에서 해석해 보려는 작가적 의도가 엿보이며, 꿈과 현실 사이에 경계가 없음으로 인하여 자주 발생하는 **의식의 잦은 이동**과 **혼합 상태**로써 등장인물의 **병적인 광기 상태**를 나타내 주기도 한다.

177) 이와 같은 영원히 잠들지 못하는 '양심'의 메타포로서의 '꿈'은 후에 『거장과 마르가리타』에서 '빌라도'의 '꿈'으로 발전해 나아간다.

VIII-3. '꿈' - '현실'의 내세적·예언적 형상

불가코프의 '꿈'에는 '현실'의 등장인물들이 미래에 만나게 될 내세(來世)와 내세적 존재들이 묘사됨으로써 현실을 보다 생생히 전하는 예언적 형상이 그려진다. 불가코프는 꿈을 적극적으로 이용하여 마치 현실의 실제적 사건 위에 **내세적인 형상**을 입힘으로써, 자신의 등장인물들이 현실의 세속적 시간으로부터 꿈 속의 영원한 시간으로 나아갈 수 있도록 인도해 준다. 『백위군』에서 주인공 알렉세이는 탈베르그(Тальберг)의 도주가 있던 날 밤, 이미 일어난 사태에 대하여 오랫동안 괴롭게 심사숙고한 끝에 긴 꿈을 꾸게 된다.

주인공 **알렉세이** 투르빈의 이 **'꿈'**은 『백위군』에 등장하는 여러 등장인물들의 꿈들 가운데 가장 중요한 성분을 이룬다고 볼 수 있다. '꿈'의 직접적인 동기는 알렉세이가 잠시 읽다가 그만둔 도스토예프스키의 소설 『**악령**』에 **나오는 한 구절**이다: "Русскому человеку честь -- одно только лишнее бремя…(러시아 인에게 명예는 쓸모없는 부담거리…)"(1: p.217). 그리고 이 구절은 꿈 속에서 그대로 재현된다. 또한 '꿈' 속의 현상은 도스토예프스키의 『카라마조프네 형제들』에 나오는 **'이반'과 '악마'와의 대화**를 연상시킨다. 그러므로 알렉세이의 '꿈' 속에 나타나 알렉세이에게 조롱 어린 말투로 그를 비아냥거렸던 괴짜 사내는 다름 아닌 알렉세이 자신의 **'분신'**으로 볼 수 있다. 즉, 알렉세이의 꿈은 알렉세이 **자신의 잠재의식**을 나타낸 것이다. 따라서 꿈 속에서 알렉세이가 괴짜 사내를 향하여 권총을 쏘려 하였던 것은 마치 자기 자신을 향해 쏘려고 하였던 것과 같다. 결국 '꿈'은 주인공 알렉세이에게 '명예'에 대하여 회상시켜 주면서, 사실상의 '양심'의 역할을 한다고 볼 수 있다.

그런데 이러한 '꿈'을 꾸고 난 알렉세이는 다시 또 다른 '꿈' 속으로 빠져든다. 즉, 갑자기 들이닥쳐 자신을 '불명예스러운 나'로 몰고간 '꿈'으로부터 겨우 해방되고 나서야 알렉세이는 마침내 '도시'[178]에 대한 또 다른 '꿈'을 아주 길게 꾸기 시작한다: "Турбину стал сниться Город."(1: p.217). '도시'에 대한 알렉세이의 꿈은 『백위군』에 나오는 꿈들 가운데 상당히 큰 분량을 차지하고 있으며, 관점에 있어서도 '주인공'의 관점과 '화자'의 관점이 하나로 합쳐져 서술되는 특징이 있다. 이러한 꿈의 서술은 단순한 '도시'에 대한 풍경묘사가 아니며, 심오한 심사숙고(深思熟考)이자 상황에 대한 철저한 분석이라 할 수 있다. 여기서 화자의 서술은 '연대기'에 가까울 정도로 도시 곳곳을 세세히 기록하고 있다. 꿈 속에서 도시는 처음에 아주 이상적이고 옛날 이야기 같이 '아름다운' 도시의 특성을 나타낸다.

> Прикрасный в морозе и тумане на горах, над Днепром. ⟨…⟩ И было садов в Городе так много, как ни в одном городе мира. ⟨…⟩ Сады красовались на прекрасных горах, нависших над Днепром, и, уступами поднимаясь, расширяясь, порою пестря миллионами солнечных пятен, порою в нежных сумерках, царствовал вечный Царский сад. (1: pp.217-218)

> 드녜쁘르 강의 위쪽으로 언덕을 따라 서리와 안개로 덮인 도시는 아름답기만 했다. ⟨…⟩ 이 도시에는 이 세상 어느 도시보다도 많은 정원들이 있었다. ⟨…⟩ 드녜쁘르 강 위쪽의 아름다운 언덕에 있는 정원들은 굴곡이 져 펼쳐진 채로 햇빛을 받

178) 불가코프 초기 작품들에 나타난 '도시'의 형상에는 크게 3가지 유형의 형상이 존재한다. 첫째, 고대도시 '로마'와 '예루살렘'의 형상이 있으며 '신화적 도시'의 형상이 추구되고, 둘째, 도시 전체가 하나의 무대가 되는 '오페레타적'인 무대로서의 도시의 형상이 있으며, 셋째, '물' 혹은 '불'에 의하여 '집-도시-제국-문명'이 파괴되는 '도시-파멸'의 형상이 존재한다. // 정연호, "불가코프 초기 작품에 나타난 '도시'의 형상", 『노어노문학』 제13권 제1호(2001), pp.185-204. 참조.

아 여러 층으로 빛을 발하며, 부드러운 황혼녘에는 황실의 정원들처럼 아름다움의 극치를 이루었다.

이처럼 알렉세이의 '꿈' 속에서 '도시'는 천국의 아름다운 정원처럼 '내세적' 형상을 지니며 묘사된다. 그리고 곧이어 도시를 파멸시키는 엄청난 사건들에 대한 기술에 있어서도 마치 '꿈' 속에서 본 '내세'의 한 장면처럼 별로 대수롭지 않게 묘사된다. 즉, 아름답게 그려지던 도시는 갑자기 '죄'의 물결에 휩싸이며, 비밀스러운 모스크바로부터 구원 받으려는 수많은 사람들이 도시를 향하여 물밀듯이 밀려들어옴으로써, 도시에는 이상스러운 일들이 벌어지기 시작한다: "Город жил странною, неестественной жизнью…"(1: p.219). 또한 대량 탈주에 따른 다양한 직종의 인간들의 여러 가지 탈출 동기들은 도시의 파국을 예감케 한다(1: pp.219-220). 즉, 전원적, 목가적인 분위기 대신에 도시의 쓰레기 같은 삶이 계속되면서 평정이 깨진 도시는 더럽고 탁한 거품이 발생하는 모습으로 변모된다(1: p.222). 이처럼 알렉세이의 꿈 속에서 그동안 도시 안에서 실제로 있었던 일들, 즉 독일군의 진주, 헤트만 정부의 출현, 페트류라 일당의 발생 등이 마치 '화자'의 이름으로 전해지는 옛날 이야기처럼 대수롭지 않게 이야기된다(1: pp.223-231). 작품에 나타난 꿈들의 전통적인 '문학적' 기능 가운데 하나는 주인공의 내부상태, 즉 주인공의 정서적, 심리적, 관념적 상태를 전달하고, 주인공의 또 다른 성격이나 혹은 특징에 대하여 묘사하기 위해 주인공의 잠재의식 속으로 몰두해 들어가는 것이다. 그런데 『백위군』의 주인공의 잠재의식 속에서 펼쳐진 '꿈'에는 실제로 일어난 엄청난 현실적 사건들이 마치 비몽사몽(非夢似夢) 속의 대수롭지 않은 '꿈 속의 이변(異變)' 정도로 받아들여지듯이 묘사된다.

또한 화자는 여기서 한 발 더 나아가 현실적인 사건들에 '반(半)-환상적'인 형상을 첨가시킴으로써 실제 발생한 사건들이 **풍문에 들리는 소문**이거나 혹은 **꿈 속에서 본 '내세'의 한 장면**처럼 여겨지게 만든다. 예를 들면, 도시의 파멸을 예고하는 '징후'들에 대하여 이야기하는 것이다. 그리고 이런 파멸에 대한 시각은 꿈을 꾸고 있는 알렉세이 투르빈의 관점에 의하여 전해지는 것이 아니라, 모두 다 그렇게 느끼고 있는 일반 대중들의 관점에서 전해진다. 즉, 알렉세이는 '집단적' 견해의 소지자일 뿐이다. 이와 같이 꿈 속 같은 환상적 형상들, 그리고 꿈 속 같이 이루어지는 몽환적인 논리들은 현실에서 실제로 발생한 엄청난 사건들에 **'내세적 형상'**을 입히면서 실제의 사건들을 별로 대수롭지 않은 **'꿈' 속의 사건들**로 형상화시킨다.

한편, 알렉세이의 꿈 속에 나오는 '천국'의 이미지는 작가의 철학적 견지를 나타내는 매우 중요한 의미를 지닌다. 처음에 알렉세이는 자신의 심사숙고에 대한 대답처럼 스스로에게 질문을 던진다: "Те, кто-бегут, те умирать не будут, кто же будет умирать?(도망친 사람은 죽지 않을 것이다. 그렇다면 과연 누가 죽는단 말인가?)"(1: p.233). 여기서 '꿈'은 주인공 알렉세이에게 삶의 의미를 밝혀주며, 미래에 대한 몇가지 질문들에 답을 준다. 즉, 천국에서 만나는 몇 몇 사람들과의 에피소드는 꿈 속에서 알렉세이에게 그들의 미래에 대하여 예언하는 것이다. 우선, 십자군 병사의 모습을 한 나이-투르스(Най-Турс) 대령과의 만남은 **대령의 죽음**을 예고한다(1: p.233). 그리고나서 얼마 후에 만난 **질린**(Жилин)은 또한 동생 **니콜카**(Николка)의 죽음을 암시하여 준다(1: p.235). 또한 질린은 페레코프(Перекоп) 전투에서 죽은 **볼셰비키**들의 엄청난 숫자에 대하여도 상세히 전해 준다. 뿐만 아니라 꿈 속에서는 알렉세이 **자신만의 비밀스런 미래**에 대해서도 미리 예언되고 있음을 발견할 수 있다.

즉, 꿈 속에서 질린이 여자 없이 행군한다는 것은 불가능함을 하느님께서도 이해하셨다고 하면서 알렉세이에게 능글맞게 윙크를 하자, 알렉세이는 눈을 내리깔며 동의하지 않을 수 없게 되는데, 이 때 그의 곁에 있던 누군가의 알 수 없는 여인은 훗날 알렉세이의 목숨을 구해주는 율리야 레이스(Юлия Рейс)인 것으로 밝혀진다.

> Чьи-то глаза, черные, черные, и родинки на правой щеке, матовой, смутно сверкнули в сонной тьме. (1: p.234)
>
> 누군가의 눈동자는 검고 검었으며, 윤기 없는 오른쪽 뺨에 나 있는 작은 반점이 꿈결의 어스름 속에서 희미하게 반짝였다.

그런데 이와 같은 질린과의 대화에서 가장 중요한 것은 그의 이야기를 통하여 하느님의 메시지가 전달된다는 것이다. 즉, 하느님을 믿지도 않으면서 사악한 일만 저지르다가 결국은 전투에서 죽은 적군 병사들이 어떻게 그렇게 많이 천국에 올 수 있느냐는 항의성 질문에 하느님은 다음과 같이 대답한다.

> Один верит, другой не верит, а поступки у вас у всех одинаковые: сейчас друг друга за глотку 〈…〉 то тут так надо по нимать, все вы у меня, Жилин, одинаковые -- в поле брани убиенные. (1: p.236)
>
> 어떤 사람은 믿고 어떤 사람은 믿지 않으나, 그대들의 행동은 모두가 똑같다. 지금 서로의 목을 조르고 있지 않은가? 〈…〉 질린, 그대는 그대들이 전쟁터에서 목숨을 잃었다는 면에서 나에게는 모두가 똑같다는 사실을 이해해야 한다.

이와 같이 알렉세이의 꿈을 통하여 나타난 작가 불가코프의 세계관은 『백위군』이 나오고나서 몇 년 지난 후 실제로 작가에 의해 공공연하게 표출된다. 즉, 불가코프는 『백위군』 집필 후 자신에게 쏟아지는 비난과 당국의 연이은 출판 및 상연금지 결정에 대하여 소비에트 정부에 탄원서(1930년 3월 28일자)를 제출하는데, 여기서 그는 자신이 백군 진영이든 적군 진영이든 가리지 않으려고 무던히 노력하였음을 밝히는 것이다: "стать бесстрастно над красными и белыми."(5: p.447).

한편, 니콜카(Николка)의 꿈도 속세적 현실로부터 벗어나기를 바라는 심리적, 정서적 상태를 나타내면서 '내세적' 형상을 지닌다. 꿈에 니콜카는 거미집의 거미줄에 걸려 허둥대며 아무리 빠져 나오려고 발버둥쳐도 거미집은 점점 더 커질 뿐 도저히 빠져나올 수 없게 된다. 즉, 꿈에서 니콜카가 거미줄 너머에는 깨끗한 눈으로 덮인 평원이 펼쳐져 있는 것을 보고 그 곳으로 나가려고 열심히 거미줄을 헤쳐 보지만, 결국은 거미줄에 걸린 새 한 마리의 신세와 같게 된다. 그리고 이 때 새 한 마리가 역시 거미줄에 걸려 퍼뜩이는 꿈의 세부 내용은 후에 라리오시크(Лариосик)가 가져온 카나리아 새의 지저귐에 의해 동기화 되었음이 밝혀진다(1: pp.324-326). 그리고 니콜카는 마치 악몽이 계속되는 것처럼 느끼면서 잠이 반쯤 깬 반수상태(半睡狀態)를 지속해 나아간다. 즉, 니콜카의 꿈은 하루 아침에 무너져 버린, 그리고 점점 더 붕괴되어 가는 삶 속에서 뭔가의 발판을 찾으려 발버둥치는 그의 심리 상태가 표현된 것으로 볼 수 있다. 그리고 신체적으로 니콜카는 한동안 살아있는 것으로 나오나, 사실상은 이미 그의 죽음이 예견되어져 있는 것으로 묘사된다. 즉, 그의 죽음은 앞서 소설 초반부의 '알렉세이'의 꿈에서 이미 예견되었을 뿐만 아니라, 소설 말미의 '엘레나'의 꿈에서도 다시 확인된다.

А смерть придет, помирать будем... -- пропел Николка и

вошел. 〈…〉 Елена мгновенно подумала, что он умрет, и горько зарыдала. (1: p.427)

“그때 죽음이 올 것이고, 우리는 죽을 것입니다.” 니콜카가 노래부르며 들어왔다. 〈…〉 엘레나는 순간적으로 그가 죽을거라는 생각에 울음을 터뜨렸다.

한편, 『백위군』에서 몽환적인 모티프들을 전형적으로 사용한 꿈의 예(例)는 바실리사(Василиса)의 꿈에서 찾아볼 수 있다. 즉, 꿈 꾸는 사람의 내부 심리상태에 대한 성격묘사와 더불어 그의 미래를 미리 내다보는 꿈의 예언적 기능이 합성되어 나타난다. 바실리사의 드라마틱한 꿈들은 그의 불안한 심리상태를 반영하는데, 그는 항시도 안절부절 못하며 근심-걱정 속에 살아가는 겁많은 부르주아 기술자이다: “инженер и трус, буржуй и несимпатичный”(1: p.183). 그러므로 그가 낮에 생각하였던 걱정거리들이 과장되고 그로테스크화 되어 다음과 같이 꿈 속에서 그 모습을 드러낸다.

во сне, приехал Лебідь-Юрчик верхом на коне и какие-то Тушинские Воры с отмычками вскрыли тайник. Червонный валет влез на стул, плюнул Василисе в усы и выстрелил в упор. (1: p.204)

꿈에서 말을 탄 례비드 유르칙이 나타났으며, 열쇠를 든 투쉰스키 마을 도적 떼들이 비밀 상자를 열어젖혔다. 협잡꾼이 의자 위에 올라가 바실리사의 수염에 침을 뱉었으며, 그를 지주(支柱)에 매달아 쏘아 죽였다.

이와 같은 꿈을 꾼 이후에 꿈 속의 등장인물들은 실제로 페트류라 일당의 모습을 하고 바실리사의 집에 침입하여 강도짓을 저지른다. 이때, 바실리사는 마치 그들을 꿈 속에서 보는 듯 하였다고, 저자 불가코프는 특히 재차 강조한다: “Как во сне двигаясь под напором входящих в двери, как во сне их видел Василиса. (그들이 꿈에서처럼 문 안으로 밀고 들어오는 바람에 뒤로 물러서면서, 바실리사는 마치 꿈 속에서 그들을 보고 있는 듯했다.)"(1: p.368). 이와 같이 실제로 강도를 당한 사실에 맞추기라도 하듯이 바실리사의 두 번째 꿈 또한 채소밭이 돼지떼의 습격으로 강탈당하는 꿈이다. 화자는 그로테스크하며 옛날 이야기 같은 어조로 돼지떼 습격 사건을 다음과 같이 이야기한다.

> Видел Василиса сон нелепыйи круглый. Будто бы никакой революции не было, все была чепуха и вздор. Во сне. Сомнительное, зыбкое счастье наплывало на Василису. 〈…〉 И вот в этот хороший миг какие-то розовые, круглые поросята влетели в огород и тотчас пятачковыми своими мордами взрыли грядки. (1: p.423)
>
> 바실리사는 괴상한 꿈을 꾸고 있었다. 마치 어떠한 혁명도 일어난 적이 없었던 것처럼, 모든 것이 일상적으로 시시한 것뿐이었다. 그의 꿈에서는 불안한 행복감이 바실리사 위에서 배회하고 있었다. 〈…〉 토실토실한 분홍빛의 돼지 새끼 무리가 그 정원에 침입해서 그들의 작고 둥근 주둥이로 화단의 뿌리를 뽑기 시작한 것은 바로 이런 행복한 순간에 일어났다.

이상에서 살펴본 바와 같이, 불가코프의 첫 번째 장편소설 『백위군』에 나타난 '꿈'들은 '현실'의 실제적 사건들을 '속세적' 형상으로 그리는 것이 아니라, '내세적'-'예언적' 형상으로 그림으로써, 실제 발생한 엄청난 사건들이 별로 대수롭지 않은 몽환적 사건들로 여겨지게끔 형상화시키고 있으며, 아울러 이와 같이 '현실'보다 생생한 '내세적'-'예언적' 형상을 통하여 등장인물들이 '현실'의 세속적 시간으로부터 해방되어 '꿈' 속의 영원한 시간으로 나아갈 수 있도록 유도해 준다. 또한 '내세적' 형상으로 그려진 '천국'의 모습을 통하여 작가 불가코프는 자신의 철학적 견지와 세계관을 분명히 드러내고 있음도 알 수 있다.

VIII-4. '꿈' - '현실'의 속세적 · 악몽적 형상

불가코프의 작품들 가운데 '꿈'에 관한 여러 가지 관점에서 특별한 관심을 끈 작품은 아예 소제목부터 "**8개의 꿈들**(Восемь снов)"로 나오는 희곡 『질주(Бег)』이다. 『질주』에서 꿈들은 작품 전체의 외형을 구성하는 역할을 한다. 각각의 줄거리와 사건들로 이루어진 꿈들은 처음부터 저자가 위치한 '현실'과는 전혀 다르게 대조적인 것으로 나온다. 저자는 마치 자신의 주인공 보다도 더 다른 별개의 '현실'에 위치해 있는 것처럼 여겨진다. 그리고 저자는 사람들 사이의 정상적인 관계가 파괴되고 올바른 관계가 일그러진 왜곡된 현실을 '꿈들'이라 부른다. 8개의 각각의 꿈들로 이루어진 희곡에서 가장 공통적인 공동의 범위는 저자가 세상을 바라보는 위치이다. 즉, 저자는 자의식의 폭발과도 같은 8개의 꿈들을 드라마적인 몽타지 수법으로 그려냄으로써 자신의 견지(見地)를 전달한다.[179] 작품에는 처음부터 '8편의 꿈'이라는 부제(副題)가 붙어 있어, '희곡'이란 장르를 선택하여 작품을 기획한 작가적 집필 방향이 '꿈'에 관련된 분야일 것이라는 사실을 쉽게 추정할 수 있게 만들며, 아울러 작품에서 묘사되는 현실을 '꿈' 또는 '**악몽**'으로 이해시키려는 작가적 의향도 쉽게 엿볼 수 있다. 작품에 나타난 8편의 꿈들은 작품을 이루는 주요한 '뼈대'이며, 이 '뼈대'는 작가가 시간적으로 그리고 공간적으로 마음대로 도약하고 자유롭게 질주할 수 있도록 만들어준다. 즉, 첫 번째 꿈은 북부 타브리야(Таврия)에서 발생하고, 두 번째, 세 번째, 네 번째 꿈은 크림(Крым)에서 발생하며, 다섯 번째와

179) Гудкова В. В., "Судьба пьесы 〈Бег〉", *Проблемы театрального наследия Михаила Булгакова*, Ленинград: Ленинградский государственный институт театра, музыки и кинематографии имени Н. К. Черкасова, 1987, с.49.

여섯 번째 꿈은 콘스탄티노플(Константинопол), 그리고 일곱 번째 꿈은 파리(Париж), 마지막 여덟 번째 꿈은 다시 콘스탄티노플에서 발생하는데, 시간상으로도 1920년 10월에서 1920년 11월 초, 그리고 1921년 여름과 가을로 자유롭게 이동하며 질주해 나아간다.

그런데 『질주』에서의 '꿈'은 작품 속의 등장인물들 가운데 누군가에 의해서 꾸어지는 꿈이 아니라, 저자 자신이 직접 꾸는 꿈이다.[180] 저자는 몽환적인 원리를 이용하여 독자들이나 관객들이 작품 속 이야기 사건들에 대하여 깊이 생각하도록 동기를 부여해 주고, 뭔가 자신 만의 견지(見地)를 가지고 평가를 내리게 만들며, 종국에는 그들이 숭고한 절대적 가치점에 가까이 근접해 갈 수 있도록 유도한다. 내란과 전쟁 그리고 그에 따른 탈출, 망명 등의 사건들이 도저히 생각조차 할 수 없는 **악몽과 같은 사건**으로 인식되는 것은, 희곡 속에 등장하는 등장인물들의 운명, 특히 그 가운데 골루브코프(Голубков)와 세라피마(Серафима)의 운명을 통하여 표현된다. 즉 이들 주위에 갑자기 회오리바람이 몰아쳐 예전의 정상적인 삶을 송두리째 앗아가 버림으로써, 이들은 하루아침에 **현실과 꿈의 경계**를 **잃어버린다**. 하지만 골루브코프와 세라피마에게 일어난 이러한 상실이 일시적이라 한다면, **흘루도프**(Хлудов)는 항상 몽환적 의식 상태에 머물러 있으면서, 현실과 초현실, 현세와 내세 사이의 경계에서 살아간다. 그러므로 흘루도프는 항상 도덕적 위기 상황에 빠져있다.

한편, 희곡 『질주』에서 '몽환성'이 느껴지기 시작하는 것은 작품 초두의 등장인물 소개란에서부터이다. 즉, 아직 이야기 줄거리를 잘 모르는 독자들에게 쉽게 와닿지도 않으며 잘 납득도 되지 않는 이상한

---

180) Яновская, там же, с.181.

등장인물에 대한 소개와 특징 묘사는, 작품 자체를 처음부터 잘 이해되지 않는 꿈 이야기처럼 느껴지게 만든다. 예를 들면, 아프리칸(Африкан) 대주교는 화학자 마흐로프(Махров)와 동일인물이고, 바라반치코바(Барабанчикова)는 차르노타(Чарнота) 장군의 상상 속에 존재하는 부인이며, 크라필린(Крапилин)은 차르노타 부대의 전령으로서 거침없는 언변 때문에 죽는가 하면, 아르투르 아르투로비치(Артур Артурович)는 이상하게도 바퀴벌레[181]의 황제이다(3: pp.216-217).

또한 『질주』에는 **'어둠'의 형상**이 지배적이어서 모든 장면들이 어둠 속에서 나타나 어둠 속으로 사라진다. 즉, 사람들과 물건들이 돌연 자취를 감춰버리는 '어둠'은 실제적이며 신빙성 있는 꿈의 현실이 발생할 수 있게 만들며, 이렇게 만들어진 '어둠' 속에서 등장인물들의 잠재의식이 더욱 더 분명히 비추어진다. 그러므로 골루브코프는 자신을 둘러싼 세상의 **'몽환성'**에 대하여 다음과 같이 말한다.

> временами **мне начинает казаться, что я вижу сон**, чесное слово! Вот уже месяц, как мы бежим с вами... по весям и городам, и чем дальше, тем непонятнее становится кругом. (3: p.218)
>
> 난 이따금씩 **내가 정말 꿈을 꾸고 있는 건 아닐까** 하는 생각이 들 때가 있어요. 정말 그래요! 당신과 같이 있은 지도 벌써 한 달이 지났어요. 작은 마을들, 도시들을 지나 더 멀리 도망칠수록 점점 더 이해할 수 없는 일들 뿐이에요.

또한 두 번째 꿈에 서술된 작가의 무대지시서는 '꿈'과 똑같게 느껴

181) 희곡 『질주』에서 '바퀴'는 아주 중요한 역할을 하는 곤충이다. '바퀴'의 형상은 희곡의 제목 '질주'와도 깊은 연상적 관계를 이룬다. '바퀴의 황제' 아르투르 아르투로비치가 조직-운영하는 상연물의 명칭도 '질주의 바퀴들'인데, 이는 희곡 전체를 상징하는 중요한 상징들 가운데 하나를 차지한다. // 정연호, "불가코프 작품에 나타난 '동물'의 형상", 『노어노문학』 제23권 제3호(2011), p.237. 참조.

지도록 구성되어져 있다. 즉 무대지시서의 첫 마디에서, 이 지시서가 꿈 꾸는 사람의 시각에서 서술되고 있음을 금방 알아차릴 수 있도록 묘사되고 있다. 즉, 두 번째 꿈 이야기는 크림 북부 어딘가에 있는 이름 모를 큰 역의 대합실에서 시작된다: "Возникает зал на неизвестной и большой станции где-то в северной части Крыма."(3: p.227). 즉, 여기서 꿈 꾸는 사람이 일이 일어난 장소의 구체적인 이름도 모르고 있다는 것이 인상적인 것이다. 그리고 무대에 대한 기술에서는 '보통이 아닌 크기의 창문들'이 나타나고, 창문 뒤로는 "푸른 가로등이 밝혀진 검은 밤이 느껴진다."(3: p.227). 다시 말하면, 이름도 모르는 역에는 범상치 않은 크기의 창문들이 달려 있고, 그 창문 너머로는 '검은 밤'이 느껴지는 그런 곳에서 사건이 발생하는 것이다.

이처럼 몽롱한 꿈 속의 흐릿한 어느 한 장면을 희미하게 회상하는 것 같은 무대지시서의 서술은, 전선 사령부가 기차역에서 꼬박 사흘 밤낮을 잠도 자지 못하고 기계처럼 일만 하는 바람에, 모든 사람들의 눈에는 불안한 기색이 역력하다는 상황묘사가 나올 때까지 계속된다: "третьи сутки не спит, но работает, как машина. 〈…〉 беспокойный налет в глазах у всех этих людей."(3: p.227). 즉, 사흘 밤낮을 자지 못한 등장인물들은 이미 정신착란이 진행되고 있거나 혹은 정신착란 상태에 아예 빠져버렸다. 인간의 두뇌가 과도하게 오랫동안 긴장상태 속에 있는 바람에 두뇌가 그 기능을 상실해 버린 것이다. 바로 여기에서 역장의 두서없는 이야기, 흘루도프의 초조함, 그리고 그의 이유없는 실없는 논리 등이 나온다. 그러므로 『질주』에서 일어나는 모든 사건들은 역시 사흘 밤낮을 자지 못함으로써 정신병자와 같은 리듬 속에서 살아가는 사람들, 즉 그런 사람들의 모습이 저자의 눈에 비쳐진 사건들인 것이다. 그리고 등장인물들이 이와 같은 저자의 환자 상태적인 리듬 안에 존재하고 있음은, 저자의 다음 무대지시서가 증명하여 준다: “передает написанное кому-то(다 쓴 것을 누군가에게 전달한다)”, “стонет в телефон(전화기에 대고 신음하듯 중얼거린다)”(3: p.227), “голоса-эхо(목소리들이 메아리처럼 퍼진다)”, “Тихий тих(치히, 아무 말도 하지 않는다)”, “из стены выходит Тихий(벽 안에서 치히가 나온다)”, “говорит и движется, но уже сутки человек мертвый(말을 하고 움직이고 있지만, 벌써 며칠째 죽은 사람이다)”(3: p.228), “страдальческий вой бронепоезда(장갑 열차의 고통스러운 울림)”(3: p.230), “как во сне(마치 꿈을 꾸는 듯이)”(3: p.234) 등.

이처럼 잠을 못이루는 저자의 환자적 상태는 저자가 바라본 흘루도프에 대한 성격묘사, 즉 그의 환각 상태에 대한 인상 묘사에서 다시 확인된다: “Он болен чем-то, этот человек, весь болен, с ног до головы. (그는 어딘가 아프다. 머리에서 발끝까지 온통 아프다.)”(3: p.227).

그러나 이와 같이 ‘기계장치’와도 같이 흘러가던 외형적인 질서는 흘루도프와 세라피마와의 대화, 그리고 그 후 흘루도프와 크라필린과의 대화가 발생한 연후에 깨어져 버린다. 즉, 흘루도프는 전령 크라필린을 교수형에 처한 후에 스스로에게 질문을 던진다: “Чем я болен? Болен ли я?(나는 어디가 아픈 것일까? 정말로 아픈 걸까?)”(3: p.237). 그리고 이런 질문에 다시 확신에 차서 답한다: “Я болен, я болен. Только не знаю, чем. (나는 아프다. 나는 아프다. 그런데 어디가 아픈지 알 수가 없다.)”(3: p.237). 그리고 이 같은 일이 발생한 연후, 세라피마와 크라필린은 흘루도프의 항시적인 동반자들로 변한다. 즉, 세라피마가 흘루도프를 ‘물리적으로’ 항시 감시하고 지켜본다면, 크라필린은 항상 흘루도프를 따라 다니며 ‘정신적으로’ 그를 괴롭히는 영원한 동반자라고도 할 수 있다.

한편, 첫 번째 꿈과 두 번째 꿈의 첫 장면에 나오는 에피그라프들은 꿈에 대한 저자의 직접적인 관계와 특별한 역할을 드러내준다. 즉, 저자는 첫 번째 꿈의 에피그라프에서 마음 깊은 곳의 잠재의식을 열면서 자신의 꿈 이야기를 시작한다: "…Мне снился монастырь…(나는 꿈에 수도원을 보았다…)"(3: p.218). 또한 두 번째 꿈의 에피그라프에서 저자는 논리적인 시각으로 잠재의식에 주해를 붙인다: "…Сны мои становятся все тяжелее…(내 꿈은 점점 더 고통스러운 것이 되어갔다…)"(3: p.227). 이와 같은 에피그라프들로써 꿈에는 비현실적이고 비실재적인 분위기가 도입되면서, 실제로 여러 가지의 상황들이 존재하는 사실적 이야기들이 전개된다.

이상에서 살펴본 바와 같이, 『질주』에 나타난 꿈 이야기들은 꿈 속의 어둠을 뚫고 밖으로 표출된 잠재의식의 선명한 그림들로서 실제의 현실 보다도 더 생생한 '현실성'을 드러낸다. 즉, 희곡 안에 묘사된 무대 장면의 에피소드들은 어둠에서 나와 다시 어둠으로 사라지는 연출을 반복해 가는데, 그 '어둠' 속에는 작가의 잠재의식이 훤히 비춰지고 있는 것이다. 몽환적인 서술방법을 통하여 무한대로 확장되는 '공간성', 그리고 과거와 현재, 미래를 넘나드는 무한대의 '시간성'은 잠재의식 속에 묻혀있던 사건들을 다양한 각도에서 비춰지도록 한다. 비록 『질주』가 희곡으로서 과거의 회상 속에 비춰진 저자의 형상이 단순히 표출되었을 뿐이라 하더라도, 희곡의 텍스트 안에는 혁명 후의 모든 가능했던 현실적 '비몽사몽의 상태'를 철저하게 전달하려는 저자의 잠재의식이 곳곳에 스며들어 있음을 알 수 있다. 즉, 꿈 속에서나 가능한 몽환적 논리를 통한 사건 이야기들의 재현은 저자로 하여금 '사라진' 시대의 분위기를 생생히 전달할 수 있도록 하였다. 그러므로 『질주』에서의 '꿈'은 혁명-내란 사건에 대한 작가의 시각을 예술적으로 구체화시키는 주요한 형식이며, '악몽' 같은 '현실'을 '현실'보다 더 생생하게

'악몽'으로 표현함으로써 자신의 역사적 견지를 전달하려 하였던 작가의 의도라고 볼 수 있다.

Ⅷ-5. 맺는 글

불가코프는 초기 작품들에서 그로테스크적 현실의 반영으로서 '꿈'을 적극적으로 이용하기 시작하였다. 꿈 속으로의 잠입과 꿈으로부터의 탈출의 메카니즘, 헛소리와 환영의 상태 등이 의사-작가의 관심을 끌기 시작하였다. 불가코프는 의학적인 정확성을 가지고 잠들기 전까지의 심리상태, 현실과 꿈 사이의 경계가 허물어지는 과정, 불면증의 상황들과 그것들이 인간의 의식과 행동에 미치는 영향 등에 대하여 깊이있게 생각하였다. 그러므로 그의 작품에는 여러 가지 '꿈'의 형상들이 나타나는데, 이들 형상의 가장 큰 특징 가운데 하나는 **'꿈'과 '현실'의 경계**가 애매모호하다는 것이다. 1920년대 초기 단편들에는 특히 '꿈'과 '현실'의 경계선 상에 위치한 **'혼합적' 형상의 꿈**이 묘사된다. '꿈'과 '현실'의 경계가 거의 없는 '수면부족' 상태에서의 '꿈'은 '현실'의 탈출구로서 주인공에게 달콤한 휴식의 공간을 제공하며 '긍정적'인 의미로 해석된다. 작가는 이러한 '꿈'과 '현실'의 '혼합적' 형상을 통하여 1920년대 당시 마치 **꿈을 꾸는 것 같이 믿기지 않던 시대적 상황**과 **'대혼란'상**을 간접적으로 전한다.

'꿈'과 '현실'의 경계를 '내세'와 '속세'의 경계로 보았을 때, 『백위군』에서의 '꿈'은 **'내세적', '신의적' 형상**을 지니며 '예언적' 기능을 수행한다. '꿈'을 '현실'의 탈출구로 보았을 때, 『백위군』에서의 '꿈'은 '내세' 쪽으로 탈출된 '신'의 세계이며 '천국'의 세계이다. 그러므로 '신의적' 세계에서 그려지는 형상은 미래의 장막을 열면서 당시의 시대적 상황을 보다 명료하게 보이는 '**예언적**' 기능을 수행한다. 아울러 '꿈'에서 그려지는 '천국'을 통하여 작가는 자신의 '시대관'과 철학적 견지를 드러내고 있다.

'꿈'과 '현실'의 경계를 '내세'와 '속세'의 경계로 보았을 때, 『질주』에서의 '꿈'은 '**속세적**', '**지옥적' 형상**을 지니며 '악몽' 같은 '현실'을 반영한다. '꿈'을 '현실'의 탈출구로 보았을 때, 『질주』에서의 '꿈'은 '속세' 쪽으로 탈출된 '악마'의 세계이며 '지옥'의 세계이다. 그러므로 '악몽적' 세계에서 그려지는 형상은 항상 '어둠'의 장막 속에 가려져 있다. 하지만, 작품에서 그려지는 꿈 이야기들은 꿈 속의 '어둠'을 뚫고 밖으로 표출된 잠재의식의 선명한 그림들로서 **실제의 '현실' 보다도 더 생생한 '현실성'**을 드러낸다. '꿈 이야기'라는 부제(副題)를 붙여 **'현실'을 '악몽'으로 표현**함으로써 당시 혁명과 내란의 시대적 상황을 보다 생생히 전하려 하였던 작가의 의도와 역사적 견지를 읽을 수 있다.

IX. 불가코프 작품의 '꿈'에 나타난 '창작'의 테마

-- '막수도프'의 꿈과 '이반'의 꿈을 중심으로 --

불가코프의 대작 『거장과 마르가리타』에 대한 해석에는 주인공이 과연 누구냐? 에서부터 시작하여 제각기 보는 사람의 시각에 따라 여러 가지의 해석이 나온다. 그 중의 하나가 『거장과 마르가리타』 작품 전체를 주인공 **'이반'**의 **'꿈'**으로 보는 것이다. 이렇게 되면 **거장**은 주인공이 아니라 이반의 꿈 속에 '밤 손님'으로 등장하는 **등장인물**일 뿐이며, 마르가리타, 볼란드, 예수아 등등도 모두 마찬가지이다. 이처럼 작품 전체가 주인공이 꾸는 '꿈'으로 이루어진 또 하나의 작품으로 『죽은 자의 수기』를 들을 수 있다. 『죽은 자의 수기』에서도 주인공 **'막수도프'**가 꿈을 꾸며 '꿈'이 작품 전체를 이루어 나아간다.

불가코프는 살아 생전에 당국의 감시와 핍박을 받으며 불운한 삶을 살다 간 작가로서, 특히 『거장과 마르가리타』는 생애 마지막 순간까지 병마와 싸워 가며 혼신의 힘을 기울인 최후의 대작이며, 아울러 『죽은 자의 수기』 또한 모든 작품들이 상연금지 처분을 받는 등의, 작가로서 가장 어려웠던 시기에 집필한 작품이다. 그러므로 이들 두 작품들에는 작가가 마음대로 상상하고 마음대로 표현할 수 있는 **'창작의 자유'**에 대한 울부짖음이 있다. 불가코프는 작가로서 현실에서 이를 없었던 **자유로운 창작**의 꿈을 자신이 창조한 작가 '이반'-'거장', '막수도프'의 **'꿈'**을 통하여 마음껏 실현시키면서, 당시 문학계와 극장계의 '검열제도', '획일만능주의' 등을 강도 높게 비판하고 있다.

IX-1. 꿈꾸는 자

IX-1. 들어가는 글

슬라브 문화에 있어서 '꿈'은 '현실'과의 대조로 해석되기도 하고 '뒤집어진 현실'로서 현실과 나란히 평행선을 달리며 보이지 않던 또 하나의 현실이 갑자기 보여지는 것으로 해석되기도 한다. 한편 슬라브 문화에 있어 '꿈'은 '죽음'과 같은 것으로 해석되기도 하는데, 이 경우 죽음은 삶의 끝이 아니라 또 다른 상태의 삶으로의 전이(轉移)를 뜻한다. 즉 꿈은 죽음이 아니라 평행선을 달리는 또 다른 상태의 삶으로의 일시적인 '전이'일 뿐이다. 또한 꿈은 사후(死後) 세계의 방문으로서 '이승'과 '저승' 사이의 경계를 발견하는 것으로 해석되기도 하며, 이와 유사하게 과거-현재-미래 사이의 경계를 발견하는 것으로 '꿈'이 이해되기도 한다.[182]

불가코프 작품들에도 여러 가지 형태의 꿈이 등장하는데 이렇게 등장한 꿈은 작품 속에서 특별한 의미를 지니며 매우 중요한 자리를 차지하고 있다. 그러므로 많은 문학연구가들이 불가코프 작품에 나타난 '꿈'에 관하여 여러 가지의 해석을 내놓았다.

근래의 연구들 가운데 '꿈'에 관하여 연구를 집중한 몇몇 학위논문들을 살펴볼 수 있다. 슬라비나(Славина)는 자신의 학위 논문을 꿈의

182) Толстой Н. И., *Славянские народные толкования снов и их мифологическая основа -- Сон-семиотическое окно*, Москва: ГМИИ имени А. С. Пушкина, Фонд Антонио Мадзотта, 1993, с.91. 참조.

시학에 집중하였다. 하지만, 그녀의 연구는 불가코프 작품 자체에 대해서 집중한 연구가 아니라, 1920년대의 다른 산문작가들과의 비교를 통한 연구였다. 즉, 논문의 저자는 1920년대 당시에 꿈에 관한 모티프들을 이용함에 있어 공통적으로 나타나는 규칙성을 제시하는 일에 더 중점을 두었다.[183] 페두니나(Федунина)는 자신의 학위 논문에서 불가코프의 꿈의 모티프들을 벨르이(Белый А.)와 나보코프(Набоков В.)의 작품들과 비교-대조하였다. 하지만, 그녀가 작품 분석을 위해 사용한 불가코프 작품은 오로지 『백위군』 하나 뿐이며, 그녀 또한 불가코프 작품 자체에 대한 분석 보다는 3명의 작가의 구체적인 소설들을 서로 비교하고 대비하는 일에 더 큰 관심을 기울였다.[184]

아카토바(Акатова) 또한 자신의 학위 논문에서 불가코프의 예술적 개념에 있어서의 몽환적 수법의 근본적인 역할에 대하여 문제를 제기하였다. 그녀의 견해에 따르면, 불가코프 작품에 있어서의 예술적 개념은 총체적인 시스템으로서 고찰되어져야 하며, 따라서 연구자는 논문에 아주 광범위한 자료들을 끌어들이고 있다. 하지만, 그녀의 이러한 연구는 본질적으로 모티프들의 분석을 주내용으로 담고 있으며,[185] 꿈에 관련된 모티프들과 작가의 철학체계 사이의 관계 등에 대해서는

---

183) Славина О. Ю., *Поэтика сновидений(на материале прозы* 1920-*х годов*), Диссертация кандидата филологических наук, СПб., 1998. 참조.

184) Федунина О. В., *Поэтика сна в романе*: 〈*Петербург*〉 *А. Белого*, 〈*Белая гвардия*〉 *М. Булгакова*, 〈*Приглашение на казнь*〉 *В. Набокова*, Диссертация кандидата филологических наук, Москва: Российский государственный гуманитарный университет, 2003. 참조.

185) Акатова О. И., *Поэтика сновидений в творчестве М. А. Булгакова*, Диссеотация кандидата филологических наук, Саратов: Саратовский государственный университет им. Н. Г. Чернышевского, 2006. 참조.

아주 소홀히 다루었기 때문에, 논문 끝에 내려진 결론들 역시 그다지 확증적이지 못하다고 할 수 있다.

한편, 불가코프 작품에 나타난 꿈들에서 작가 자신의 의식과 철학적 견지를 찾고자 하는 관점에서 스멜랸스키(Смелянский)가 바라본 불가코프의 꿈에 대한 시각은 눈에 뜨인다. 그는 불가코프 시학에 있어서 꿈의 다양한 의미에 대하여 다음과 같이 말한다.

> сон - это блаженная, желанная, чаемая норма, возможность "переиграть жизнь", изменить ее катастрофический ход. Сон - это выявление сокрытых и подавленных стремлений, осуществление мечты о мире и покое, которые никак не складываются наяву. Сон, наконец, это вечное кружение вокруг больной точки.[186]
>
> 꿈 -- 이것은 지극히 행복한 상태, 기대에 차서 바라마지 않던 상태이며, "삶을 변화시키고", 삶의 파국적 과정을 바꿔주는 모종의 가능성이다. 꿈 -- 이것은 숨겨지고 억눌려진 갈망의 폭로이며, 현실에서는 결코 이루어질 수 없는 평화와 평온에 대한 염원의 실현이다. 꿈, 이것은 결국 아픈 곳 주변을 계속해 맴도는 영원한 회전이다.

스멜랸스키가 바라본 바와 같이 불가코프 작품에 나타난 '꿈'에는 '현실'에서 억눌려진 갈망에 대한 '폭로'가 있으며 또한 '현실'에서 이룰 수 없었던 평화에 대한 '염원'이 있다. 즉, 작가 불가코프가 그토록 갈망하였지만 현실에서 이룰 수 없었던 것이 또 다른 현실 즉 현실과 나란히 평행선을 달리는 다른 세계의 현실 속에서 마음껏 이루어지는 것이다.

186) СмелянскийА. М., *Михаил Булгаков в Художественном театре* 2-е изд., Москва: Искусство, 1989, с.174.

본 논문에서는 작가로서 불가코프가 그토록 갈망하였지만 현실에서 이룰 수 없었던 것은 무엇이며, 그것은 '꿈'이라는 서술기법을 통하여 어떻게 구체적으로 폭로되고 또 실현되고 있는지를 추적해 보고자 한다. 또한 '현실'에서 이룰 수 없어 '꿈'을 통하여만 이루어지는 다루기 힘든 영원한 '수수께끼' 같은 그 논점은 무엇이며, 그것은 '꿈'이라는 매개체를 통하여 또한 어떻게 구체화되고 있는지도 추적해 보고자 한다. 이를 위하여, 불가코프 작품에 나타난 '꿈'들 가운데 『죽은 자의 수기』에 나오는 '막수도프'의 꿈과 『거장과 마르가리타』에 나오는 '이반 베즈돔느이'의 '꿈'을 중심으로 비교-분석해 나아가고자 한다. 이들 두 작품들에는 '꿈'이 '소설 속의 소설'이라는 공통의 형식을 취하면서, '현실'에서 이룰 수 없는 자유로운 '창작'의 꿈을 '꿈'을 통하여 마음껏 펼치는 유사한 서술기법을 이루고 있다.

한 시대를 살아가는 예술가의 운명을 통하여 '창작'의 의미를 찾으려 하였던 불가코프의 작품군들 가운데, 작가가 가장 어려웠던 시절에 집필한 자서전적인 소설인 중편 『비밀스런 친구에게(Тайному другу)』를 꼽을 수 있다. 이 소설은 그의 희곡들이 모두 상연금지를 당하던 1929년에 집필됐다. 그리고 불가코프는 소비에트 정부 당국에 보낸 편지(1930년 3월 28일자)에서 이 중편소설의 이름을 장편 『극장(Театр)』이라 불렀다(5: p.448).[187] 그런데 불가코프가 또 어려운 상황을 겪던 1936년에 작가는 다시 '극장 소설(Театральный роман)'의 구상으로 돌아와 『죽은

187) Булгаков М. А., *Собрание сочинений*: *В* 5 *т*. Москва: Художественная литература, 1989-1990, Т.5, с.448. 이하, 이 선집으로부터의 인용은 본문에 (권 수: p.페이지 수)로 약칭한다.

자의 수기(**Записки покойника**)』의 집필에 착수하였다.[188] 『죽은 자의 수기』의 주인공 막수도프(Максудов)는 어느 날 밤 **'창작'에 관한 '꿈'**을 꾼다: "Он зародился однажды ночью, когда я проснулся после грустного сна. (소설은 내가 슬픈 꿈에서 깨어났던 어느 날 밤에 생겨났다.)"(4: p.405). 즉 막수도프의 창작 희곡 '검은 눈'은 꿈 속에서 발생한 것이다.

한편, 『거장과 마르가리타(Мастер и Маргарита)』에서도 주인공 이반(Иван)은 어느 날 우연히 연못가에서 낯선 외국인을 만나게 되는데, 나중에 정신을 차려보니 자신이 '꿈'을 꾸었음을 알게된다. 그리고 똑같은 꿈을 같이 있던 베를리오즈도 꾼 것으로 나온다(5: pp.57-58). 그런데 볼란드 이야기는 향후에 거장의 소설의 한 부분으로 밝혀지기 때문에 거장의 소설 **'빌라도' 역시 꿈 속에서 발생**한 것이다. 즉, 이반의 꿈으로부터 '밤 손님'인 거장이 탄생됨으로, 거장은 이반의 꿈에 등장하는 등장인물이며, 따라서 거장이 쓴 소설 '빌라도'는 이반의 꿈 속에서 창작된 **'씌여진 꿈'** 이야기로 볼 수 있다. 이와 같이, 『죽은 자의 수기』와 『거장과 마르가리타』에는 각각 '소설 속의 소설'이 존재하는데, 이는 주인공 '막수도프'와 '이반'이 꿈 속에서 창작한 '꿈 이야기' 임을 알 수 있다.

IX-1. 꿈꾸는 자

『죽은 자의 수기』와 『거장과 마르가리타』에서 꿈을 꾸는 주인공 막수도프와 이반은 여러 가지 측면에서 유사성을 지니고 있다. 우선 이들은 직업적으로 **'창작'에 종사하는 문학가**이며 예술가들이다. 즉 막

188) 『비밀스런 친구에게』에서 형성된 '꿈'과 '창작' 사이의 관계에 대한 모티프가 『죽은 자의 수기』에서 그대로 이어져 발전되어졌다.

수도프는 극장에 원고를 넘기는 극작가이며 이반은 '마솔리트'라는 작가협회에 소속된 시인(詩人)이다. 또한 이들 작가들은 한결같이 자신의 '창작'에 대하여 자유롭지 못하고 외부로부터 억압을 받는 공통성을 지니고 있다. 막수도프는 자신이 창작한 작품에 대하여 수정과 삭제를 강요당하며, 이반은 '마솔리트' 회장 베를리오즈로부터 '예수'의 존재 자체를 부정하는 반종교적 서사시를 쓸 것을 강요받는다. 그러므로 이들 작가들은 기존 문학계에 대하여 항상 강한 불만을 품고 있는 공통성도 함께 지니고 있다. 또한 두 작품에서 기존 문학계를 대변하는 '대명사'도 매우 유사하게 나타나고 있음도 발견할 수 있다. 즉 『거장과 마르가리타』에서 기성 문학가들이 모여서 술 마시고 춤추며 노는 '그리보예도프'라는 건물이 등장하는데, 『죽은 자의 수기』에서도 이와 유사하게 '글라블리트(Главлит)'라는 명칭이 등장하는 것이다. 편집인 루돌피(Рудольфи)는 무명 작가 막수도프를 문학계에 데뷔시키고자 그를 '글라블리트'라는 곳으로 안내해 간다.

> Затем,--продолжал Рудольфи,--вы поедете со мною в Главлит. Причем я вас покорейше прошу не произносить там ни одного слова. (4: p.415)
>
> "그리고" 루돌피는 말을 이었다. "당신도 나와 함께 글라블리트로 갑시다. 그 대신 신신당부 드리는데 거기서는 한 마디도 말을 하지 마십시오.

이처럼 주인공 막수도프는 편집인으로부터 자신이 창작한 작품의 수정과 삭제를 강요당할 뿐만 아니라, 기성 작가들이 모인 '글라블리트'에 가서는 말 한마디 못하도록 창작의 자유를 억압받고 있다.

또한 이들 꿈꾸는 주인공들은 같은 종류의 '병'을 앓으며 매우 유사한 삶을 살다가 비슷한 최후를 맞이하는 공통점을 함께 지니고 있다. 즉 『죽은 자의 수기』에서 주인공 막수도프는 정신병을 앓으며 살다가 마침내 자살을 하며, 『거장과 마르가리타』에서 주인공 이반은 정신병원에 강제로 감금되고 끝내는 매년 한 번씩 정신적 자살과도 같은 '베즈돔느이(бездомный)'[189] 상태를 경험한다. 『죽은 자의 수기』에서 막수도프가 '**정신병**'과 관련 있음은 그가 창작에 관한 꿈을 꾸기 시작하는 제2장의 제목이 '**신경쇠약의 발작**'이라는 데서도 곧 알 수 있다. 그는 모든 사람들과 사건들을 혼동하는 건망증, 환영, 헛소리 등을 동반하고 살아가며(4: p.429), '꿈' 속에서의 '사건들'이 실제 자신의 소설과 더불어 일어났다고 생각한다. 마침내 막수도프는 꿈 속의 등장인물들 즉 소설 속에 등장한 '죽은 자'들을 만나러 떠나감으로써 자살하고 만다. 한편, 『거장과 마르가리타』에서도 이반이 낯선 외국인 볼란드를 만났던 '꿈 이야기'를 증명해 보이기 위해 안간힘을 쓰는 제6장의 제목은 '**정신분열증**'으로 나오며, 이반 역시 사건들이 거장의 소설과 더불어 실제 일어났다고 생각한다. 그리고 끝내 이반은 매년 봄, 만월이 되면 '이반 베즈돔느이(Иван бездомный)' 상태가 되어 자신의 꿈 속 등장인물들을 만나러 '꿈' 속으로 떠나간다. 즉 막수도프나 이반이나 꿈 속의 현실을 실제 사실로 받아들이고 각자 자신의 꿈 속 등장인물들

189) '베즈돔느이(бездомный)'는 '집(дом)'이 없는 사람'을 뜻하며, 불가코프 문학에서 '집(дом)'은 어머니의 품과도 같은 영혼의 안식처이며, 그리스도적 구원의 손길이 미치는 유일한 공간을 상징한다. 그러므로, '베즈돔느이'는 단순히 '집'이 없는 사람이 아니라, '영혼'이 없는 사람으로 볼 수 있다. // 정연호, "불가코프 초기 작품에 나타난 '도시'의 형상", 『노어노문학』 제13권 1호(2001), pp.185 209. 참조. // '이반'의 '베즈돔느이(бездомный)'로서의 형상은 '진리'의 길을 향하여 끊임없이 다가가는 인간의 모습을 상징한다고 볼 수 있다. 즉, '현실'에서 회상하지 못하던 것을 '꿈' 속에서 회상해 내며, 평범한 의식상태에서 접근할 수 없었던 '진리'의 세계를 이성상실의 의식상태에서 가까이 접근해 가는 것이다. // 정연호, "『사탄의 일기』와 『거장과 마르가리타』에 나타난 '진리'와 '언어'", 『노어노문학』 제23권 제2호(2011), pp.192-193. 참조.

을 실제로 만나기 위해 떠나간다는 점에서 공통성이 있다.

한편 이들 작가 주인공들의 꿈 속에서 이루어진 희곡 '검은 눈'과 소설 '빌라도'는 처음부터 이미 완성되어져 있었던 것으로 나온다. 막수도프가 눈보라치는 어느 겨울 밤 잠에서 깨어났을 때, 희곡 '검은 눈'은 이미 꿈 속에서 완성된 상태였고, 이반이 정신병원에서 만난 '거장' 또한 자신이 소설 '빌라도'를 이미 완성했다고 이야기한다. 즉, 『죽은 자의 수기』와 『거장과 마르가리타』에서 '소설 속의 소설' 형태로 존재하는 소설-희곡[190] '검은 눈'과 소설 '빌라도'는 꿈꾸는 주인공 막수도프와 이반에 의하여 이미 꿈 속에서 각각 완성되어져 있었던 것이다.

『죽은 자의 수기』에서 막수도프는 주로 '밤'에 소설을 집필하는데, '밤'은 인간이 자의식과 잠재의식, 현실과 초자연, 그리고 꿈과 현실의 경계면에 위치해 있을 때이다. 작가 막수도프에게 있어서 '밤'에 이루어지는 '창작'만이 '의미있는 삶'이며, 한낮에 이루어지는 삶은 '공허한 삶'일 뿐이다. 또한 소설이 집필된 기간은 구체적으로 일년 중 '눈보라'가 치는 '겨울'과 관련을 맺고 있다. 즉, 그의 '꿈'은 눈보라치는 소리에 중단되고 그 시점부터 '소설'이 집필되었으므로, 그의 '창작'은 눈보라치는 '겨울 밤'에 이뤄진 것이다. 따라서 작가 막수도프가 창작한 소설의 제목은 '겨울'과 '밤'의 뜻을 곧 알아볼 수 있는 『검은 눈』이다. 겨울은 천성적으로 몽환적인 원리에 가까운 자연현상이 지배하는 세계이다. 그러므로 작품 속에서 봄이 오면 '꿈'이 끝나고 이에 맞추어 '창작'도 끝난다.

Боже! Это апрель! -- воскликнул я, почему-то испугавшись, и

190) 처음에 막수도프는 소설을 쓰기 시작했으나 나중에 자신이 쓰고 있는 작품이 '소설'이 아니라 '희곡'임을 알게 된다.

крупно написал: “Конец”. Конец зиме, конец вьюгам, конец холоду… (4: p.406)

“맙소사! 4월 이잖아!” 어쩐 일인지 몰라도 나는 깜짝 놀라서 비명을 지르고, 큼지막하게 “끝”이라고 적었다. 겨울의 끝, 눈보라의 끝, 추위의 끝…

이와 같이 작가 막수도프의 희곡 ‘검은 눈’은 한 낮의 공허한 삶에 대한 기록이 아니라, 눈보라치는 겨울 밤에 이루어진 자유로운 ‘창작’의 산물로서 이미 완성되어져 있었다. 이와 유사하게『거장과 마르가리타』에서도 ‘거장’의 소설 ‘빌라도’는 이미 완성되어져 있었던 것으로 나온다.

Видите ли, какая странная история, я сижу здесь из-за того же, что и вы, именно из-за Понтия Пилата,--Тут гость пугливо оглянулся и сказал:--Дело в том, что год тому назад я написал о Пилате роман. (5: p.134)

“기묘한, 정말 기묘한 일입니다. 하지만 저도 당신과 똑같은 이유로 이곳에 왔습니다, 바로 본디오 빌라도 때문에.” 방문객이 주위를 불안하게 둘러보면서 말했다. “사실 1년 전 빌라도에 관한 소설을 썼습니다.”

즉 이반의 꿈 속에 나타난 ‘밤 손님’-‘거장’도 이반과 같은 직종의 ‘작가’이며, 이반이 항상 자유로운 창작을 꿈 꿔 왔듯이 거장 또한 자유로운 창작소설 ‘빌라도’를 집필하였던 것이다.

그런데 이처럼 이미 완성된 희곡 ‘검은 눈’과 소설 ‘빌라도’는 한결같이 기존 문학계의 냉대에 부딪히며 혹독한 시련을 겪는 공통성을 또한 지니고 있다. 거장은 자신의 창작을 몰라주는 기존의 문학계와 비평가들로부터 혹독한 비판을 받은 나머지 자신의 소설을 불태워버리며, 막수도프 또한 자신의 창작을 이해 못하는 극장계로부터 끊임없는 냉대와 함께 수없이 수정과 삭제를 강요당한다.

이상에서 살펴보듯이, 『죽은 자의 수기』와 『거장과 마르가리타』에는 '소설 속의 소설'의 형태로 각각 희곡 '검은 눈'과 소설 '빌라도'가 '꿈 속 이야기'로서 창작되고 있는데, 이들 창작자들 즉 꿈꾸는 주인공들(막수도프와 이반, 거장)은 모두가 자유로운 창작을 꿈 꿔온 작가들로서 정신적 질환을 앓으며 자신의 창작품을 완성하나 기존의 문학계와 극장계로부터 심한 냉대와 혹독한 시련을 겪는 공통성을 지니고 있음을 알 수 있다.

IX-2. 꿈 속의 꿈

『죽은 자의 수기』는 극작가 막수도프가 꾼 꿈 이야기이며 『거장과 마르가리타』는 시인 이반이 꾼 꿈 이야기로 보았을 때, 각각 막수도프의 꿈과 이반의 꿈 안에는 '꿈 속의 꿈'의 형태로서 또 다른 꿈이 들어있다. 즉 『죽은 자의 수기』에는 극작가 막수도프가 꿈 속에서 창작한 희곡 '검은 눈'이 '꿈 속의 꿈'의 형태로 들어 있으며, 『거장과 마르가리타』에는 시인 이반이 꿈 속에서 만난 거장이 쓴 소설 '빌라도'가 역시 '꿈 속의 꿈'의 형태로 들어 있다. 『거장과 마르가리타』에는 '빌라도'의 꿈 이외도 '보소이'의 꿈, '마르가리타'의 꿈 등이 또한 '꿈 속의 꿈'으로서 존재한다.

'막수도프'의 꿈이 『죽은 자의 수기』 작품 전체를 차지하고, '이반'의 꿈이 『거장과 마르가리타』 작품 전체를 차지한다는 면에서 서로 유사하나, 한 가지 기술방식에 있어서의 차이는 '이반'의 꿈과 달리 '막수도프'의 꿈은 꿈을 꾸고 나서 꿈을 회상하는 방식으로 기술되고 있는 점이다. 즉 『죽은 자의 수기』에서 막수도프의 꿈 이야기는 잠을 깨고 나서 잠을 깬 순간부터 예전의 있었던 일을 거꾸로 회상하는 식으로 이야기 되는 것이다: "Вьюга разбудила меня однажды. Вьюжный был март и бушевал, хотя и шел уже к концу. (어느 날 아침 눈보라가 내 잠을 깨웠다. 3월이 이미 막바지에 가까워지고 있기는 했지만 눈보라가 휘몰아치고 있었다.)"(4: p.434). 그리고 이러한 방식의 기술은 두 번째 꿈에서도 반복되어진다. 즉, 첫 번째 꿈에서 나왔던 형상들이 두 번째 꿈에서 다시 반복되며 회상된다: "опять те же люди, и опять дальний город, и бок рояля, и выстрелы, и еще какой-то поверженный на снегу."(4: p.43 4).[191]

한편, 『죽은 자의 수기』에서 주인공 막수도프가 꿈 속에서 창작하는 소설은 점차로 '작은 상자곽(коробочка)'의 형상을 띠며 그려지다가 나중에는 소설이 아니라 희곡임이 밝혀진다.

> Тут мне начало казаться по вечерам, что из белой страницы выступает что-то цветное. Присматриваясь, щурясь, я убедился в том, что это картинка. И более того, что картинка эта не плоская, а трехмерная. Как бы **коробочка**, и в ней сквозь строчки видно: горит свет и движутся в ней те самые фигурки, что описаны в романе. (4: p.434)
>
> 그런데 이 때 밤마다 흰 면에서 무엇인가 색깔이 있는 것이 나타나는 것처럼 생각되기 시작했다. 실눈을 하고 가만히 바라보다가 이것이 하나의 조그만 광경이라는 것을 확신하기에 이르렀다. 더욱이 이 광경은 평면이 아니고 입체의 광경이었다. 그것은 **작은 상자곽** 같은 것이었는데, 글줄을 통하여 그 상자곽 속에 불이 켜지고, 소설에 묘사된 사람들과 꼭같은 인물들이 **상자곽** 안을 돌아다니고 있는 것이 보였다.

191) 이처럼 꿈 속에서 본 고향의 도시, 눈, 겨울, 국내전 등등을 회상하는 '꿈' 이야기는 『백위군』에서의 '알렉세이'의 꿈을 연상시킨다. '알렉세이'의 꿈에서도 예전의 전통적인 삶과 당시의 시대적 상황, 역사적 사건, 내란 등등을 회상하는 도시, 눈, 겨울, 눈보라 등이 등장한다.

이처럼 '작은 상자곽'은 입면체로 되어 있고 역동적이며 그 안에는 빛과 어둠이 존재한다. 또한 입면체의 상자곽은 스스로 소리를 내는가 하면 반짝반짝 빛을 내며 동작을 불러일으키면서 오랫동안 끈질기게 자신을 예술가-막수도프에게 보이려고 애쓴다. '작은 상자곽' 안에 나타난 사람들은 꿈을 꾸는 사람의 시야 안에만 존재하는 것이 아니다. 즉, 그들의 '창조주'인 작가 막수도프의 세계 안에만 위치해 있지 않는다. 그들은 '작은 상자곽' 안의 어떤 '다른 현실성' 속에서 살아간다. 이러한 **상자곽 안의 '다른 현실'**은 저자에 의해 '현실'이 아닌 '꿈'이나 **'환영'**처럼 인식되면서 아울러 풍부한 상상력의 결실로서 이해된다. 하지만 이와 같은 풍부한 상상력의 결실로서의 '작은 상자곽'에 대한 이야기는 보통 사람들의 평범한 시각에서 보면 논리적으로 아주 벗어나는 이야기들이다.

> С течением времени камера в книжке зазвучала. Я отчетливо слышал звуки рояля. Правда, если бы кому-нибудь сказал бы об этом, надо полагать, мне посоветовали бы обратиться к врачу. (4: p.434)
>
> 시간이 감에 따라 책 속의 방에서 소리가 울리기 시작했다. 나는 피아노 소리를 분명히 들었다. 틀림없이 누군가에게 여기에 대해 내가 말한다면 의사의 진찰을 받으라고 나에게 충고했을 거라는 점을 생각해야 할 것이다.

이와 같이 '작은 상자곽' 안에서 나는 소리를 분명히 들은 '막수도프'가 **정신과 의사의 진찰**을 받아야 하는 것처럼, 낯선 외국인의 소리를 분명히 듣고 베를리오즈의 죽음까지 목격한 '이반'은 강제로 정신병원에 실려가 **스트라빈스키 교수의 진찰**을 받아야 했다(5: pp.68 69). 막수도프는 3류 잡지사 '선박통신'에 다니면서 극장에 원고를 투고하는 작가이다. 그는 자신의 작품성을 몰라주는 '극장계'와 '검열제도'에 반대하며 항상 자유로운 '창작'을 꿈꿔 왔다. 『죽은 자의 수기』에서 막수도프는 2개의 '창작'에 관한 꿈을 꾼다. 첫 번째 꿈에서는 자신이 창작하는 작품의 개괄적인 분위기와 근본적인 주안점 만이 이야기되다가, 두 번째 꿈에서는 첫 번째 꿈과 다르게 주인공 막수도프의 집필 의지가 강하게 나타난다. 즉, **두 번째 꿈**을 통하여 한 가지 분명해진 것은, 꿈 속에서의 등장인물들이 소설 속의 주인공들과 결코 헤어지려 하지 않는다는 것이다.

> Родились эти люди в снах, вышли из снов и прочнейшим образом обосновались в моей келье. Ясно было, что с ними так не разойтись. Но что же делать с ними? (4: p.434)
>
> 그 사람들은 꿈 속에서 태어나 꿈 속에서 나와서 내 독신자의 방에 가장 단단하게 뿌리를 내렸다. 그들과 헤어지지 못하는 것은 분명하다. 도대체 그들과 무엇을 할 수 있을까?

이제 작가 막수도프는 꿈 속에서 본 '작은 상자곽'의 형상을 자신의 예술작품 안에서 구체적으로 형상화시켜 나아가야 한다. 첫 번째 꿈과 달리 **두 번째 꿈**은 작가 막수도프에게 또한 **구체적인 등장인물**들과 이들의 **대화**, **동작**, **행위** 등을 선물한다. 그리고 이러한 것들은 곧 작품의 장르를 결정하는 주요한 요인이 된다. 즉 작가 막수도프는 두 번째 꿈에서 자신이 쓰고 있는 작품이 '작은 상자곽'의 형상을 지녔으며, 그것은 '소설'이 아니라 '희곡'임을 알게 된다.

> Ночи три я провозился, играя с первой картинкой, и к концу этой ночи я понял, что сочиняю **пьесу**. (4: p.434)
>
> 난 첫 번째 장면과 씨름을 하면서 대략 사흘 밤 가량 난리법석을 떨어댔는데, 이날 밤이 다 지나갈 무렵에 이르러서야 내가 **희곡**을 쓰고 있다는 것을 깨달았다.

이와 같이, 막수도프는 기존의 '극장계'와 '검열제도'에 대한 잠재된 불만의 표출로서 꿈 속에서 자신의 등장인물들을 '작은 상자곽' 안의 무대 위에 자유롭게 출현시키고 있음을 발견할 수 있다. 즉 자유로운 '창작'을 꿈 꿔온 극작가 막수도프는 '꿈'을 통하여 자유롭게 자신의 예술작품 '검은 눈'을 창작하고 있으며, 예술작품은 '꿈 속의 꿈'의 형태로서 '작은 상자곽'의 형상을 띠며 그려지고 있음을 알 수 있다.

한편, 『거장과 마르가리타』에는 작품 전체를 차지하는 '이반'의 꿈 안에 '꿈 속의 꿈'으로서 소설 '빌라도'가 존재하며, 그 외에도 '보소이'의 꿈을 비롯하여 '마르가리타'의 꿈, '빌라도'의 꿈 등이 함께 존재한다. 그런데 여기서 '이반'의 꿈이 작품 전체를 차지하고 있음은 '이반'의 꿈과 '보소이' 꿈의 비교를 통하여 쉽게 알 수 있다. 즉 '이반'의 꿈은 꿈의 범위에 있어 나머지 꿈들과 다른 점을 발견할 수 있는 것이다. 예를 들면, '보소이'의 꿈은 꿈의 시작과 끝이 분명히 제시되고 있지만, '이반'의 꿈은 꿈의 시작만 제시될 뿐 꿈의 끝이 제시되지 않는다.

『거장과 마르가리타』에서 삽입된 단편소설처럼 끼워져 있는 '보소이'의 꿈은 15장 전체를 차지하면서 '보소이'에 대한 심리적 성격묘사를 추가하고 있으나, 한편으로 바리에테의 검은 마술 무대와도 서로 교차되며 나타난다. 즉, '보소이' 자신은 바리에테에 직접 참석하지 않았음에도 불구하고, 자신이 숨겨 두었던 돈이 나중에 모두 외화로 바뀌어 버린 것이다. 이런 사실은 그의 꿈이 초자연적 성질을 지녔다고 생각할 수 있도록 만들어준다. 즉 그는 바리에테 공연을 꿈 속에서 관람한 것이며, 이 모든 것은 저주할 코로비예프가 그에게 꾸게한 '꿈'이었음이 나중에 에필로그에서 밝혀진다: "Все это только снилось Никанору Ивановичу под влиянием поганца Коровьева."(5: p.380). 또한,

'보소이'의 이런 불안한 꿈에 의해 야기된 소동은 스트라빈스키 병동의 다른 환자들에게도 연이어 전해지면서(5: p.166), 마침내 '예수 처형'에 대한 '이반'의 꿈의 간접적 원인이 되기도 한다.

> Тогда Никанора Ивановича посетило сновидение, 〈…〉 Нету! Нету! Нету у меня!--страшным голосом прокричал Никанор Иванович.--Понимаешь, нету! 〈…〉 Та ласково трясла стонущего во сне Никанора Ивановича за плечо. 〈…〉 Никанор Иванович сквозь слезы разглядел свою комнату в лечебнице и двух в белых халатах. (5: pp.157-166)
>
> 니카노르 이바노비치는 그 때 꿈을 꾸기 시작했다. 〈…〉 "없어! 나는 가지지 않았다구!" 니카노르 이바노비치가 격렬한 목소리로 소리쳤다. "알아줘, 없어!" 〈…〉 그녀는 니카노르 이바노비치가 잠을 자면서 신음을 하고 있을 때 그의 어깨를 부드럽게 흔들었다. 〈…〉 니카노르 이바노비치는 눈물을 흘리면서 병실의 주위를 둘러보았다. 그리고 하얀 가운을 걸친 두 사나이를 보았다.

이와 같이 꿈의 시작과 깨어남이 분명한 '보소이'의 꿈과 달리, '이반'의 꿈에는 꿈의 범위가 없다. 즉, 잠들기 시작하는 과정은 다른 '꿈'들에서와 같이 비교적 상세하게 기술되어져 있으나, 잠에서 깨어나는 순간은 텍스트 상에서 빠져 있는 것이다. 이는 '이반'의 꿈이 작품 전체를 차지하고 있음을 말한다. 즉 '보소이'의 꿈을 비롯하여 '마르가리타'의 꿈, 그리고 '빌라도'의 꿈 등은 모두 '이반'의 꿈 속에 나타난 등장인물들의 '꿈'인 것이다. 다시 꿈의 형태적 측면에서『죽은 자의 수기』와『거장과 마르가리타』를 면밀히 비교해 보자면,『죽은 자의 수기』에서 막수도프의 꿈이 작품 전체를 차지하며 그 속에 '꿈 속의 꿈'의 형태로서 희곡 '검은 눈'이 들어 있고,『거장과 마르가리타』에서도 이반의 꿈이 작품 전체를 차지하며 그 속에 역시 '꿈 속의 꿈'의 형태로서 소설 '빌라도'가 들어 있는 점은 유사하나,『죽은 자의 수기』와 달리

『거장과 마르가리타』에서는 소설 '빌라도' 이외에 또 다른 '꿈 속의 꿈'이 존재한다. 즉 '빌라도'라는 창작품을 위시로 하여 창작품 안의 '빌라도'의 꿈과 창작품 밖의 '마르가리따'의 꿈이 존재하는 것이다.

'막수도프'의 꿈에서는 막수도프 자신이 직접 창작 희곡 '검은 눈'을 집필하였으나, '이반'의 꿈에서는 이반이 창조한 또 다른 작가 '거장'이 창작 소설 '빌라도'를 집필하였다. '막수도프'의 꿈에서는 창작품 '검은 눈'의 주인공이 누구인지 밝혀지지도 않으면서 간헐적으로 낭독되는 내용이 전부이지만, '이반'의 꿈에서는 창작품 '빌라도'의 주인공으로서 '빌라도'가 등장하며 하나의 완전한 소설을 이룬다. 즉, 자유로운 창작을 꿈 꿔온 '이반'이 꾼 꿈 속에는 역시 자신과 같은 처지의 자유창작 작가 '거장'이 창조한 창작소설 '빌라도'가 존재하며, 이 창작소설 '빌라도' 안에는 소설의 주인공 '빌라도'가 꿈을 꾸고, 창작소설 밖에서는 저자의 애인인 '마르가리타'가 꿈을 꾸는 것이다. 그리고 이들 모두는 '이반'의 꿈 안에 존재하는 '꿈 속의 꿈'으로서, 창조자 '이반'이 꿈꾸는 '창작의 자유' 테마와 연관되어 있다.

IX-3. '꿈 -- '창작'의 테마

『죽은 자의 수기』와 『거장과 마르가리타』에서 주인공들이 꿈을 통하여 나타낸 창작의 테마는 '자유'임을 알 수 있다. 즉 주인공들은 현실에서 이룰 수 없었던 창작을 꿈 속에서 마음껏 자유롭게 창작함으로써 '창작의 자유'를 부르짖는다. 이들 꿈꾸는 작가들은 하나같이 현실에서는 자신의 뜻대로 작품을 자유롭게 창작할 수 없었을 뿐만 아니라, 기존의 기성문학계로부터 끊임없이 핍박을 받는 것으로 나타난다. 앞서 살펴보았듯이 『죽은 자의 수기』에서 막수도프는 편집인으로부터

한 마디 말도 못하도록 자유를 억압당하며, 『거장과 마르가리타』에서 이반은 작가협회 회장 베를리오즈로부터 '예수'의 존재 자체를 부정하는 '반종교적 서사시'를 쓸 것을 강요당한다. 그러므로 항상 자유로운 창작을 꿈 꿔 왔던 이들 작가들은 자신들의 '작품성'을 몰라주는 기성 문학계에 대하여 강한 불만을 품고 있었으며, 이러한 불만은 이들이 공통적으로 앓게 되는 **'정신병'의** 근원이 된다고도 볼 수 있다. 그 한 예(例)로서 정신병원으로 강제 이송된 '이반'이 동료 시인 '류힌'을 향하여 쏟아내는 다음의 욕설을 들을 수 있다.

> из которых первый--балбес и бездарность Сашка! 〈…〉 Типичный кулачок по своей психологии, 〈…〉 Посмотрите на его постную физиономию и сличите с теми звучными стихами, которые он сочинил к первому числу! (5: p.68)
>
> 그 중에서도 제일 바보 천치는 멍청하고 무능하기 짝이 없는 사쉬까요! 〈…〉 전형적인 졸부 기질을 지닌 인간이지, 〈…〉 그 놈의 위선적인 낯짝을 보고, 그 낯짝을 그 놈이 노동절 즈음에 쓴 요란하기 짝이 없는 시구절과 한 번 비교해 보소!

이처럼 강제로 정신병원에 실려온 **'이반'**은 '그리보예도프'라는 건물 안에서 술 마시고 춤추며 놀기만 하는 엉터리 시인들, 엉터리 작가들의 기성 문학계를 강하게 질타하며 평소에 잠재되어 있던 불만을 토로한다. 또한 이들 작가들은 시대에 굴하지 않는 작가 정신으로서 자유로운 창작에 대한 강한 열망을 '꿈' 속 '창작'을 통하여 나타낸다. 『죽은 자의 수기』에서 막수도프는 눈보라가 휘몰아치는 겨울 어느 날 밤에 우연히 잠에서 깨어났으며, 자신이 꿈을 꾸었고, 꿈 속에서 자신이 '작은 상자곽' 모양의 연극 무대 위에 여러 등장인물을 수없이 출현시키는 게임을 즐겼음을 알게 된다. 그리고 그 후 그에게 끊임없이 계속되는 '상자곽-게임'에 대한 열망은 작가 '막수도프'를 예술적인 '창작'을 향하여 계속 내몬다. 즉 막수도프는 작가로서 꿈에 본 환영들을 분명하게 표현하려 달려드는 것이다. 이제 막수도프는 작가 정신으로 무장하여 눈에 보이는 것은 쓰고 눈에 보이지 않는 것은 쓰지 않으면 되는 것이다: "Что видишь, то и пиши, а чего не видишь, писать не следует."(4: p.435). 그리고 그는 온갖 역경 속에서도 굴하지 않고 누구에게도 제약받지 않는 창작 희곡 '검은 눈'을 집필하며, 이를 극장의 연극무대에 올리고자 동분서주(東奔西走)한 끝에 마침내 자신의 자유 창작극 '검은 눈'이 공연연습 되는 것을 지켜본다.

이와 유사하게 『거장과 마르가리타』에서도 시대에 굴하지 않는 2명의 작가들이 출현한다. 즉, 작가 협회 회장 베를리오즈로부터 무신론적 서사시를 쓸 것을 강요받던 '이반'은 꿈 속에서, 자유로운 창작소설 '빌라도'를 씀으로써 혹독한 시련을 겪은 '거장'을 만나는 것이다. 둘은 모두 **자유로운 창작을 꿈 꿔온 작가들**(시인, 소설가)이며, 시대적 상황 속에서 '작가 정신'을 포기하지 않음으로써 **정신병동의 환자**로 전락하는 공동의 운명을 지닌다. 즉 둘 다 모두 자유로운 '창작'--'빌라도' 때문에 '현실'에서 정신병자로 취급받고 정신병원에서 만난다.

> Будем глядеть правде в глаза, -- и гость повернул свое лицо в сторону бегущего сквозь облако ночного светила. -- И **вы и я** -- **сумасшедшие**, что отпираться! (5: p.134)
>
> "우리는 현실을 똑바로 보아야 합니다." 방문객은 얼굴을 돌려 달이 구름 사이로 달리는 것을 바라보았다. "**당신이나 저나 미쳤습니다**. 이것을 부인할 만한 묘안이 없습니다."

막수도프가 눈에 보이는 것은 쓰고 눈에 보이지 않는 것은 쓰지 않으며 '있는 그대로의 사실'을 전하려 하였듯이, 이반 역시 볼란드와의 만남, 베를리오즈의 죽음, 그리고 빌라도 이야기 등의 '진실'을 있는 그대로 전하려 하였으며, 거장 또한 자신의 창작소설 '빌라도'의 자유로운 출판을 위하여 편집자의 비웃음과 평론가들의 온갖 비난에 맞서 싸우다가 끝내 '소설'을 불태워 버리면서까지 작가 정신을 잃지 않는다. 즉 두 작품에 등장하는 작가들(막수도프-이반-거장)은 모두 어떠한 외압에도 흔들리지 않고, 있는 그대로의 사실만을 쓰고, 있는 그대로의 진실만을 전하려는 '작가 정신'의 소유자로서 출현하고 있음을 알 수 있다.

이와 같이 『죽은 자의 수기』와 『거장과 마르가리타』에 나타난 '꿈'에는 '현실'에서 억눌려진 불만에 대한 폭로가 있으며, 또한 현실에서 이룰 수 없었던 '창작의 자유'에 대한 염원이 있다. 작가들은 현실에서 이룰 수 없었던 자유로운 창작을 꿈 속 현실을 통하여 마음껏 자신의 뜻대로 펼쳐보인다. 그러므로 『죽은 자의 수기』와 『거장과 마르가리타』 두 작품 속에서 '꿈'을 통하여 일관되게 추구되고 있는 테마는 '자유로운 창작' 즉 '자유'임을 알 수 있다. 그리고 『거장과 마르가리타』에서는 이러한 '자유'의 테마가 또 다른 '꿈 속의 꿈'의 형태로 나타나는 '마르가리타'의 꿈과 '빌라도'의 꿈에서도 공통적으로 추구되고 있음을 발견할 수 있다.

'마르가리타'의 꿈에서도 일관되게 추구되는 테마는 '자유'이다. 여주인공 '마르가리타'의 꿈은 제19장에 나오며 크게 두 개의 부분으로 나뉘어진다. 한 부분은 '마르가리타'의 정신-심리 상태에 대한 성격묘사와 거장의 정서적 모습을 나타낸다. 거장은 외로이 홀로 남겨져 병적인 공포감을 안고 살아간다. 그러므로 꿈의 분위기는 어두운 회색빛에 음울하고 비참한 색채들로 그려지면서, 4개월 동안이나 헤어져 있어야 했던 주인공들의 생존 모습을 담아낸다: "Вот адское место для живого человека!(산 인간에겐 바로 지옥과 같은 장소였다.)"(5: p.212). 한편,

'마르가리타'의 꿈의 다른 한 부분은 **예언적**인 기능을 수행한다. 즉 꿈에 거장이 아직 살아있으나, 그가 신체적, 도덕적으로 매우 어려운 상태에 있음을 알린다(5: p.212). 그런데 '꿈'의 이런 '신의성(神意性)'은 거장과 만나고 싶어하는 마르가리타의 염원이 곧 이루어질 것을 **예언**하는 데 있을 뿐만 아니라, 그것을 이루기 위하여 마르가리타가 **모종의 노력을 하지 않으면 안된다는 것**을 **예고**하였다는 데 있다. 이와 같이 여주인공 마르가리타의 꿈은 예언적 역할을 수행하면서 그녀에게 심리적인 면에서 미래의 '거장'과의 기쁜 만남에 대하여 밝은 희망을 준다. 하지만, 그녀는 '꿈'을 깨고 나서 '꿈'에 대하여 회상할 때는 정반대의 **잠재된 내적 심리상태**를 드러낸다. 다시 말해 '거장'과의 기쁜 만남을 바라는 희망 이면에 '거장'으로부터 벗어나고자 하는 '자유'에 대한 갈망이 있는 것이다. 마르가리타는 거장과 헤어지고 난 후 거장을 만나기 위해서는 무슨 짓이든지 하겠다는 의지를 지니고 있는 반면에, 거장의 갑작스런 행방불명과 그로 인한 이별 이후에 자신을 항상 짓눌러온 **정신적 '속박'으로부터 해방되고** 싶은 '자유'를 향한 의지를 또한 지니고 있다.

> Маргарита щурилась на яркое солнце, вспоминала свой сегодняшний сон, вспоминала, как ровно год, день в день и час в час, на этой же самой скамье она сидела рядом с ним. 〈….〉 Значит, ты был сослан и умер… Тогда, прошу тебя, отпусти меня, дай мне наконец **свободу** жить, дышать воздухом! 〈…〉 Нет, что же это за ответ? Нет, ты уйти из моей памяти, тогда я стану **свободна**. (5: p.215)

> 마르가리타는 실눈을 뜨고 눈부신 태양을 바라보면서, 마치 1년 동안의 일을 날짜별로, 시간별로 빠짐없이 회상해 내듯이 지난 밤 꿈을 기억해냈다. 그녀는 바로 이 벤치에 그와 함께 나란히 앉아 있었다. 〈…〉 그러니까 자긴 유형을 가서 거기서 죽어버린거야. 그렇다면 제발 부탁인데, 나 좀 놔 줘, 이젠 좀 숨을 쉬며 살 **자유**

를 달라고! 〈…〉 아냐, 이런 걸 대답이라고 하다니! 아냐, 내 기억에서 사라져버려! 그래야만 내가 자유로워질 수 있어!

한편, '빌라도'의 꿈에서 추구되는 테마 역시 '자유'이다. 거장의 창작소설 '빌라도'에서 두통과 불면증의 '속박'으로부터 해방되기를 간절히 바라는 주인공 빌라도는 항상 꿈을 꾼다. 원래 빌라도의 꿈은 지나간 어느 날 떠돌이 철학자의 '처형'과 관련하여 겪은 사건들에 의하여 그 원인이 제공되었다. 언제나 똑같이 괴롭게 작용하는 달빛과 고통스러운 망상은 빌라도의 불면증의 원인이 되었으나, 한밤중 쯤에 그를 가엾게 여기기라도 한 양 마침내 잠이 찾아든다: "примерно в полночь сон наконец-то сжалился над игемоном."(5: p.309). 이렇게 잠시 잠이 든 빌라도는 '꿈'을 꾼다. 그리고 꿈 속에서 그는 예수아의 처형이 이루어지지 않았음을 확인하고는 안도의 한숨을 내쉰다. 빌라도의 이러한 꿈은 그가 오랫동안 간절히 기다려온 꿈으로서 누구보다도 빌라도 자신이 먼저 예수아의 처형을 바라지 않았다는 사실을 나타내준다. 이처럼 빌라도의 꿈은 빌라도에게 기쁨과 평안을 가져온다. 그러므로 꿈을 꾸고 나서 그는 행복의 눈물까지 흘린다. 그러나 잠시 후 그가 잠에서 완전히 깨어나 눈을 뜨고 처음 생각하게 되는 것은 처형이 이미 집행되고 말았다는 것이다: "Он открыл глаза, и первое, что вспомнил, это что казнь была."(5: p.310). 그러므로 그에게는 잠에서 깨어나는 것이 더욱 더 고통스럽고 괴롭다. 따라서 빌라도는 항상 한밤중의 달빛 아래서도 나에게 '평온'은 없다고 말한다: "И ночью, и при луне мне нет покоя"(5: p.311).

그런데 이와 똑같은 말을 '무도회' 후에 예기치 않게 '볼란드'를 만난 '거장'이 반복하여 말한다: "И ночью при луне мне нет покоя…"(5:

p.279). 즉 거장도 빌라도와 같이 유사하게 고통에 시달리며 평온을 찾지 못하고 있음을 나타낸다. 다시 말하면 '빌라도' 소설의 주인공인 **빌라도**나 소설을 집필한 저자 **거장**이나, 모두 유사한 **고통**에 시달리고 있음을 나타낸다. '빌라도'는 자신의 의도와 상관없이 '처형'을 허용하고 말았으며, '거장'은 중상과 비방에 의한 공격으로 두려움과 무기력에 사로잡혀 '소설'을 불태우고 말았다. '빌라도'는 자신이 저지른 '처형' 때문에 두통과 불면증의 고통에 시달리면서 자신의 본 의도는 '처형'이 아니었음이 전달되기를 간절히 바란다. '빌라도'가 바라는 것은 '중지된 처형'에 대한 간절한 바람이며, 그로 인하여 **고통으로부터 해방되어** '자유'를 찾는 것이다. '거장' 역시 항상 자유로운 '창작'을 꿈꿔온 작가였으며, 자신이 혼신의 힘을 기울여 완성하였고 자신의 애인 마르가리타가 생명처럼 여겼던 창작소설 '빌라도'를 어떤 중상과 비방도 받지 않으면서 **자유롭게 출판할 수 있는** '자유'를 희구한다. 즉, '거장'과 '빌라도'는 유사한 고통에 시달리면서 다같이 속박과 고통으로부터 해방되는 '자유'를 갈망하고 있는 것이다.

그러므로 『거장과 마르가리타』의 피날레에서 마침내 '거장'은 '볼란드'의 권유에 따라 자신의 소설의 주인공 '빌라도'에게 '자유'를 부여한다.

> Мастер как будто бы этого ждал уже, пока стоял неподвижно и смотрел на сидящего прокуратора. Он сложил руки рупором и крикнул так, что эхо запрыгало по безлюдным и безлесным горам:-- Свободен! Свободен! Он ждет тебя! (5: p.370).
>
> 꼼짝도 않고 서서 앉아 있는 총독을 내려다보고 있던 **거장**은 이미 이 말을 기다리고 있기라도 한 듯했다. 그는 두 손을 확성기처럼 입에 대고 인적도 없고 숲도 없는 산을 향해 메아리칠 만큼의 큰 소리로 외쳤다. "**자유**다! **자유**다! 그분이 너를 기다리고 계신다!"

그리고 이와 같이 자신의 주인공을 놓아준 '거장'은 누군가에 의해서 자신 또한 **'자유'의 몸**이 된 것을 느낀다. 즉 '마르가리타'와 함께 '영원한 안식처'를 향하여 걸어갈 때 그동안 자신을 괴롭혔던 고통스런 기억들이 일순간에 사라지면서 '자유'가 찾아온 것이다.

> память мастера, беспокойная, исколотая иглами память стала потухать. Кто-то отпускал на **свободу** мастера, как сам он только что отпустил им созданного героя. (5: p.372)
>
> 거장의 기억, 바늘에 찔린 불안에 찬 기억은 사라지기 시작했다. 금방 그 자신이 그가 창조한 주인공을 놓아주었던 것처럼 누군가가 거장을 **자유**의 몸이 되게 한 것이었다.

이와 같이, 『거장과 마르가리타』에는 자유로운 창작을 꿈꿔온 '이반'의 꿈 안에 역시 창작의 '자유'를 부르짖다가 억울하게 희생당한 '거장'의 **'빌라도 이야기'**가 자유롭게 창작되고 있으며, '빌라도 이야기' 창작품 안에는 잘못된 '처형'으로인한 고통에서 해방되어 '자유'의 몸이 되기를 갈망하는 **'빌라도의 꿈' 이야기**가 씌여지고, 창작품 밖에는 '거장'과의 헤어짐으로인한 거장의 속박으로부터 '자유'로워지기를 갈망하는 **'마르가리타의 꿈' 이야기**가 펼쳐지고 있음을 알 수 있다. 즉 작품 전체를 차지하는 '이반'의 커다란 꿈 안에 '꿈 속의 꿈'의 형태로 존재하는 '마르가리타의 꿈'과 '빌라도의 꿈'에서도 공통적으로 추구되고 있는 테마는 또한 '자유'임을 발견할 수 있다.

지금까지 살펴본 『죽은 자의 수기』와 『거장과 마르가리타』에 나오는 '꿈'들, 즉 막수도프의 꿈, 이반의 꿈, 마르가리타의 꿈, 빌라도의 꿈 등에서 공통적으로 추구되고 있는 테마는 크게 보아 '자유'였다. 즉 작가들이 자신의 뜻대로 자유롭게 쓸 수 있는 **창작의 '자유'**를 비롯하여,

정신적 속박으로부터 해방되는 '자유', 그리고 두통 및 고통으로부터 해방되는 '자유'였다.

한편, 『거장과 마르가리타』에서는 이러한 '자유'의 테마를 전혀 기상천외한 이야기로 가져감으로써 진정한 '창작의 자유'가 무엇인지를 보다 확연히 보여준다. 즉 성경에 나온 예수 그리스도와 빌라도에 관한 일반적인 이야기에서 전혀 다른 해석의 새로운 스토리를 창작해냄으로써 '창작의 자유'가 무엇인지를 확연하게 보여준다. 본래 '이반'은 '예수 그리스도'에 대한 이야기 자체를 쓰지 못하도록 되어 있었다. 즉 그는 '예수'에 관한 서사시를 썼다가 작가 협회 회장 베를리오즈로부터 호된 질책을 받는다. 예수 그리스도는 원래 없었으며 그 존재 자체를 부정하라는 것이다. 하지만 이반은 베를리오즈의 반대에도 불구하고 '예수'의 존재를 인정하는 서사시를 썼으며, 꿈 속에서 자신과 같은 처지의 '거장'을 통하여 기존의 개념과 전혀 다른 새로운 '예수아'와 '빌라도'를 창조한다. 즉 평범한 인간으로 인격화된 '예수아'와 '중지된 처형'을 간절히 바라는 '빌라도' 사이의 영원히 풀리지 않는 수수께끼를 과감하게 새로운 '창작'의 소재로 삼은 것이다.

그리고 이러한 수수께끼의 열쇠는 악마 볼란드에 의하여 실마리가 풀리도록 창작하였다. 즉 2000년을 내려오며 영원히 풀릴 것 같지 않던 수수께끼가 바로 악마에 의하여 정리되는 것이다. 악마 볼란드는 거장에게 빌라도를 해방시킬 것을 권함으로써 빌라도에게 자유를 부여하며, 자유의 몸이 된 빌라도는 마침내 '처형'이 자신의 본 마음이 결코 아니였음을 전한다. 즉, '빌라도'가 그토록 만나기를 고대했던 '예수아'가 마침내 '소설'을 읽음으로써 '중지된 처형'에 대한 '빌라도'의 간절한 바람이 전해지게 되는 것이다.

Романтический мастер! Тот, кого так жаждет видеть выдуманный вами герой, которого вы сами только что отпустили, прочел ваш роман. (5: p.371)

낭만적인 거장! 지금 막 당신 자신이 놓아주고 당신이 꾸며낸 주인공이 그처럼 만나기를 고대했던 분께서 당신의 소설을 읽었습니다.

즉, 예수아는 빌라도의 '마음'을 읽고 빌라도는 '자유'를 얻음으로써 이제 이들은 어느 시점에서 서로 의견의 일치를 볼지도 모른다. 그러므로 볼란드는 이들을 그냥 단둘이 있게 내버려두자고 제안한다.

Оставьте их вдвоем, 〈…〉 не будем им мешать. И, может быть, до чего-нибудь они договорятся, (5: p.371)

그들을 단둘이 있게 내버려둡시다. 〈…〉 그들을 방해하지 맙시다. 아마도, 그게 뭐이든 간에 그들은 합의를 보게 될 테니까요.

그러므로 에필로그에서 '빌라도'와 '예수아'는 마침내 일치를 이룬다. 즉, 매월 만월이 찰 때 '이반'이 꾸는 '꿈' 속에서 '빌라도'와 '예수아'는 "사형은 없었다"는 사실에 서로 일치를 이룬다.

Какая пошлая казнь! Но ты мне, пожалуйста, скажи, 〈…〉 ведь ее не было! Молю тебя, скажи, не было? 〈…〉 Ну, конечно, не было, 〈…〉 это тебе померещилось. (5: p.383)

얼마나 몸서리쳐지는 사형인가! 그러나 내게 사형 따윈 없었다고 말해주게! 〈…〉 사형은 없었잖아! 자네에게 비네, 말해 보게, 사형은 없었지? 〈…〉 "아, 물론 없었소." 〈…〉 그것은 당신의 환각이오.

이와 같이 성경에 나오는 예수의 처형을 둘러싼 기록적 이야기로부터 전혀 새로운 이야기를 창작해냄으로써 꿈 속에 등장하는 작가는

'창작의 자유'를 최대한 만끽하고 있다.

지금까지 살펴본 내용을 종합해 보면, 자유로운 창작을 꿈꿔온 시인 '이반'은 역시 새로운 소설을 창작하다가 온갖 시련을 겪는 소설가 '거장'을 창조하며, '거장'은 다시 "처형은 이루어지지 않았음"을 주장하며 '중지된 처형'을 간절히 바라는 총독 '빌라도'를 창조한다. 즉, '이반'-'거장'-'빌라도'로 이어지는 이들 등장인물들은 모두 '기존의 것'을 탈피하여 '새로운 것'을 자유롭게 구상하고 '창작'한다는 공통점이 있으며, 또한 현재는 그로 인하여 매우 심한 고통과 시련을 겪는다는 공통성이 있다. 그리고 이들은 모두 자유로운 창작의 '자유'와 고통으로부터 해방되는 '자유'를 또한 희구한다. 그러므로 '거장'이 자유로운 '창작'에 의거하여 주인공 '빌라도'를 해방시키고 그에게 '자유'를 부여하자, '빌라도는 고통으로부터 해방되어 자유롭게 '예수아'를 만나 "처형이 이루어지지 않았음"을 확인하고 새로운 '일치'를 이루어낸다. 그리고 이와 같이 새롭게 창작된 '일치'의 광경을 '이반'은 매월 만월이 찰 때마다 '꿈' 속에서 바라본다.

IX-4. '꿈' -- '창작'의 증표 / 증후

막수도프의 꿈과 이반 베즈돔느이의 꿈은 꿈을 꾸고 난 후 모든 것이 감쪽같이 사라져버리는 게 아니라 반드시 꿈 속의 '내세적 현실'로부터 남겨지는 '물질적-신체적' 증표나 혹은 증후들이 남는 공통성이 있다. 예를 들면, 『죽은 자의 수기』에서 일어난 사건들이 몽환적인 사실과 전혀 관계없다는 것을 증명하는 증표로서 손으로 직접 만져볼 수 있는 '소설'이 출판되어 나온다.

по приезде домой я нашел у себя девять голубых книжек. Был напечатан **роман**. Был. Вот он… (4: p.430)

집에 돌아와서 나는 내 방에 아홉 권의 푸른 소책자가 있는 것을 보았다. **소설**이 출판된 것이다. 출판되었다. 여기 그것이 있다.

이처럼 막수도프의 출판에 대한 수수께끼가 해결되지 않은 채 남겨지지만, 책들은 마치 내세적 현실로부터 날라오듯이 나타나며, 꿈에 의하여 실제 물질화된 것처럼 존재한다.

이와 유사하게, 『거장과 마르가리타』에서도 꿈을 꾸고 난 등장인물들이 모두 변화를 일으키는 '증후'가 나타난다. 이반은 나중에 역사학 교수가 되지만 만월이 되면 주기적으로 정신분열증이 심화되어 '베즈돔느이' 상태로 돌아가서 젊은 시절에 그에게 발생하였던 일들을 회상한다. 보소이 역시 꿈을 꾸고 난 후 내부적 변화를 일으켜 이유 여하를 불문하고 극장에는 전혀 가지 않고 연극에 관계되는 이야기를 듣기만 해도 얼굴빛이 바뀌며 만월이 되면 혼자서 곤드레만드레 술을 마신다. 이반 니콜라예비치는 돼지를 닮은 얼굴에 체격이 좋은 중년 남자로 변하여 만월이 되면 벤치에 앉아 무엇인가 예사롭지 않은 것이 나타나기를 기다리기라도 하듯이 찬찬히 달을 쳐다본다.

이와 같이 『죽은 자의 수기』와 『거장과 마르가리타』에 나타난 꿈에는 꿈을 꾸고 난 후에 꿈 속의 내세적 현실로부터 이어지는 '증표' 또는 '증후'들이 남겨짐으로써 꿈 속 현실이 가짜가 아닌 진짜인 것처럼 여겨지게 만든다.

IX-5. 맺는 글

불가코프는 자신이 창작한 작품들이 연이어 상연금지를 당하고 출판금지를 당하는 불운한 작가의 삶을 살다간 작가이다. 또한 '창작'의 가치를 모르며 연일 중상모략과 획일주의에 빠져있는 기성 '문학계'-'극장계'와 끊임없이 갈등하면서도 죽기 전까지 '창작'에 몰두하였던 작가였다. 그러므로 그의 작품 곳곳에는 그가 혼신의 힘을 다하여 외친 '창작의 자유'에 대한 목소리가 울려퍼진다. 불가코프는 자신의 이러한 자유로운 '창작'에 대한 열정을 '꿈'의 서술기법을 통하여 표출하였다. 특히 그의 모든 희곡이 연극 무대 위에서 내려지던 어려운 시절에 집필을 시작한『죽은 자의 수기』와 생애 마지막에 병마와 싸워가며 마지막 혼신의 힘을 다 기울인 최후의 대작『거장과 마르가리타』에는 현실에서 이룰 수 없었던 **'창작'의 꿈**이 '꿈'을 통하여 실현되고 있음을 알 수 있다.

『죽은 자의 수기』에서 극작가 막수도프는 꿈 속의 '작은 상자곽'의 형상을 통하여 자신이 창조한 등장인물들을 자유롭게 무대 위에 올리고 내리며 연출하는 희곡 '검은 눈'을 창작하며,『거장과 마르가리타』에서 시인 '이반'은 꿈 속에서 자신과 같이 자유로운 창작에 뜻을 두었던 '거장'을 통하여 **새로운 개념의 소설 '빌라도'**를 창작한다. 불가코프는 이들 **'창작'-'꿈'**들에서 시류에 편승하지 않고 올바른 작가 정신을 소유한 작가들의 형상을 그리면서, 작가들이 진정으로 바라는 것은 마음대로 상상하고 마음대로 표현할 수 있는 '자유'임을 부르짖음으로써 **'창작의 자유'의 중요성**을 강조한다. 또한 이들 작품들에서는 꿈을 통하여 '극장계' 내부의 오래된 갈등과 불화, 시기, 반목 등의 '현실'이 폭로 되는가 하면, '문학계' 내부의 고질적인 비리와 쾌락, 탈선

등에 대한 '고발'이 이루어지며, 특히 작가의 '자유 창작'을 무시하고 도외시하는 '검열제도'와 '획일만능주의'에 대한 강도 높은 비판도 제기되고 있음을 알 수 있다.

참고문헌

Акатова О. И., *Поэтика сновидений в творчестве М. А. Булгакова.* Диссертация кандидата филологических наук. Саратов: Саратовский государственный университет им. Н. Г. Чернышевского, 2006.

Альтшулер. А. М., "А. П. Чехов и М. А. Булгаков", *Ученые записки Ленинградского педагогического института и м. Герцена.* Серия языка и литературы. Ленинград, 1972, №4.

--------, "А. П. Чехов и М. А. Булгаков: Сравнительная характеристика драматургической поэтики Чехова и Дней Турбиных Булгакова", *XXV Герценовские чтения. Литературоведение.* Ленинград: Ленинградский государственный педагогический институт им. А. И. Герцена, 1972.

Андреев Л. Н. *Собрание сочинений: В 6 т.* Москва, Художественная литература, 1990-1996.

Афанасьев А. Н., *Поэтические воззрения славян на при роду: В 3 томах. Т. 2,* Москва: Индрик, 1994.

Бабичева Ю. В., *Жанровые разновидности русской драмы -- на материале драматургии М. А. Булгакова.* Вологда, Издательство Вологодского педагогического института, 1989.

Белозерская-Булгакова Л. Е., *Воспоминания.* Москва: Художественная литература, 1989.

Биккулова И. А. *Символика желтого цвета в романе М. А. Булгакова Белая гвардия* . Белгород: Издательство Белгородского университета, 2000.

Бритиков А. *Русский советский научно фантастический роман.* Москва: Наука, 1970.

Булгаков М. А., *Собрание сочинений: В 5 томах.* Москва, Художественная литература, 1989-1990.

--------. *Собрание сочинений: В 8 томах*, Москва, Астрель, 2007-2011.

--------, *Пьесы 1920-х годов*. Ленинград, Искусство, 1989.

Булгакова, *Дневник Елены Булгаковой*. Москва: Книжная палата, 1990.

Ван Чжичэн, *История русской эмиграции в Шанхае*. Москва, Русский путь, 2008.

Варениченко Т. В., Никипелова Н. А. "Чехов и Булгаков: эпистолярная форма повествования", *Чеховские чтения в Ялте: Чехов и XX век* . Москва: Наследие, 1997, Вып.9.

Васильева Т. А., "Цветовая символика в ранних рассказах М. А. Булгакова", *Гуманитарные науки и гуманитарное образование*. СПб.: Береста, 2003.

Великая Н. И., " Белаягвардия М. Булгакова: Пространственно-временная структура произведения, ее концептуальный смысл", *Творчество М. Булгакова*, Томск: Издательство Томского университета, 1991.

Виленский Ю. Г., *Доктор Булгаков*, Киев: Здоровья, 1991.

Виленский Ю. Г., Навроцкий В. В., Шалюгин Г. А., *Михаил Булгаков и Крым*. Симферополь: Таврия, 1995.

Воспоминания о Михаиле Булгакове. Москва, Советский писатель, 1988.

Гаспаров Б. М., *Литературные лейтмотивы*, Москва, 1994.

Гудкова В. В., "Судьба пьесы Бег ", *Проблемы театраль ного наследия Михаила Булгакова*. Л.: Ленинградский государственный институт театра, музыки и кинематографии имени Н. К. Черкасова, 1987.

Долматова О. А., *Драматургия М. А. Булгакова: формы взаимодействия с русской литературной традицией*. Диссертация кандидата филологических наук. Москва: МПГУ, 2001.

Замятин Е., *Собрание сочинений: В 5 томах*, т.3, Москва: Русская книга, 2004.

Земская Е. А., *Михаил Булгаков и его родные*. Москва: Язык и славянской культуры, 2004.

Золотоносов М. Н., *Слово и тело : Сексуальные аспекты, универсалии, интерпретации русского культурного текста XIXXX веков*. Москва, Ладомир, 1999.

Золотусский И., “Заметки о двух романах Булгакова (Белая гвардия и Мастер и Маргарита)”, *Литературная учеба*. 1991. №2.

Иваньшина Е. А., *Метамор фозы культурной памяти в творчестве Михаила Булгакова*. Воронеж: Научная книга, 2010.

Йованович М., “Евангелие от Матфея как литературный источник <Мастера и Маргариты>”, *Заборник за славистику*, Нови Сад, 1980, Вып.18.

Казьмина О. А., *Драматургический сюжет М. А. Булгакова*: пространство и времяв пьесах Зойкина квартира, Бег, Блаженство .--Диссертация на соискание ученойстепени кандидата филологических наук. Воронеж, Воронежский государственный педагогический университет, 2009.

Кокорина Н. В., “Цвет в художественном мире М. А. Булгакова. Повесть Собачье сердце ”, *Проблемы и методы исследования литературного текста*. Тверь: ТГУ, 1997.

--------. “Цветообозначения в Китайской истории М. Булгакова”, *Литературный текст: проблемы и методы исследования*. Тверь: ТГУ, 1998. № 4.

--------. “Цвет в Днях Турбиных ”, *Драма и театр*. Тверь: ТГУ, 1999.

Колесникова Е. А., “Обзор биографических материалов М. Булгакова в Пушкинском Доме,” *Творчество Михаила Булгакова: Исследования. Материалы. Библиография*, Кн. 3, СПб.: 1995,

Кузнецова О. Г., “Особенности цветового письма в романе Мастер и Маргарита ”, *Возвращенные имена русской литературы*. Самара: СамГПИ, 1994.

Крючков В. П., *Еретики в литературе: Л. Андреев, Е. Замятин, Б.*

Пильняк, М. Булгаков, Саратов, 2003.

Лакшин В. Я., “Мир Михаила Булгакова”, *Булгаков М. А. Собр. соч.: В 5 томах, Т.1.* Москва: Художественная литература, 1989.

Лермонтов М. Ю., *Собрание сочинений : В 4 томах Т. 2*, Москва, Правда, 1969.

Матвеев Б. И., “Цветопись в романе Михаила Булгакова Мастер и Маргарита ”, (URL: http://www.library.ru/ help/docs/n23234 color1.rtf)

Меньшой А. “Москва в 1928-м году”, *Булгаковский сборник*. Таллинн: Издательство Таллиннского педагогического института, 1998. Вып.3.

Мягков Б. С., *Зойкины квартиры*, Нева. 1986. №7.

Нинов А., “О драматургии и театре Михаила Булгакова: Итоги и перспективы изучения”, *М. А. Булгаков-драматург и художественная культура его времени*, Москва, 1988.

Нусинов И. “Булгаков”, *Литературная энциклопедия*. Москва, 1929. Т.1.

Паршин Л. К., *Чертовщина в американском посольстве в Москве, или 13 загадок Михаила Булгакова*. Москва, 1991.

Петровский М., *Городу и миру*, Киев: Радянськый Пысьмэннык, 1990,

Придорогин А. “ Недра, кн. 6”, *Книгоноша*. 1925. №6.

Пропп В. Я., *Исторические корни волшебной сказки*, Ленинград: Изд. Ленинградского университета, 1986.

Проффер Э. “Предисловие”, *Булгаков М. А. Соб. соч. В 10 тт*, т.3, Ардис, 1983.

Пэк Сын Му, *Драматургия М. А. Булгакова: Тема театра в контексте театральных теорий серебряного века*, СПб., Издательский дом Міръ, 2008.

Росницкая О. Б., “Карнавальные и романтические тради ции в пьесах М. А. Булгакова Бег, Зойкина квартира и Дни Турбиных ”, *Рациональное и эмоциональное в литературе и фольклоре*, Волгоград, Перемена, 2001.

Рубашкин Д., “Чехов и Булгаков (Исследование творческого метода)”, *Вопросы литературы*. 1982. №1.

Семанова М. Л., “О поэтике Черного монаха А. П. Чехова”, *Художественный метод А. П. Чехова*. Ростов-на-Дону: Ростовский государственный университет, 1982.

Славина О. Ю., *Поэтика сновидений: (на материале прозы 1920-х годов)*, Диссертация кандидата филологических наук. СПб., 1998.

Смелянский А., *Михаил Булгаков в Художественном театре*. Москва, Искусство, 1986.

--------, *Михаил Булгаков в Художественном театре. 2-е изд*. Москва, Искусство, 1989.

Смирнов Ю., “Реминисценции мифа в <Мастере и Маргарите>: источники, память жанра и пределы интерпретации”, *Булгаковский сборник*, Таллинн, 1994, Вып. 2.

--------, “О некоторых цветовых лейтмотивах в творчестве М. Булгакова”, *Цвет и свет в художественном произведении*. Сыктывкар: Сыктывкарский университет,1990.

Спендель де Варда Дж., “Сон как элемент внутренней логики в произведениях М. Булгакова”, *М. А. Булгаков-драматург и художественная культура его времени*. М.: Союз театральных деятелей РСФСР, 1988.

Сталин И. В., *Сочинения: В 13 томах Т. 4.*, Москва, Государственное издательство политической литературы, 1947.

Титкова Н. Е., *Проблема русской литературной традиции в драматургии М. А. Булгакова*. Диссертация кандидата филологических наук. Н. Новгород: Ниже городский государственный университет, 2000.

Толстой Н. И., *Славянские народные толкования снов и их мифологическая основа -- Сон-семиотическое окно*, Москва: ГМИИ имени А. С. Пушкина, Фонд Антонио Мадзотта, 1993.

Трубецкий Н. С., “Наш ответ: евразийство и белое движение” (URL: http://www.pereplet.ru/history/Author/Russ/ T/Trubezkoy/Articles/answer.html)

Уэллс Г. *Собрание сочинений: В 15 томах*, Москва: Правда, 1964.
Файман Г., “ Местный литератор Михаил Булгаков”, *Театр*. 1987. № 6.
--------, “Коллективное жизнеописание Михаила Булгакова: промежуточное подведение итогов”, *Независимая газета*, 1994. 28 декабря.
Федунина О. В., *Поэтика сна в романе: Петербург А. Белого, Белая гвардия М. Булгакова, Приглашение на казнь В. Набокова*. Диссертация кандидата филологических наук. М.: Российский государственный гуманитарный университет, 2003.
Фиалкова Л. Л., “Пространство и время в романе М. А. Булгакова《Белая гвардия》”, *Жанр и композиция литературного произведения*, Петрозаводск: Изд. Петрозаводского гос. университета, 1986.
Химич В. В., *Странный реализм М. Булгакова*. Екатерин бург: Издательство Уральского университета, 1995.
Чехов А. П., *Полное Собрание сочиненийи писем в 30 томах, Сочинения в 18 томах*, Москва: Наука, 1974-1983.
--------, *Полное Собрание сочиненийи писем в 30 томах, Сочинения в 12 томах*, Москва: Наука, 1974-1982.
Чудаков А. П. “Между есть бог и нет бога лежит целое громадное поле…<Чехов и вера>”, *Новый мир*. 1996. № 9.
Чудакова М. О., *Жизнеописание Михаила Булгакова*, Москва, Книга, 1988.
--------. “Комментарии”, *Булгаков М. А. Собр. соч.: В 5 томах, Т.1*. Москва: Художественная литература, 1989.
Шкловский В., “ Закрытие сезона Михаил Булгаков”,*Наша газета*. 1926. 30 мая.
Штейман М. С., “Цикл Записок юного врача М. А. Булгакова и традиции русской классики”, *Художественный текст и культура*. Владимир: Владимирский государственный педагогический университет, 1999. Вып.3.
Яблоков Е. А., *Художественный мир Михаила Булгакова*, Москва,

Язык и славянской культуры, 2001.

--------, *Мотивы прозы Михаила Булгакова*, Москва, 1997.

--------, “Комментарии”, *Булгаков М. А. Собр. соч. В 8 томах, Т.2, Т.4, Т.7,* Москва, Астрель, 2007.

--------, *Текст и подтекст в рассказах М. Булгакова* (“Записки юного врача”), Тверь, 2002.

--------. “Тернисты пути театра истории нонче (Михаил Булгаков прод олжатель дела Василия Каменского)”, *Филологические записки*. Воронеж, 2010-2011. Вып. 30.

--------. *Михаил Булгаков и мировая культура: Справочник-тезаурус*. СПб.: Дмитрий Буланин, 2011.

--------, “ …Один писатель читал свою прекрасную вещь про собаку (Каштанка сквозь призму Собачьего сердца)”, *Кормановские чтения*. Ижевск: Удмуртский государственный университет, 2010. Вып.9.

Яновская Л. М., *Творческий путь Михаила Булгакова*. М.: Советский писатель, 1983.

****

Bassett A. M., *H. G. Wells and Mikhail Bulgakov: a study of influence and intertextuality*. Anchorage: University of Alaska, 1996.

Edwards T. R. N., *Three Russian writers and the irrational: Zamyatin, Pil'nyak and Bulgakov*. Cambridge: Cam bridge University Press, 1982.

Edythe C. Haber, “Dwellings and devils in early Bulgakov”, *SEEJ*, Vol.37, No.3, Fall, 1993.

--------, “The Social and Political Context of Bulgakov's 『The Fatal Eggs』”, *Slavic Review,* Vol.51, No.3, Fall, 1992.

Rydel Ch. “M. Bulgakov and H. G. Wells”, *Russian literature triquarterly*. 1978. No.15.

****

강명수, 『체호프 문학의 몇가지 쟁점』, 서울: 보고사, 2009.

불가코프, 『거장과 마르가리따』, 박형규 옮김, 서울: 한길사, 1991.

불가코프, 『백위군』, 유승만 옮김, 서울: 열린책들, 1996.

불가코프, 『개의 심장』, 정연호 번역, 서울: 열린책들, 1998.

불가코프, 『불가코프 중편선』, 정연호 번역, 서울: 신아사, 2010.

불가코프, 『비운의 달걀, 수탉을 수놓은 수건』, 정연호 옮김, 대구효성가톨릭대학교 출판부, 1999.

정연호, "불가코프 초기 작품에 나타난 '도시'의 형상", 『노어노문학』 제13권 제1호, 서울: 한국노어노문학회, 2001.

정연호, "불가코프적 그로테스크의 특성", 『슬라브학보』 제16권 1호, 서울: 한국슬라브학회, 2001.

정연호, "불가코프 작품에 나타난 '의사'의 형상", 『노어노문학』 제21권 제4호, 서울: 한국노어노문학회, 2009.

정연호. "불가코프 작품에 나타난 '동물'의 형상." 『노어노문학』 제23권 제3호. 서울: 한국노어노문학회, 2011.

정연호, "『사탄의 일기』와 『거장과 마르가리타』에 나타난 진리와 언어", 『노어노문학』 제23권 제2호, 서울: 한국노어노문학회, 2011.

정연호, "불가코프 작품에 나타난 체홉적 창작의 유사성 고찰", 『슬라브연구』 제27권 제4호, 서울: 한국외국어대학교 국제지역연구센타 러시아연구소, 2011.

정연호, "불가코프의 『개의 심장』과 H.G.웰스의 『모로 박사의 섬』의 유사성 고찰", 『노어노문학』 제24권 제1호, 2012.

불가코프 연보

1891년; 미하일 아파나시예비치 불가코프는 1891년 5월 15일 당시 끼예프 신학교 교수였던 아버지 아파나시야 이바노비치 불가코프와 어머니 바르바라 미하일로브나 사이의 장남으로 태어났다(밑으로 두 남동생과 네 여동생이 있었음).

1900년; 끼예프 제2중학교에 입학.

1901년; 끼예프 제1중학교에 재입학. 여기서 소년 미하일은 약 8년간을 수학하게 되며, 이 중학시절의 추억과 인상은 후에 장편『백위군』에 그대로 나타난다.

1902-1908년; 불가코프네 가족은 끼예프 시내 여러 곳으로 이사를 다니다가 마침내 1906년 지금의 "뚜르빈가의 집"이라 일컬어지는 안드레예프스키 언덕길 13번지에 정착하며, 현재 이곳은 불가코프의 박물관으로 사용되고 있다. 장편『백위군』과 희곡『뚜르빈가의 나날들』은 모두 이 집을 배경으로 씌여진 것으로 알려져 있음.

1907년; 3월에 아버지 아파나시야 이바노비치 불가코프는 신장 경화증으로 사망하며, 어머니 바르바라 미하일로브나는 7명이나 되는 자식의 양육을 위하여 교직을 얻는다.

1909년; 소년 불가코프는 끼예프 제1중학교를 졸업하고 8월에 끼예프 대학교 의과대학에 입학한다.

1913년; 4월 불가코프는 사라또프 출신의 따찌야나 니콜라예브나 라빠(불가코프의 첫 번째 부인)와 결혼한다.

1914년; 제1차 세계대전이 발발하자, 불가코프는 사라또프에 있는 참전 부상병을 위한 조그만 진료소에서 의료행위를 돕는다.

1915년; 학업을 계속하기 위하여 끼예프로 돌아오며, 총장의 허락으로 끼예프 국군병원에서 수련의 과정을 밟으면서 졸업시험 준비를 한다.

1916년; 마침내 2월에 불가코프는 의사 최종 자격 시험에 합격하며, 5월에서 8월 사이에는 일선 국군병원(우끄라이나 남서부)에서 군의(軍醫)로 일한다. 이 때 그의 아내 따찌야나는 곁에서 그가 수술하는 것을 도왔다. 스몰렌스크 의사 자치회의 소집명령에 따라, 9월에는 아주 외딴 산간벽지 니콜리스코예 마을의 지방자치병원 의사로 전보발령 되는데, 이 조그만 병원에서의 이야기는 모두 『젊은 의사의 수기』의 단편이 된다. 그리고 불가코프에게 있어 1916년에서 1917년의 이 기간은 그의 최초 '문학 경험기'라고 볼 수 있다.

1917년; 2월에 아내와 함께 처가 사라또프로 여행 갔다가 그 곳에서 짜리즘 붕괴의 2월 혁명 소식을 접한다. 3월에 다시 니콜리스코예 병원으로 돌아옴. 그러나 디프테리아에 걸려 그 고통을 감소하려고 자신에게 몰핀을 주사하였다가 사경을 헤메인다. 아내의 도움으로 간신히 건강을 회복한 불가코프는 훗날 이 때의 경험과 인상을 단편 『Недуг(질병)』(보존되어 있지 않음)에 적었다가 다시 『Морфий(모르핀)』으로 개작한다. 9월에 뱌지마 도시 지방자치 병원으로 옮김. 이 병원에서 불가코프는 전염병과 성병 전문의로 일하면서 틈틈히 니콜리스코예 지방 병원에서 일어났던 여러 가지 사건들을 일련의 단편들로 쓰기 시작한다. 12월에는 모스크바와 사라또프로 여행하며 혁명의 처참한 실상을 몸소 목격한다.

1918년; 2월에 건강상의 이유로 군의관 제대 허가를 받으며, 3월에 아내와 함께 끼예프로 돌아와 정든 옛 고향집(안드레예프스키 언덕길 13번지)에 정착한다. 자신의 집에서 불가코프는 성병-전문의로서의 개인 의사 영업을 시작하나, 곧 끼예프는 전체가 내란의 소용돌이 속으로 휘말린다.

1919년; 2월--봄, 내란의 소용돌이 속에서 불가코프는 시시때때로 바뀌는 끼예프 정권의 군대에 의해서 군의관 소집 명령을 받는다. 이 때의 인상을 작가는 자신의 수상기 『Киев-город(끼예프-도시)』에서 상세히 적고 있다. 여름-가을 초, 불가코프는 『Наброски земского врача(지방 의사의 스케치)』(『젊은 의사의 수기』 단편집의 초안), 『Недуг(질병)』, 『Первый цвет(첫번째 꽃)』을 집필함. 9월-10월, 제니낀이 이끄는 백군이 끼예프에 들어오고, 마침내 불가코프는 백군 산하의 까자크군 군의관으로 징집되어 종군하기 시작한다. 그해 겨울 불가코프는 백군을 따라 Владикавказ(블라디까프까즈)에 도달한다. 블라디까프까즈에서 불가코프는 군의관의 임무를 수행하기 위하여 여러 도시를 왕래하면서도 한편으로는 틈틈히 신문에 원고를 투고하였다. 이 때, 『Дань восхищения; 황홀한 갚음』, 『Юнкер; 사관생도』 등의 Фельетон(문학칼럼)들이 신문에 게재되었다.

1920년; 2월에 블라디-까프까즈의 최초 일간지인 《까프까즈》의 창간호가 발행되었으며, 투고자의 명단에 불가코프의 이름도 실리게 된다. 불가코프는 이 무렵 의사로서의 경력을 버리고 작가로 살 것을 결심하며 블라디까프까즈의 문단에 자주 출입하기 시작한다. 2월-3월, 불가코프가 티푸스에 걸려 앓아 누워있던 동안, 블라디까프까즈의 정권이 바뀌어 소비에트의 군대가 들어옴. 불가코프는 백위군에 종군했던 자신의 경력을 감추기 위하여 자신이 알고 지내던 작가가 책임을 맡고 있는 블라디까프까즈 인민교육부 예술분과위원회 산하의 문학과(ЛИТО) 주임으로 일하게 된다. 7월-8월, 불가코프는 4막으로 구성된 드라마 『Братья Турбины(뚜르빈가의 형제들)』을 집필한다. 10월, 『뚜르빈가의 형제들』이 상연되어 크게 호평을 받음(블라디-까프까즈 제1소비에트 극장에서 한달에 4번 공연됨).

1921년; 1월-2월, 희곡 『Парижские коммунары(파리 콤문의 사람들)』을 집필함. 5월 블라디-까프까즈를 떠나 9월에 돈 한푼 없이 모스크바에 도착한다. 사도바야 거리 10번지 50호에 세들어 살면서, 불가코프는 교육인민위원회 산하 문학부회(ЛИТО)의 비서로 일하기 시작함. 11월 ЛИТО가 해산되는 바람에 면직된 불가코프는 《상업-산업 통보》지의 사회부 주임으로 자리를 옮김. 이 해 가을에서 겨울 불가코프는 『Записки на манжетах(소맷동 위의 수기)』

를 타이피스트에게 받아 적게 한다.

1922년; 1월에《상업-산업 통보》가 폐간되자 또 다시 실직하며, 이어서 어머니 바르바라 미하일로브나의 티푸스로 인한 사망 소식을 접한다. 이 슬픈 소식이 장편『백위군』의 작품 구상을 촉발시키는 자극제로 작용한다. 2월-3월, 주코프스키 공군 아카데미 과학-기술 위원회 군사-출판부의 책임자로서 잠시 일한다. 3월,『Необыкновенные приключения доктора(의사의 이상한 모험)』을 집필한다. 4월에, 신문《Гудок; 경적》지에서 편지 및 신문칼럼의 교정 일을 맡아본다. 5월에는 신문《Накануне; 전야》지에 기고하기 시작함. 5월 말에서 6월 초, 잡지《Рупор; 메가폰》에 단편『의사의 이상한 모험』이 게재되어짐(이것이 작가 불가코프의 완전한 이름 하에 발표된 최초의 작품임). 6월,《전야》지에『소맷동 위의 수기』제1부가 실림. 12월부터 후에 "Столица в блокноте(서류철 속의 수도)"라는 이름 하에 묶여지는 수상기들(очерки)을 《전야》지에 연재하기 시작함. 단편『No 13--Дом Эльпит-Рабкоммуна』가 잡지《Красный журнал для всех: 모든 사람들을 위한 붉은 잡지》에 게재됨.

1923년; 1월『소맷동 위의 수기』제2부가 잡지《러시아》의 동년 제5호에 실림. 1월-2월,『백위군』의 제1부를 "Жёлтый прапор(황색의 소위보)"라는 이름으로 비평잡지《Ревизор; 검찰관》에 실으려다 거절당함. 4월, 수상기『Сорок сороков』가《전야》지에 실림. 4월-5월,《전야》지의 출장으로 끼예프에 가며, 거기서 수상기『끼예프 도시』를 집필하고,『백위군』의 완성을 위한 자료를 수집한다. 7월, 펠리에톤『Самогонное озеро; 자가 양조의 호수』가《전야》지에 실림. 9월, 단편『Псалом; 성가』가《전야》지에 실림.

1924년; 이 해 1월에 레닌이 사망.『백위군』을 모스크바 문학써클에서 낭독함. 2월에 중편『Дьяволиада(악마의 서사시)』를 문예잡지《Недра; 내부》(no-4, 3월호)에 발표한다. 단편『Ханский огонь: 칸의 불』이 잡지《모든 사람들을 위한 붉은 잡지》에 실림. 3월 계속하여『백위군』을 모스크바 문학써클에서 낭독함. 4월, 문학칼럼『Багровый остров(적자색의 섬)』이《전야》지에 실림. 첫 번째 부인 따찌야

나와 이혼함. 5월-6월, 『백위군』의 몇 개의 장을 《전야》지에 "Вечерок у Василисы(바실리 집에서의 조그만 야회)"라는 이름 하에 발표. 9월, 문예잡지 《내부》의 청탁으로 중편 『Роковые яйца(비운의 달걀)』이 씌여짐. 10월-12월, 장편 『백위군』의 완성. 두 번째 부인 류보피 예브게니예브나 벨로제르스까야와 동거 시작.

1925년; 1월, 단편 『Богема(보헤미안)』을 잡지 《Красная нива; 빨간 경지》(제1호)에 발표. 잡지 《러시아》제4호에 『백위군』 제1부 발표, 『백위군』은 제6부의 중간까지 연재되었으나 동지가 폐간되어 전편을 발표하지 못함. 모스크바 예술극장의 청탁에 따라 『백위군』의 각색을 스케치하기 시작함(이 과정은 후에 소설 『Театральный роман(극장소설)』 속에서 상세히 표현되고 있다). 1월-3월, 중편 『개의 심장』을 집필함(2월에서 3월에 걸쳐 몇몇 지기들의 개인 아파트에서 『개의 심장』의 낭독회가 이루어짐. 하지만, 이 작품은 소비에트의 현실에 대하여 노골적인 적의를 나타냈다는 혹평 하에 검열을 통과하지 못함). 4월, 두 번째 부인 류보피와 정식으로 결혼. 7월, 작품선집 《악마의 서사시》가 출판된다(이 작품집 속에 중편 『악마의 서사시』, 『비운의 달걀』과 3개의 단편 『No13.--Дом Эльпит-Рабкоммуна(13번지 엘리삐트-노동 콤뮨의 집)』, 『Китайская история(중국의 역사)』, 『Похождения Чичикова(치치코프의 편력)』이 수록됨). 7월-8월초, 희곡 『백위군』의 첫 번째 완성원고(5막12장)가 탈고됨. 8월, 희곡 『백위군』이 모스크바 예술극장(MXAT)에서 상연된다. 9월, 스따니슬라브스키(Станиславский)의 참석 하에 모스크바 예술극장의 배우들이 모인 가운데, 희곡 『백위군』의 낭독회가 이루어진다. 이어서, 희곡 『Зойкина-квартира(조야의 아파트)』를 쓰기 시작함.

1926년; 1월, 바흐딴고프의 극장에서 희곡 『조야의 아파트』의 낭독회가 이루어짐. 단편 『Вьюга(눈보라)』가 잡지 《Медицинский работник(의료인)》(제2호-3호)에 게재된다. 5월, 전년도에 『개의 심장』이 검열에 통과하지 못한 것과 관련되어 가택수색을 당한다. 이 때 『개의 심장』을 타이핑한 원고와 필사원고 노트("Мой дневник; 나의 일기")가 압수당함(그 후 몇 년이 지나서 고리끼의 탄원서가 있은 후에야 되돌려 받을 수 있었다). 6월, 희곡 『백위군』의 최초의 완성된 총체적 시연(試演)이 이루어짐(합창과 오케스트라 그리고 완전한 장식이 겸비된다). 7월, 단편 『Тьма египетская(칠흙같은 어둠)』이 잡지 《의료인》(제26호-27호)에 게재된다. 8월, 모스크바 예술극장에서 희곡 『백위군』의 이름이 "Семья Турбиных(뚜르빈 가(家)의 가족)"에서 "Дни Турбиных(뚜르빈 가(家)의 나날들)"로 개칭되어 시연됨. 9월, 최종적인 이름을 "뚜르빈 가(家)의 나날들"로 확정하면서 희곡 『뚜르빈 가의 나날들』의 텍스트가 완성되어짐. 단편 『Полотенце с петухом(수탉을 수 놓은 수건)』이 잡지 《의료인》(제33호-34호)에 발표된다. 10월 5일 마침내 모스크바 예술극장(MXAT)에서 희곡 『뚜르빈 가의 나날들』의 첫 공연이 이루어지며, 10월 28일에는 극장 바흐딴고프에서 희곡 『조야의 아파트』의 첫 공연도 이루어진다.

1927년; 12월, 단편『Морфий(모르핀)』이 잡지 《의료인》(제45호-47호)에 발표됨. 파리의 〈콩코르드〉 출판사에서 『백위군』(제1권)을 단행본으로 출판(제2권은 1929년에 출판됨).

1928년; 1월, 모스크바 예술극장과 희곡 『Бег(도망)』에 대한 협약을 맺음. 1월-2월, 희곡 『도망』을 집필한다. 그러나 5월, 희곡 『도망』은 초연도 되기 전에 상연금지 당함. 이어서 『조야의 아파트』와 『뚜르빈 가의 나날들』도 극장에서 철회 당하는 운명을 맏는다. 12월, 연극 『적자색의 섬』이 까메르느이 극장에서 초연된다. 이해 6월 중순 경부터 불가코프는 새로운 소설(『거장과 마르가리따』의 첫 번째 원고인 『악마에 대한 소설』)에 대한 구상과 집필에 들어간다.

1929년; 2월, 세 번째 아내가 될 옐레나 세르게예브나 쉴로브스까야와 사랑에 빠진다. 3월, 『뚜르빈 가의 나날들』, 『적자색의 섬』이 다시 상연금지 당하며, 평론가들의 반(反)불가코프 운동이 계속되면서 신경성의 병을 앓게 된다. 마침내, 불가코프의 모든 희곡들이 상연목록에서 철회되는 결정이 공표됨. 7월 초, 불가코프는 스탈린, 고리끼 등의 인사에게 국외이주를 청하는 탄원서를 쓴다. 9월, 옐레나 세르게예브나와 관련되는 〈Тайному Другу(비밀스런 친구에게)〉를 집필하는데, 이것의 발췌본은 후에 『Записок покойника(사자의 수기)-Театральный роман(극장소설)』의 토대를 이룬다. 10월, Мольер(몰리에르)에 관한 희곡 집필에 착수함. 12월 몰리에르에 관한 희곡의 첫 번째 완성원고(필사본)가 "Кабала святош(위선자들의 신비교)"라는 제목으로 탈고된다. 소설 『Театр(극장)』의 집필.

1930년; 1월, 자먀찐, 삘리냐과 만난다. 3월, 희곡 『몰리에르』의 상연금지. 불가코프는 소비에트 정부에 창작활동에 대한 탄원서를 다시 제출하며, 『극장』, 『거장과 마르가리따』의 초기원고, 희곡 『Блаженство(지극한 행복)』의 필사본들을 불태운다. 4월에 마야코프스키가 자살함. 4월 18일, 스탈린이 불가코프에게 전화를 걸어 극장 일을 자유롭게 할 수 있게 될 것을 약속한다. 5월, 모스크바 예술극장의 의뢰로 고골의 원작 『죽은 혼』의 각색을 시작함. 이 작품은 11월에 탈고되지만 스따니슬라브스키와 의견이 대립되는 등의 이유로 인하여 2년 뒤에 상연됨. 12월, 『Адам и Ева(아담과 이브)』의 집필을 착수.

1931년; 1월, 희곡 『죽은 혼』의 시연이 이루어짐. 5월, 스탈린에게 자신의 창작활동과 해외휴가를 청하는 편지를 쓴다. 봄에서 여름 사이, 훗날 『거장과 마르가리따』의 여주인공 상을 제공하는 스미르노바 부인과 알게 됨. 8월-9월, 레닌그라드로 여행을 하며, 거기서 볼쇼이 드라마 극장과 똘스또이 원작 『전쟁과 평화』의 각색에 관한 계약을 체결하고 다음 달부터 집필에 들어간다. 10월, 희곡 『몰리에르』의 상연금지가 해제됨. 11월, 해외로 떠나는 자먀찐을 전송한다.

1932년; 1월, 모스크바에서 『뚜르빈 가의 나날들』에 대한 공연재개의 허락이 정부로부터 내려진다. 2월, 『전쟁과 평화』의 각색을 완성하나 최종적으로 상연되지 못함. 7월, 출판사와 "Жизнь замечательных дюдей(훌륭한 사람들의 생애)"시리즈로서의 Мольер(몰리에르)에 대한 전기 집필을 계약한다. 이와 전후하여 유리 자바드스키의 극장과는 희곡 『몰리에르』를 『Мещанин во дворянстве(귀족평민)』으로 번역하는 계약도 체결한다. 10월, 두 번째 부인 류보피 예브게니예브나와 이혼하고 세 번째 부인 옐레나 세르게예브나와 결혼한다. 『거장과 마르가리따』의 집필이 재개됨. 11월 28

일 모스크바 예술극장에서 희곡 『죽은 혼』이 초연된다.

1933년; 3월, 몰리에르에 대한 전기소설이 『Жизнеописание господина де Мольера(신사 몰리에르의 생애)』라는 이름으로 탈고된다. 하지만, 4월에 편집자 찌호노프에 의해서 출판이 거절 당함. 5월, 4년 전부터 구상해왔던 희곡 『Блаженство(지극한 행복)』에 본격적으로 착수한다. 9월, 고리끼와의 대화. 친지의 집에서 『거장과 마르가리따』의 몇 개의 장을 낭독함.

1934년; 3월, 『죽은 혼』의 영화 시나리오 집필을 〈Союзфильм(소유즈 필름)〉과 계약한다. 4월, 희곡 『지극한 행복』의 완성. 5월, 『죽은 혼』의 영화 시나리오를 탈고하나 채택되지 않음. 6월 20일, 연극 『뚜르빈 가의 나날들』의 500회 공연. 8월, 〈Украин фильм(우크라이나 필름)〉과 고골 원작 『검찰관』의 영화 시나리오 집필을 계약한다. 10월 말, 최초의 완전한 변이체로서의 『거장과 마르가리따』가 37개의 장으로 구성되어 완성됨.

1935년; 4월, 부인 옐레나와 함께 미국 대사관에서 주최한 한 무도회에 참가하게 되는데, 이 때의 인상이 『거장과 마르가리따』의 장면 가운데 한 장면의 주제에 영향을 미친다. 9월, 희곡 『뿌쉬킨』, 『이반 바실리예비치』의 완성. 10월, 안나 아흐마또바가 불가코프에게 와서 자신의 남편과 아들의 체포 소식을 전한다. 불가코프는 안나 아흐마또바가 스탈린에게 탄원서 쓰는 것을 도와준다(11월에 그들은 곧 석방되었다).

1936년; 2월, 스탈린에 대한 희곡을 쓰기로 결심한다. 연극 『몰리에르』의 첫 공연. 6월, 볼쇼이 극장과 오페라 대본 『Минин и Пожарский(미닌과 뽀좌르스키)』를 쓰기로 계약. 모스크바 근교의 별장(Дача)에 머물면서 『거장과 마르가리따』 필사본 원고 텍스트에 마지막 추가 교정 노트를 작성하기 시작한다. 9월, 모스크바 예술극장(MXAT)에 사직서를 제출하고 동시에 볼쇼이 극장에 원서를 낸다(이로써 불가코프는 스따니슬라브스키와 완전 결렬하고 MXAT를 떠나게 된다). 11월, 『Записки покойника(Театральный роман); 극장소설』을 쓰기 시작함. 12월, 『미닌과 뽀좌르스키』의 탈고. 아내 옐레나가 스탈린에 대한 불가코프의 『Устные рассказы(구술 이야기들)』을 적기 시작한다.

1937년; 3월, 볼쇼이 극장이 의뢰한 대본 『Чёрное море(흑해)』를 완성. 오페라 대본 『미닌과 뽀좌르스키』를 완성한다. 9월, 『Записки покойника(사자의 수기: 극장소설)』의 집필을 중도에 포기함. 12월, 『악마에 대한 소설(거장과 마르가리따)』의 새로운 완성원고 집필에 정력을 기울임.

1938년; 겨울에서 봄, 『악마에 대한 소설(거장과 마르가리따)』에 대한 집중적인 원고집필. 이 소설의 제6고가 완성됨. 『악마에 대한 소설』의 몇 개의 장을 친구와 친지들에게 낭독함. 5월, 『거장과 마르가리따』의 최종적인 필사원고를 마무리 하기 시작함. 소설 두 번째의 완전한 변형으로 "거장과 마르가리따"라는 표제가 처음으로 주어짐. 6월, 『거장과 마르가리따』의 타이프 원고(제7고)가 완성되어짐. 10월, 『Дон-Кихот(돈키호테)』의 각색을 완성한다.

1939년; 3월, 희곡 『Батум(바툼)』의 착수. 4월-5월, 『거장과 마르가리따』에 에필로그가 덧붙여짐. 이 마지막 소설의 완전한 텍스트를 친구들에게 읽어준다. 7월, 희곡 『바툼』의 완성. 9월, 불가코프의 건강이 악화. 아내와 함께 레닌그라드에 가게 되는데 거기서 시력의 심한 악화를 자각하게 된다. 모스크바로 돌아와 진찰한 결과 고혈압성 신장 경화증 임이 드러남. 9월 16일부터 아내 옐레나 세르게예브나는 병상기록을 쓰기 시작한다. 10월 4일, 옐레나는 『거장과 마르가리따』의 교정을 받아 적기 시작하며, 이 작업은 불가코프가 죽기 바로 전까지 거의 계속된다. 11월, 레닌그라드의 볼쇼이 드라마 극장과 희곡 『돈키호테』의 상연에 관한 계약을 체결함. 12월, 친구들에게 『거장과 마르가리따』를 읽어주고 몇 가지를 더 추가 보충한다.

1940년; 1월 25일, 아내와 함께 마지막 외출, 1월 29일 병세 악화. 2월 13일, 아내에게 마지막으로 『거장과 마르가리따』에 대한 교정을 받아적게 한다. 3월 10일 오후 4시39분 미하일 아파나시예비치 불가코프는 그 생애를 마감한다. 3월 12일 유해는 화장되어 노보제비치 수도원 묘지에 묻힌다.

1954년 12월; 소비에트 작가동맹 제2차대회에서 까베린은 불가코프의 명예회복을 요구한다.

1966년; 비록 검열로 삭제당한 불완전한 형태이긴 하지만 『거장과 마르가리따』가 최초로 《모스크바》지에 발표되어짐. 그 뒤 여러 나라의 언어로 번역되어 온 세계에 센세이션을 불러일으킴. 『젊은 의사의 수기』와 『백위군』도 발표된다.

1973년-1980년; 예술문학출판사에서 『거장과 마르가리따』의 완전한 출간.

1989년; 구소련에서 서간집, 회상록 등의 본격적인 불가코프 작품집(전5권) 간행이 시작되어짐.

정연호

1960년 경기도 가평-설악에서 태어나 한국외국어대학교 노어과를 졸업하고 동대학원에서 "불가코프 작품에 나타난 서술기법의 특징 연구"라는 논문으로 문학박사 학위를 수여받았다.

현재 대구가톨릭대학교 러시아어과 교수로 재직 중이며, 대표 논문으로는 "도스토옙스키 문학에 있어서 '자유'의 주제", "불가코프적 그로테스크 특성", "불가코프 작품에 나타난 '타임머쉰'의 모티브", "불가코프 작품에 나타난 '동물'의 형상", "불가코프 작품에 나타난 '의사'의 형상" 등이 있고, 저서와 역서로는 『체계적으로 배우는 생활러시아어 문법』, 『스마트 러시아 문학영화 감상법』, 『슬라브 문화의 이해』와 『불가코프 중편선』, 『비운의 달걀』, 『이반 바실리예비치』, 『불가코프 문학의 이해』 등이 있다.

홈페이지: http://wachon.hihome.com (와촌정스키)
서버운영: http://rus.cu.ac.kr (러시아 문학영화 감상)
카페운영: http://cafe.naver.com/ruski (러시아 러시아어)

불가코프 문학 연구

초판 1쇄 발행 _ 2014년 8월 30일

저 자 · 정 연 호
발행인 · 정 현 걸
발 행 · 신 아 사
인 쇄 · 예지인쇄
주 소 · 서울특별시 은평구 통일로 59길 4 (2층)
전 화 · (02) 382-6411 팩스 · (02) 382-6401
홈페이지 · www.shinasa.co.kr
E-mail · shinasa@daum.net
출판등록 · 1956년 1월 5일(제9-52호)

ISBN: 978-89-8396-867-8(93890)

정가 13,000원